Helga Zitzlsperger

Märchenhafte Wirklichkeiten

Eine Märchenkunde mit vielen Gestaltungsvorschlägen

Beltz Verlag · Weinheim und Basel

Helga Zitzlsperger, Diplompädagogin, Oberstudienrätin,
war Hochschullehrerin für das Fach Deutsch und seine Didaktik
an der Pädagogischen Hochschule Weingarten.

Lektorat: Katrin Sauer

© 2007 Beltz Verlag · Weinheim und Basel
www.beltz.de
Herstellung: Uta Euler
Satz: Druckhaus »Thomas Müntzer«, Bad Langensalza
Druck: Druck Partner Rübelmann, Hemsbach
Umschlagabbildung: Giga-Bildcollection lightstone design in Lichtenstein
Umschlaggestaltung: glas ag, Seeheim-Jugenheim
Printed in Germany

ISBN 978-3-407-62594-6

Inhalt

Teil II
Gestaltungsvorschläge 89

   Gedichtband · Comics · Bildbetrachtung · Kleines Bilderbuch mit Wachs-
   Laviertechnik · Märchenquartett · Backen und Kochen · Dekorationsstücke ·
   Interkulturelles Märchenfest · Märchen als Fingerspiele oder gereimte
   Märchenrätsel · Pantomimische Märchenrätsel · Hörspiel · Tonbandrätsel ·
   Erzählkino · Märchenspaziergang in die Natur · Gerichtsspiel · Märchen-
   Lyrik · Märchenfragmente

Einführung

Märchen – diese bunten Geschichten – gibt es auf der ganzen Welt. Immer wieder bewegen sie etwas in uns, lassen dann aufhorchen und nachdenklich werden. Sie belehren oder unterhalten oder amüsieren einfach und spannen ihre schillernden Inhalte wie ein menschenverbindendes Netzwerk über lebensnahe Vorgänge bis in fantastische Räume hinein: über Vergangenes, Gegenwärtiges und visionär Zukünftiges.

> »›Märchen‹ kommt vom Wort ›maere‹ (mhd.) und bedeutet: ›Wovon gern und viel gesprochen wird: bekannt, berühmt, der rede wert…‹. Wir haben es mit einem berichtenswerten Erzählstoff zu tun als ›kunde‹, nachricht, bericht, erzählung, gerücht. Ein ›maerlin‹ ist ein ›geschichtchen, märchen, gedichtetes‹ (Lexer 1983, S. 134).

In diesem Sinne kann jeder, der sich mit Märchen genauer beschäftigt, ›Botschaften‹ erspüren, die ihn vielleicht beschäftigen – meist auf eine ganz subjektive Art. Diese Botschaften können informieren, Verhaltenshinweise geben oder eine Zuhörgemeinschaft fesseln, wenn es darum geht, im Kleid einer exemplarischen Geschichte von Traditionen, Bräuchen, vom überlieferten Denken der Vorfahren zu berichten und zu Träumen und Visionen vom endlichen Glück der einzelnen Menschen, aber auch dem Glück von Gemeinschaften und Völkern zu verführen.

In Märchen steckt Berichtenswertes aus früheren Erfahrungen, gleichermaßen sind sie von unterhaltender und informierender Präsenz und geben Anstöße für Nachdenklichkeiten. Solches Potenzial macht Märchen (in ihrer Überschneidung mit Mythen, Sagen, Schwänken, Legenden, Fabeln, Ätiologien und Naturvölkergeschichten) zu einem erhaltenswerten Kulturgut.

Der Schriftsteller und Ethnologe Amadou Hampâté Bâ aus Mali, der als einer der großen Weisen der afrikanischen Literatur gilt, bescheinigt der mündlichen Tradition von Mythen und Märchen eine besondere Wichtigkeit, da sie bedeutsame Botschaften über Schöpfung und Vergangenheit, über die Geschichte eines Volkes, das Zusammenwirken aller Dinge dieser Welt und das Zusammenleben der Menschen vermittle und die Sprache darin einen besonderen Stellenwert einnehme. Alle schriftlichen und mündlichen Zeugnisse stünden in einer Überlieferungskette, in die der Zeuge eingegliedert sei (vgl. Amadou Hampâté Bâ in: Oberfeld/Becker/Röth 1987). Hampâté Bâ sagt, dass Märchen Botschaften von gestern enthielten, die durch das Heute weitergegeben würden und auch für ein Morgen bestimmt seien.

Grimmsche Märchen und die anderer Völker sind solche Menschengeschichten im Kleid verdichteter Lebensbilder. Sie erzählen von abenteuerlichen Lebenswegen mit ihren Höhen und Tiefen, von Liebe und Intrige, Treue und Verrat, Verlässlichkeit und Gedankenlosigkeit, von starken Gefühlen und Zuwendungen bis zu tiefem Hass. Sie erzählen knapp von grausamen Vorgängen, von Tricks und von körperlichen und seelischen Verletzungen: eben davon, wie das Leben so spielt. Das macht Märchen lebensnah und siedelt sie gleichermaßen in innerer und äußerer Wirklichkeit an; zugleich führen sie durch ihre Bildverdichtung und Symbolik über die Grenzen der Realität hinaus bis ans Ende der Welt, zu den Gestirnen und in die Abgründe von Meeren, in Unter- und in Innenwelten.

Diesen grenzenlosen Ausdehnungen von Raum und Zeit können wir Menschen auf Grund unseres entsprechend organisierten Gehirns mühelos folgen, und die Rückkehr aus diesen erlebnisdichten Raum- und Zeitreisen und aus all den Abenteuerwegen entspannt mit dem Versprechen vom endlichen Glück, von liebender Vereinigung, von Macht und Reichtum der sog. Heldinnen und Helden. Hierfür haben diese viel ertragen: Sie wurden ausgebeutet, verjagt, verraten, sie vereinsamten, mussten schwere Proben bestehen, versteinerten, verwandelten sich; doch Kenner wissen ja, dass behütende Mächte wie die Helferinnen und Helfer im entscheidenden Moment auftauchen und weiterführen.

Märchen sind spannend und enthalten auch da Informationen, wo es um seltsame Ätiologien (Entstehungsgeschichten) oder um magische Praktiken geht, um beispielsweise Wirklichkeit zu beeinflussen und neu zu ordnen. Wer den sprachlichen Bildern, Symbolen, Vergleichen und Metaphern nachsinnt, über die sich Märchen vermitteln; wer die Märchensprache mit ihrer eigenen Ausdrucksweise und deren klanglicher und rhythmischer Struktur auf der Zunge zergehen lässt und den inneren Zusammenhängen, Aufgaben und den Wunschzielen als Motoren der Handlungen nachspürt, der wird entdecken:

Märchen sind gehaltvolles Volksgut, Kulturgut, das nicht verloren gehen darf. Im Gegenteil: Kinder brauchen sie, wie dies bereits der bekannte Titel »Kinder brauchen Märchen« von Bruno Bettelheim (1977) nahelegt, denn Märchen wirken wie Spiegel eigener Entwicklungserfahrungen. Sie regen zum Nachdenken an. Sie vermögen über Sprache eine eigene, noch ungenaue Gedanken- und Gefühlswelt zu erhellen und zu ordnen. Sie können als altes Volksgut noch Elemente aus früherem Denken, aus Brauchtum, Geschichte, Gesellschaft, Rechtsprechung oder Handwerk enthalten; und sie regen mit der bilddichten, handlungsorientierten Sprache unmittelbarer zum Verstehen innerer Zusammenhänge an als mit Begriffen und Erklärungen.

Eltern, Erzieherinnen, Pädagoginnen und professionelle Märchenerzählerinnen und -erzähler erleben immer wieder, wie tief einprägsam das Märchenerzählen und -vorlesen wirkt. Kinder lernen Märchen und andere Geschichten zwar durch die Konservierung als Bilder, Bücher, auf Tonträgern, im Film und Theater kennen, doch nichts wirkt so einprägsam wie das Erzählen selber: vermutlich, weil hier die menschliche Stimme ohne technische Vermittlung so unmittelbar zuwendend wirkt. Kinder und ebenso Jugendliche hören gebannt zu und leben, getragen von eigenen Vorstellungsbildern, auch mimisch und gestisch beobachtbar dabei mit. Welch eine Chance für Märchen als Mittel zwischenmenschlicher Begegnung!

Die Märchenforschung hat sich in den letzten Jahrzehnten weiterentwickelt und verweist immer wieder darauf, wie wirkungsstark diese Geschichten für Kinder, Jugendliche und Erwachsene sind; auch, dass die Erinnerungen an Märchen aus der frühen Kindheit besonders intensiv wirken, sei es als Resonanz auf eigene Erfahrungen, als Geborgenheit, Faszination, bisweilen auch als ausgestandener Schrecken, der dann beim wiederholten Zuhören eingeordnet und verarbeitet werden konnte (vgl. Zitzlsperger 2003b).

Bereits Johann Gottfried Herder weist den Märchen Eigenschaften zu,

> *»die es vor jede andere Dichtart stellen, nicht nur in historisch-genetischer Hinsicht, sondern auch in psychologischer: so wird dem Märchen eine nur ihm allein zukommende, direkte Einwirkung auf die menschliche und besonders kindliche Seele zugeschrieben, derzufolge es ›ein ungeheures Mittel zu Bildung oder Missbildung menschlicher Gemüther seyn kann‹«* (Grätz 1988, S. 263).

Jahrzehntelange Beschäftigung mit Märchen, deren Reflexion, viele Märchenprojekte mit Schulkindern, Studierenden, Erzieherinnen und Lehrkräften veranlassten mich, märchenpädagogische Erfahrungen in aktualisierter Form anzubieten, zumal gegenüber dem Vorgängerwerk »Kinder spielen Märchen« (Zitzlsperger 1995) mehr Bezüge zur Märchenkunde, zu Psychologie und Pädagogik, zu Rezeptionsweisen und Themen wie sinnerschließende Gespräche, Umgang mit Grausamkeit, gesprochene und geschriebene Sprache des Märchens, Frauenrollen, Ethisch-Religiöses und Umweltschutz, Interkulturelles, Resilienz, mediale Aspekte, Märchenbilder und neue Techniken der Bearbeitung mit aufgenommen sind.

Zielgruppe dieses Buches sind Pädagogen aller Art einschließlich Studierender, Eltern und anderer Erwachsener, die Märchen in der Arbeit oder im Zusammenleben mit Kindern im Kindergarten- und Grundschulalter, mit Heranwachsenden in den Sekundarstufen I und II oder in Jugendgruppen einsetzen wollen. Viele Vorschläge lassen sich also ansatzweise bereits im Kindergarten realisieren; sie entfalten sich aber bei immer differenzierteren Ansprüchen in der Grundschule und in den weiterführenden Schularten. Unter Jugendlichen und Erwachsenen können sie als ästhetisches Gestalten bei entsprechender Sorgfalt ein hohes Niveau erreichen, beispielsweise anlässlich künstlerischer Techniken, in reflektierten Gesprächen, beim Spielen, bei literarischer Bearbeitung und beim Wechsel in andere Textsorten oder als Dramatisierung.

Helga Zitzlsperger

Anmerkung: Aus Gründen des Leseflusses und der Sprachästhetik wird im Wesentlichen die männliche Form verwendet, lediglich bei Berufsgruppen mit ganz überwiegend weiblichen Mitgliedern (wie z.B. Erzieherinnen) die weibliche Form. Es sind dabei stets beide Geschlechter gemeint. Soll auf das Geschlecht besonders hingewiesen werden, werden beide Formen gesondert bezeichnet (z.B. Märchenheldinnen und -helden).

Teil I
Märchenkunde

1. Grundlegende Aspekte aus der Märchenkunde

1.1 Sammelbegriff Märchen

Bei dem Wort »Märchen« handelt es sich um einen Sammelbegriff, der auch andere Geschichten aus dem Volksgut mit einschließen kann: So sind in den großen Sammlungen der Märchen aus aller Welt auch Mythen, Sagen, Legenden, Erklärungsgeschichten (Ätiologien), realistische Geschichten, Tiergeschichten und sog. Naturvölkergeschichten unter diesem Begriff versammelt, ebenso Mischformen wie Sagenmärchen, Tiermärchen, Mythen- oder Legendenmärchen. Auch in den Kinder- und Hausmärchen der Brüder Grimm (Abkürzung: KHM; vgl. Rölleke 1984) finden sich solche Mischungen. Unter den 200 Märchen in den KHM, denen noch zehn Kinderlegenden und ein Anhang mit 28 weiteren Märchen bzw. Fragmenten angefügt sind, zählt nur etwa ein Drittel zu dem, was wir landläufig unter Märchen verstehen, in denen also Wunder, Zauber und Magie oder fantastische Elemente regieren. Gerade unter diesen aber sind jene bekannten Märchen wie »Der Froschkönig«, »Hänsel und Gretel«, »Schneewittchen«, »Der Wolf und die sieben Geißlein«, »Rapunzel«, »Die Bienenkönigin«, »Rumpelstilzchen«, »Brüderchen und Schwesterchen«, »Sterntaler«, »Der Eisenhans« und viele andere mehr.

Märchen stellen vorrangig ein **Erzählgut** dar, das oraler Tradition verpflichtet ist. Als Buchmärchen sind sie heute aber von unschätzbarem Wert: Sie dienen der Bewahrung alten Volksgutes und sind Lektüre zum Nachlesen und Einprägen der Texte. Sie nützen der Forschung und dienen einer inhaltlichen Durchdringung und künstlerischen Gestaltung. Literarisierung und Reoralisierung solchen Volksgutes machen Buchmärchen und Volkserzählgut gleichrangig.

1.2 Märchentypen – enger und weiter Begriff

Der finnische Märchenforscher Antti Amatus Aarne (1867–1925), ein Schüler Kaarle Krohns, des Begründers der geografisch-historischen Forschungsmethode, schuf ein Verzeichnis, das alle vorhandenen Märchentypen definiert. Aarnes System, das auf außerordentlich reichem Material beruht und jeden Märchentyp mit einer Ziffer kennzeichnet, erweist sich für die internationale Märchenforschung als besonders geeignet. Die englische Bearbeitung und umfassende Erweiterung besorgte Stith Thompson (Aarne/Thompson 1961). Die weiter bearbeiteten Verzeichnisse werden heute unter ›AaTh/ATU‹ (Uther 2004) geführt.

Aarne unterscheidet drei große Märchengruppen:
I. Tiermärchen
II. Eigentliche Märchen
III. Schwänke.

Die Gruppe II: Eigentliche Märchen – teilt Aarne noch einmal in vier Untergruppen auf:
1. Zaubermärchen
2. Legendenartige Märchen
3. Novellenartige Märchen
4. Märchen vom dummen Teufel (Riesen) (vgl. Aarne/Thompson 1964).

Die Inhalte der großen Gruppen (I–III) lassen sich im weiten Sinne als Märchen verstehen. Märchen im engeren Sinne meinen die »eigentlichen Märchen« (entspr. II.1.). Mit ihnen sind jene Märchen gemeint, die man als Zaubermärchen, Erlösungs- oder Wundermärchen bezeichnet.

In dem internationalen Katalog »The Types of the Folktale« von Aarne und Thompson sind also alle wesentlichen Märchen nummeriert, nach ihren Abläufen geordnet und knapp beschrieben. Notiert sind auch die geografische Verbreitung, Belegdichte, Motivlisten und Literaturhinweise. Dieses Verzeichnis stellt eine gute Hilfe für die Erzählwissenschaft dar. Die Typennummern dienen als Instrument, im internationalen Raum unabhängig von Sprachzugehörigkeiten Texte zu identifizieren. Hinweis: Es geht um Typen, nicht um Motive als kleinste Bauelemente. Hilfreich erscheinen mir die Unterscheidungen nach Ina-Maria Greverus (in Lüthi 1976, S. 87). Sie versteht unter *Thema* »den Grundgedanken, aus dem eine Erzählung erwächst«, unter *Motiv* die »kleinste stoffliche Einheit«; ein *Typus* umfasst stoffähnliche Erzählungen.

Dieses sehr umfassende, allerdings nicht leicht handhabbare Werk (AaTh/ATU) wurde von Dieter Röth im Auftrag der Märchenstiftung Walter Kahn bearbeitet: Er schuf in deutscher Sprache das »Kleine Typenverzeichnis der europäischen Zauber- und Novellenmärchen« (1998) mit den wichtigsten Typen und deren Verlaufsskizzen unter Auslassung von Tiergeschichten, legendenartigen Märchen und denen vom dummen Teufel bzw. Riesen und Schwänken. Zudem werden hier nur in Europa belegte Texte berücksichtigt.

So wird beispielsweise unter den Zaubermärchen ausgeführt:
- Übernatürlicher Gegner (Typen 300–366)
- Übernatürlicher oder verzauberter Gatte oder sonstige Angehörige (Typen 400 A–451)
- Übernatürlicher Helfer (Typen 500–559) u.a.

Damit lassen sich Detailinformationen über Märchentypen nachschlagen, wobei man innerhalb der Typengruppe mit ihren Einzeltiteln durchaus auch suchen und unter dem Aspekt von Überschneidungen, Akzenten und Varianten erfinderisch vorgehen muss. Die einzelnen Typen (z.B. AaTh/ATU 302: Die zwei Brüder oder AaTh/ATU 531: Treu und Untreu) sind sodann nach Nomenklatur, skizziertem Handlungsverlauf, Varianten, Literatur und Bemerkungen gegliedert.

Damit hat Dieter Röth in deutscher Sprache eine gute Hilfe für alle geschaffen, die ihre Märchenforschung fundieren wollen. Wo möglich, werden auch im vorliegenden Buch bei den Märchenprojekten die AT-Nummern eingesetzt, um älteren Schülern und Erwachsenen vertiefende Exkurse in die Märchenwelt zu ermöglichen.

Den »eigentlichen« Märchen gilt das hauptsächliche Interesse des vorliegenden Buches. Auf sie lassen sich nicht nur Max Lüthis Stil- und Wesensmerkmale anwenden, worauf noch einzugehen ist: Sie erweisen sich auch aus kognitiver, sozial-emotionaler, entwicklungs- und tiefenpsychologischer Sicht für Pädagogen bei einer Erschließung über Gespräche und im ästhetischen Gestalten als besonders ertragreich.

1.3 Märchen in weiter Definition für interkulturelle und ethische Erziehung und Bildung

1.3.1 Interkulturelle Aspekte

Bei einer weiten Definition, die die Märchentypen I, II und III (vgl. AaTh/ATU) umfasst, ebenso Mischformen mit Sagen, Legenden, Mythen, Schwänken, dazu Fabeln und Geschichten außereuropäischer Völker einschließlich Naturvölkergeschichten und Trickstergeschichten (Geschichten von einem Schelm, Schalk, auch in Tiergestalt; einem Kulturbringer, aber auch Betrüger, der die Reise ins Dämonenland wagt) – mit dieser weiten Definition lassen sich Märchen gut für interkulturelle Erziehung und Bildung einsetzen und dies umso mehr, als sich heutzutage in allen Kindergärten, Horten und Schularten Kinder verschiedenster Nationalitäten befinden. Für entsprechende unterrichtliche Gestaltungen lassen sich erfahrungsgemäß auch Eltern gerne einspannen.

Bei regelmäßigen Märchenangeboten kann eine Offenheit für Lebens- und Denkweisen anderer Völker und damit Toleranz und Respekt vor dem kulturell Andersartigen in unserer Gesellschaft geweckt und gepflegt werden. Zauber- und Wundermärchen gibt es im interkulturellen Erzählschatz zur Genüge. Naturvölkergeschichten erzählen wechselnd Lehrhaftes, Tiergeschichten, Ätiologien, Unterhaltsames, Magisches, Mythisches und Schwankhaftes. Auch hier nimmt man natürlich immer einen Sinnkern (die »Mär«) wahr, der dazu beitragen kann, ein Verständnis für – mit unserem Volksgut – vergleichbare oder auch ausdrücklich fremdartige Motive und Vorgänge, Bräuche und Lebensweisen zu entdecken. Hierbei ist wiederum zu beachten, dass Märchen anderer Völker eigene geschichtliche und kulturelle Hintergründe aufweisen und – auch auf symbolischer Ebene – nicht direkt mit Märchen aus dem vertrauten Erzählkreis abgleichbar sind: Sie verweisen z.B. auf andere ethnologische, soziokulturelle, religiöse, mythologische, geografische, historische und sprachliche Entwicklungen. Aber gerade dadurch erweitern sie ja den geistigen Horizont: Die Unterschiede sollten erkannt und in Zusammenhängen verstanden werden, um mehr als nur einen naiven Konsum der Geschichte zu erreichen.

Otto Betz schreibt:

>*Wir werden (im Märchen, H.Z.) von dem Schicksal eines Menschen erreicht, ob dieser Mensch nun eine schwarze oder weiße Hautfarbe hatte, ob er einer vertrauten oder einen fremden Kultur angehört, spielt keine Rolle; selbst die Frage, welcher Glaube ihn beseelt, hat wenig Bedeutung. Die Märchen sind die besten Botschafter ihrer Herkunftsländer, sie sind die wahren Brückenbauer und Dolmetscher zwischen den Kulturen*« (Betz 1998, S. 8).

1.3.2 Religiöse und ethische Dimension

In Märchen kommen gerade die Schwachen und Geprellten zu ihrem Recht, und Märchenhelferinnen und -helfer beeinflussen die Heldenschicksale ganz wesentlich. Gott selber tritt in solchen Helfermärchen allerdings nicht auf; die Helfer entstammen vielmehr einem vor- oder quasireligiösen Bereich. Es gibt aber große Ähnlichkeiten zwischen Märchen und der Bibel, z.B. mit dem ausgesetzten Kind im Körbchen (Moses), mit dem Jephtamotiv, dem Uriasbrief, dem Motiv der Bruderkonflikte, den sprechenden Tieren, dem dankbaren Toten u.a.m.

Ottilie Dinges schreibt:

>*Märchen sind keine religiöse Dichtung im christlichen Sinn, aber sie ermöglichen eine Hinführung (Propädeutik) zu Inhalten, Werten und Verhaltensweisen, ohne die Religiosität sich nur schwer entfalten kann*« (Dinges in Dinges, Born, Janning 1986, S. 173).

Dinges schreibt Märchen eine aktuelle Bedeutung für Menschen in Extremsituationen zu, weshalb Märchen auch den Erlebnisraum ausweiten. Dies geschehe gerade für Kinder in einer unvergleichlich einfachen und verständlichen Weise, mit der auch der Sinn für Symbole, Bilder und Darstellungsformen geweckt und auf ein Verstehen von Literatur und Kunst vorbereitet werde.

Märchen thematisieren an vielen Verhaltensweisen grundethische Werte: Dazu zählen tragende Handlungsformen wie Freundschaftsfähigkeit, Vertrauen, Treue und Verlässlichkeit, z.B. in »Der treue Johannes« (KHM 6), »Brüderchen und Schwesterchen« (KHM 11) oder »Fundevogel« (KHM 51), dazu Höflichkeit, Mitleidsfähigkeit oder die Unterstützung Hilfsbedürftiger, z.B. in »Das Wasser des Lebens« (KHM 97), »Die goldene Gans« (KHM 64), »Das Waldhaus« (KHM 169), »Der Arme und der Reiche« (KHM 87) oder »Die drei Männlein im Walde« (KHM 13). Und gewichtig ist die Aufforderung zu einem behutsamen Umgang mit der Natur, mit Pflanzen und besonders Tieren, z.B. in »Frau Holle« (KHM 24), »Die weiße Schlange« (KHM 17),

»Die Bienenkönigin« (KHM 62), »Das Waldhaus« (KHM 169), »Die zwei Brüder« (KHM 60), »Die beiden Wanderer« (KHM 107), »Das Meerhäschen« (KHM 191), »Die Kornähre« (KHM 194) oder »Die treuen Tiere« (KHM Anhang 18).

Märchen thematisieren deutlich: Nur wer sich als Mitgeschöpf und Teil der Schöpfung sieht, wer den Menschen aufmerksam begegnet, das Leben von Tieren respektiert und Nährendes achtet, kann auch moralisch handeln. Der Mensch sollte sich als Hüter, nicht als Herr der Schöpfung fühlen. Wer dagegen einem reinen Nutzdenken verfällt und Mensch oder Natur ausbeutet, der erfährt am Ende Schaden. Hier lassen sich Verbindungen zu unserer Gesellschaft herstellen: Sie bezieht Ethik immer noch vorrangig auf den Menschen und hat mit der Ausbeutung von Natur und Tieren moralfreie Zonen geschaffen. Dieser Fehler wirkt inzwischen negativ auf die Menschen zurück (vgl. zur Praxis z.B. Pointner 2000).

Auch das Vertrauen in andere Menschen und in eine höhere Ordnung, also in eine gute und sinnvolle Welt, zählt zu ethischen Werten – ohne Vertrauen gibt es kein soziales Miteinander. Solch schlichtes Vertrauen beweisen z.B. die einfältigen, noch nicht in ihren Fähigkeiten entfalteten Jüngsten, die sog. Dummlinge, die anfangs keiner ernst nehmen will.

Gewichtig aus pädagogisch-psychologischen Gründen ist die immer wiederkehrende Botschaft: Nicht nur die Tüchtigen und Starken setzen sich durch – solche Wesenszüge entwickeln sie ja meist erst im Verlauf ihrer Lebensreise. Sie standen anfangs oft in einer schwachen Position: verlacht, ausgebeutet, scheinbar lebensuntüchtig. Und später machen sie Phasen tiefer Mutlosigkeit durch oder verlieren gar versteinert, in Tiefschlaf versetzt oder in ein Tier verwandelt ihr eigentliches Menschsein: Heldinnen und Helden sind oft erlösungsbedürftig oder brauchen zumindest dringend Hilfe – die sie auch bekommen: Helferinnen und Helfer tauchen gerade im geeigneten Moment auf und haben genau die für die Mutlosen passenden Gaben oder Ratschläge zur Hand. Die Leistung der rat- oder trostlosen Heldinnen und Helden ist es dann, diesen Wesen zu vertrauen, also »Ja« zum Hilfsangebot zu sagen und die Anweisungen genau zu befolgen – die Unterstützung für ihre Qualifizierung kommt immerhin von Weisen, also von Erfahrenen.

Umsonst gibt es diese Hilfen allerdings in der Regel nicht. Wie erwähnt, haben sich die Heldinnen und Helden zuvor mit Höflichkeit, Hilfsbereitschaft, Aufmerksamkeit oder Fleiß unter Beweis gestellt: Sie haben Kompetenzen aufgebaut und gelernt, ihre zugewiesene Arbeit verlässlich durchzuführen, wenn sie sich auch ausgebeutet fühlen. Und immer wieder wird Sensibilität für Mitgeschöpfe thematisiert: Solche Märchen, und dazu zählen auch Märchen-Mischformen und Naturvölkergeschichten, besitzen das Potenzial, Kinder und Jugendliche im Nachvollziehen nachdenklich und empathiefähig zu machen.

Weiterführende Literatur

Für eine detaillierte Auseinandersetzung mit Moral vgl. Solms, W. (1999): Die Moral von Grimms Märchen. Darmstadt: Wissenschaftliche Buchgesellschaft. Solms kommt u.a. zu dem Schluss, dass in Zaubermärchen Tugendhaftigkeit und Glück zusammenfallen. Zur ethischen Erziehung vgl. auch Bergmann (2000): Das Sinnbild der Verantwortlichkeit im Märchen und seine Bedingung für die Entwicklung ethischer Werte beim Kinde. In: Franz, K./Kahn, W. (Hrsg.): Märchen – Kinder – Medien. Beiträge zur medialen Adaption von Märchen und zum didaktischen Umgang. Hohengehren: Schneider. S. 31–49.

Über menschliche Wege-Erfahrungen und Suchbewegungen, Wandlungen, den verborgenen Gott und Weiteres im Märchen, die auf ihre Weise Zuversicht wecken und Vertrauen stärken, vgl. z.B. Betz, O. (1998): Märchen als Weggeleit. Würzburg: Echter.

1.4 Stil- und Wesensmerkmale des Märchens

Die »eigentlichen Märchen« besitzen typische Figuren und Figurengruppierungen, Handlungsweisen, Strukturen, Motive und Requisiten, die der Geschichte eine eigene, sprachlich verdichtete und dennoch transparente Form verleihen. Der Schweizer Märchenforscher Max Lüthi geht bei der Suche nach typischen Wesens- und Stilmerkmalen des europäischen Volksmärchens von der Gestaltanalyse aus und entwickelt hierbei einen Idealtyp, der zwar in seiner Gänze im Märchen kaum so vorkommt, aber als Grundtyp doch in vielen Märchen zu finden ist, auch in außereuropäischem Erzählgut. Solche Stil- und Wesensmerkmale helfen, Märchen auch inhaltlich zu durchdringen (vgl. im Folgenden Lüthi 1976 und 1992; Rötzer 1981).

1.4.1 Handlungsverlauf und Darstellungsart

Volksmärchen sind straff geführte Geschichten:

> »*Das allgemeinste Schema (…) ist: Schwierigkeiten und ihre Bewältigung. Kampf/Sieg, Aufgabe/Lösung sind Kernvorgänge des Märchengeschehens. In diesem Schema, hinter dem die allgemein menschliche ›Erwartung/Erfüllung‹ steht, ist der gute Ausgang, den man als Charakteristikum des Märchens zu nennen pflegt, eingeschlossen. Die Ausgangslage ist gekennzeichnet durch einen Mangel oder eine Notlage (arme Eltern setzen ihre Kinder aus; die Prinzessin soll einem Drachen ausgeliefert werden), durch eine Aufgabe (den Goldapfeldieb zu ertappen, Lebenswasser für den kranken König zu holen), ein Bedürfnis (Abenteuerlust, Wunsch, sich zu vermählen) oder andere Schwierigkeiten, deren Bewältigung alsdann dargestellt wird.*« (Rötzer 1981, S. 43–44).

Eine griffig-kurze, informationsdichte Einleitung beschreibt die Ausgangssituation und geht dann zur wesentlichen Handlung über. Diese ist einsträngig aufgebaut, verläuft aber über mehrere Episoden, die aus Begegnungen, Herausforderungen und schwierigen Prüfungen bestehen. Durch Wiederholung von Begegnungen sowie durch Steigerungen der Aufgaben entsteht eine rhythmische erzählerische Struktur:

Eine, zwei oder drei Begegnungen folgen einander, drei Aufgaben sind zu bewältigen, die sich im Grad der Schwierigkeit steigern können, oder einem oder zwei Brüdern bzw. Schwestern misslingt die Herausforderung, während die jeweils Jüngsten (Naivsten, nicht Ernstgenommenen, aber letztlich Achtsamsten) ihren erfolgreichen Weg gehen. Oder: Eine Figur handelt geschickt und erfolgreich, während die Gegenfigur, die das Glück der ersten Figur nachahmen möchte, trotz Kenntnis der Herausforderungen versagt, weil sie sich gar nicht erst mit dem Sinn der Herausforderungen auseinandersetzt (klassisches Beispiel: Frau Holle mit Gold- und Pechmarie). Solche Durchgliederungen erzeugen Spannungsbögen, die die Erwartungen und Gefühle lenken, ordnen und damit den Gesamtverlauf durchschaubar machen.

Märchen, die ihre Heldinnen und Helden (noch als Kinder) ins Elternhaus zurückführen, werden als einteilig bezeichnet. Zweiteilige Märchen gelten dann (nach Propp und Berendsohn, vgl. Rötzer 1981, S. 44) als eigentliche Vollform des Märchens: Hier werden die Heldinnen und Helden nach der Lösung der Aufgaben, nach Kampf und Sieg, nach dem Gewinn einer Braut oder eines Bräutigams von Missgünstigen verraten oder bestohlen. Sie verlieren hierdurch das, wofür sie so viel gewagt haben, und geraten in eine neue Notlage mit weiteren Prüfungen, bis sie endlich ihr Ziel und Glück finden.

Rhythmische Struktur wird durch sich wiederholende Formeln, Frage-Antwort-Spiele, Sprüche und magische Verse gewonnen. Dabei variieren die Sprüche auch, bei Schneewittchen beispielsweise sieben Mal (vgl. zu Sprachmagie und Wortzauber: Jacobsen, Lox, Lutkat 2005; zum Rhythmischen in Märchen: Zitzlsperger 2002a)! Die einzelnen Episoden, die sich im Handlungsstrang reihen, sind jeweils klar begrenzt. Den Abschluss bildet der knappe Hinweis auf das erreichte Glück; auf die Erreichung des Ziels auf dieser Lebensreise.

Als typisch empfindet man die Eingangs- und Schlussformeln: Bekannt sind Formulierungen wie »*Es war einmal …*«, oder: »*In den alten Zeiten, wo das Wünschen noch geholfen hat …*«, oder: »*Es ist nun schon lange her, da …*«, oder das Märchen beginnt gleich mit einer Handlung. Am Ende heißt es, quasi als Rausschmiss aus dem Märchenland: »*Mein Märchen ist aus, dort läuft eine Maus. Wer sie fängt, darf sich eine große, große Pelzkappe daraus machen.*« Oder abrundend: »*Da gingen die Kinder zusammen nach Haus und waren herzlich froh; und wenn sie nicht gestorben sind, leben sie noch.*« (Diese berühmte Formulierung kommt bei den Grimms übrigens nur einmal vor!). Oder: »*Und nun fehlte nichts mehr zu ihrem Glück, solange sie lebten.*« Oder: »*Da hielt das treue Mädchen Hochzeit mit ihrem Liebsten Roland und war sein Leid zu Ende und fing seine Freude an.*« Oder die Handlung schließt ab, nennt knapp die Tilgung des Bösen oder gibt einen Satz für den nun vollendeten glückhaften Zustand her. Bezeichnend für die europäischen Zauber- und Wundermärchen, aber auch für Märchen aus dem internationalen Erzählschatz ist auf jeden Fall das gute Ende, in dem zugleich das Böse alle Einflussmöglichkeit verloren hat.

Inhaltlich geht es um Themen und Motive, die zu allen Zeiten die Menschen bewegt haben, z.B. um Liebe und Intrige; Bewältigung schwerer Aufgaben; Angst, Verzweiflung und Hilfe (geben und empfangen); Schädigung und Heilung; Lohn und

Strafe; Aussetzung und Rettung; Treue und Verrat; Werbung, Hochzeit, Kinderwunsch, Tod. Dabei werden die Grenzen aus dem Profanen und Alltäglichen heraus zu jenseitigen Welten überschritten. Helden finden aus diesen magisch-zauberischen Räumen, den Anderwelten oder dem Totenland unversehrt wieder zurück, Unhelden nicht.

Typische Gestaltungselemente im Märchen sind:

- Klare, umrisssscharfe Linien der Dinge (z.B. Gegenstände, Gebäude)
- Metallisches, Gläsernes und reine Farben (z.B. weiß, rot, schwarz, golden, silbern, glänzend)
- Symbolhaltige Zahlen:
  - 1 – vereinzelter Held, bedeutsamer Gegenstand
  - 2 – Gegenspieler oder innige Partner, Handlungswiederholung
  - 3 (6, 9) – handlungsbildend, Episoden, Formel für Steigerung, Dreier-Gruppierung, drei bedeutende Dinge
  - 4, 6, 7, 12, 100 – Rundzahlen als Stilformel für eine Mehrzahl an Personen, Dingen, Fristen (Tage, Jahre)
- Extreme, die bis ins Wunder gesteigert sind
- Kontraste (z.B. groß – klein, jung – alt, klug – dumm, gütig – böse).

Typisch sind weiterhin Formeln, auch Gesänge, Bedingungen, Gebote, Verbote und Tabus, magische Gaben und (auch rigide oder seltsame) Ratschläge und Anweisungen von Helfern wie den Alten, Weisen, Dämonen oder Tieren.

Situationen ändern sich schlagartig, Hilfe und Erlösung kommen meist erst im letzten Augenblick. Die Handlung wird gleichsam von außen gelenkt und überlässt dem Hörer die Aufdeckung der unter der erzählten Oberfläche liegenden Aussagen. Beziehungen deuten sich oft in Form von Gaben (wie z.B. Ring, Feder, Rute, Brot, Apfel) an, und Stimmungen und Gefühle der Protagonisten äußern sich in entsprechenden Handlungsweisen. So wird Innenleben nach außen gewendet: als Arbeiten oder Faulenzen, Helfen oder Abweisen, Trauern und Weinen, Wandern und Beschenktwerden oder Verirren, Kämpfen und Erlösen.

Diesseitige und jenseitige Figuren treten meist einzeln auf bzw. werden als zukünftige Helden aus einer Gruppe (der Familie) isoliert.

Es gibt blinde, also funktionslose, und sog. stumpfe, also nicht ganz ausgenützte Motive: vielleicht ein Ergebnis vergesslicher Erzähler oder auch nicht verstandener Elemente, die ihren Kontext verloren haben.

Insgesamt setzt das Märchen stilistische Mittel wie Abstrahierung, Stilisierung, Isolierung und Steigerungen ein, wobei flächenhaft wirkende Handlungen und das Figurale dominieren. Es verzichtet auf Belehrungen und verwendet symbolisch wirkende Bilder, die im Rezipienten subjektiv wirken und psychologisch deutbar werden.

1.4.2 Personen und Requisiten

Wohl jeder verbindet Märchen mit Figuren wie Hexen, Zauberern, Riesen, Zwergen, Feen und sonstigen Wesen, die nicht von dieser irdischen Welt sind. Im Mittelpunkt stehen allerdings vorab die Heldinnen und Helden, die aus unheilen Verhältnissen heraus in die Welt ziehen oder in sie gestoßen werden. Als erste Schädiger empfindet man hier bereits die ungerechten Stiefmütter und neidischen Geschwister, die die Vertreibung der (zukünftigen) Heldinnen und Helden veranlassen. Da diese sich durch schwierige Herausforderungen bewähren müssen, begegnen sie im weiteren Verlauf oft dem wirklich Unheimlichen (z.B. Hexen, Dämonen) oder übermächtigen Figuren, die ihnen schwer lösbare Aufgaben und Mutproben abverlangen. Während dabei die Helden an diesen Aufgaben wachsen, erleiden die ›Unhelden‹ ihr böses Schicksal: Sie sterben, versteinern, verschwinden oder leben im besten Fall bedeutungslos weiter, weil sie sich unaufmerksam, uneinsichtig oder geizig gebärdeten. Bei ihnen mutieren die oft mit dämonischen Zügen versehenen Machtfiguren oder Herausforderer zu Schädigern. ›Unhelden‹ oder ›falsche Helden‹ zählen zu den Kontrastgestalten (z.B. Neider, erfolglose Geschwister, Hofbeamte oder Unbelehrbare).

Der Erfolgskurs der Heldinnen und Helden allerdings gelingt in der Regel nur durch die Ratschläge oder Gaben von Helferfiguren, seien es nun weise Alte, sprechende Tiere oder andere rätselhafte, wissende Wesen. Sie sind die Ratgeber, Schenker (magischer Gaben) oder unmittelbaren Helfer, die häufig, wie teilweise auch die Gegner, einer außermenschlichen Welt angehören.

Zum bunten Figurenreigen gesellen sich auch Erlösungsbedürftige, Gestalten wie die treuen Begleiter und ›Statisten‹, die die sozialen Rahmenbedingungen mitgestalten. Diese Figuren sind durch ihre Funktion typisiert und immer auf die Heldinnen und Helden als Hauptfigur und Handlungsträger bezogen.

In Märchen besitzen viele Dinge einen symbolischen Stellenwert, z.B. Schätze, Ringe, Haare, Federn, Eier, Gold, Pech, Spiegel, Schuhe, Blut, Puppe, Teppich, aber auch Tiere wie Füchse, Pferde, Kühe, Bären und vielerlei Vögel, dazu Zweige, Bäume, Früchte, Blumen, Kräuter. Als Funktionsträger beeinflussen sie ganz wesentlich den Handlungsverlauf, denn mit ihrer Hilfe lassen sich schwere Aufgaben bewältigen; sie sind erstrebenswertes Ziel oder erweisen sich als tragendes Element für einen günstigen oder schlechten weiteren Verlauf der Handlung – je nach ihrer Verwendung: So gilt es, einen Kranken mit Lebenswasser zu heilen (z.B. in »Das Wasser des Lebens«, KHM 97); einen Toten mit dem Lebenskraut zu neuem Leben zu erwecken (z.B. in »Die zwei Brüder«, KHM 60); mit dem Apfel vom Baum des Lebens die Liebe einer störrischen Königstochter zu gewinnen (z.B. in »Die weiße Schlange«, KHM 17); mit einem Kristall einer Königstochter ihre wahre Gestalt zurückzugeben (in »Die Kristallkugel«, KHM 197); die Wünsche eines Königs nach einem Vogel mit goldenen Federn zu befriedigen (z.B. in »Der goldene Vogel«, KHM 57) – es gibt zahllose Beispiele.

Auch helfen die Dinge als Geschenke der Helferinnen und Helfer, um schwere Aufgaben zu bewältigen: Mit ihnen kann man sich verwandeln, Dienstleistungen,

Kraftakte oder Kulturleistungen vollbringen, kann sich unsichtbar machen, Rätsel lösen oder wunderbare Kleider in Nüssen verstecken, um im rechten Augenblick eindrucksvoll (verführerisch) vor den Bräutigam in spe zu treten.

Die Protagonisten tragen nur allgemeine Namen wie: Vater, Mutter, der Jüngste, Brüderchen, Schwester, Soldat, König, Stiefmutter, Müller, Schmied, allenfalls noch Allerweltsnamen wie Hans, Johannes, Iwan, Gretel oder redende Namen wie Rotkäppchen oder Dornröschen. Ihr Aussehen unterliegt den Gesetzen der Kontrastierung, und Verwandlungen vom Hässlichen, Dummen, Tierischen zum Schönen, Klugen, Menschlichen, Goldenen sind typisch. Die Charakterisierung nach faul und fleißig, reich und arm, klug und dumm, hilfsbereit und boshaft, auch nach Status wie König, Kaufmann, Handwerker, Magd, Schweinehirt, Bettler kennzeichnet wesentliche Erscheinungen in der menschlichen Gesellschaft und umspannt jene weiten Bereiche, in denen sich Erfahrungen der Menschen im Miteinander entwickeln.

Alte, Weise, Dämonen, Zwerge, Riesen, Tierhelfer entstammen Anderswelten und beziehen diese wie auch Zauberdinge in unsere diesseitige Welt mit ihren Alltagsdingen ein. Diesseits und Jenseits werden auf einer erweiterten Bewusstseinsebene eindimensional verbunden, und diese Dimensionen reichen bis ans Ende der Welt, bis zu Wind, Sternen, Mond und Sonne. Sie durchbrechen an Bergen, Brunnen oder Flüssen und Meeren die Grenzen zu einem paradiesischen Land, zur Hölle, zum Meeresgrund oder ins Totenreich. Helden, ermutigt von Helfern oder getrieben von einem großen Ziel, wagen diese Grenzen zu übertreten und Tabus zu brechen, und als ›Behütete‹ kehren sie auch unbeschadet wieder ins Menschenleben zurück – erfahrener, gereifter, wissender. Märchen entfalten sich in den Elementen Erde, Wasser und Luft, und manchmal spielt auch das Feuer reinigend oder vernichtend eine Rolle.

Die Figuren haben keine konkrete soziale Zugehörigkeit: Der König z.B. ist symbolisch, nicht realiter als König zu verstehen. Die böse Stiefmutter verkörpert nicht (nur) die neue Frau eines Witwers, sondern eine in ihrer Beziehung zum Kind lieblose Person, und weise Alte oder sprechende Tiere kann man – unter psychologischem Aspekt – als Verkörperung helfender Kräfte sehen, die im Menschen selber liegen oder dem Helden von außen stützend entgegenkommen.

Lüthi hat Form und Wesen der Volksmärchen auch mit folgenden Begriffen definiert: Eindimensionalität; Flächenhaftigkeit; abstrakter Stil; Isolation und Allverbundenheit; Sublimation und Welthaltigkeit. Sie beinhalten Ähnliches wie das eben in Kap. 1.3 Beschriebene, sollen aber wegen der Transparenz dieser Darstellungen auch für pädagogische Bezüge verwendet werden. Deshalb erscheint dieses Kapitel erst unter 4., um vorher ergänzende pädagogisch-psychologische Informationen aufzubauen.

1.4.3 Frauenrollen

Zu den Märchenfiguren zählen oft Heldinnen, die schwach wirken oder tief gedemütigt werden. Diese vordergründige Schwäche ist durchaus kritisch reflektierbar. Mit dem folgenden Denkansatz nun kann man m.E. solchen Problemrollen mit neuen

Einsichten begegnen. Er entstammt einer Philosophie italienischer Frauen um den Mailänder Frauenbuchladen und die Philosophinnengemeinschaft »Diotima«, die dabei keineswegs an Märchendeutung gedacht haben. Ihre Gedanken über »Wie weibliche Freiheit entsteht« (Libreria delle donne di Milano 2001) seien, wenn auch nur knapp, vorgestellt.

Eine Frau braucht, um *groß* zu werden, eine andere Frau, die *größer* ist, die also Erfahrung und Wissen hat, und das kann auch eine jüngere Frau sein. *Affidarsi* bedeutet *sich anvertrauen* und *Affidamento* wird synonym als *weibliche Autorität* bezeichnet. Frauen agieren *aufeinander bezogen*, sind aber durchaus *ungleich untereinander*. In dieser weiblichen *gegenseitigen Wahrnehmung* orientieren sich also – sowohl unterstützend als auch konfliktträchtig – Frauen an Frauen: unabhängig vom Maßstab des Männlichen. Das hat also nichts mit Angleichung von Frauenrechten und ihren Chancen an Männerrechten zu tun; es ist etwas ganz anderes als »Emanzipation«. Frauen nehmen sich vielmehr in ihrer *Unterschiedlichkeit* wahr (sog. Differenzfeminismus). Aus ihr heraus können *Urteilskraft* und *Verantwortungsbereitschaft* erwachsen (vgl. Kolf 1997; Schrupp 1997).

In Märchen nun gibt es viele weibliche Figuren, die sich an *Größeren* orientieren, die deren Wissen nützen, sich herausfordern lassen oder Reibungen ertragen. Wie steht es hier mit Heldinnen gegenüber ihren Stiefmüttern? Und später gegenüber Helferinnen und Dämoninnen? Und wie funktioniert dieses Verhalten bei den Faulen und Verwöhnten? Welche weiblichen Figuren verkörpern echte Autorität und welche üben nur Macht aus, missbrauchen also ihre Position und schaden der Entwicklung der Heldin (vgl. hierzu Zitzlsperger 2002b; S. 247–267, besonders ab S. 263f.)? Die Wissenden, *Größeren*, werden von Heldinnen als Autorität anerkannt. So lernen sie und gelangen gereift ans Ziel. Unheldinnen dagegen werden, ihre Chancen nicht nützend, von solchen Autoritäten (meist dämonischen Frauen) oft bestraft. Gerade Dämoninnen zeichnet hier ein ambivalenter Charakter aus: Sie können helfen oder strafen, Gutes tun oder mit dunklen Kräften schaden. Es lohnt sich, am Weg der Heldinnen zu verfolgen, *wann* und *an wem* sie sich orientieren und vom Wissen der Autoritäten profitieren, bei wem sie Vertrauen entwickeln und auch Konflikte nicht scheuen.

Solche Beziehungsmuster i.S. von *Affidarsi* realisieren sich am besten in sog. Pubertätsmärchen mit Heldinnen, die noch auf ihrem Entwicklungsweg sind. In sog. Adoleszentenmärchen dagegen müssen sich die bereits heiratsfähigen jungen Frauen eher mit schädigenden Autoritäten (z.B. Vätern, dem Bräutigam, boshaften Schwiegermüttern) auseinandersetzen. Bei diesen Märchen gibt es keine entwicklungsfördernde *Größere* mehr: Die jungen Frauen sind in einem schwierigen Übergang ins volle Erwachsenenleben (vgl. z.B. »Allerleirauh«, »König Drosselbart«, »Jungfer Maleen«, »Die sechs Schwäne«). Sie haben es sehr schwer, ihre Lebensansprüche durchzusetzen: Machtbewusste Väter oder Partner halten sie gefangen, verstoßen oder demütigen sie, und eifersüchtige Schwiegermütter entziehen ihnen ihre Kinder.

Weltweit gibt es Märchen, in denen aus soziohistorischen Gründen Frauen rechtlos bevormundet werden. Sie können i.d.R. nicht wie Männer kämpfen; sie nützen dagegen die wenigen anderen Mittel, die ihnen zur Verfügung stehen, ohne in existenzielle Not zu geraten: Sie fliehen, gehorchen und dienen, machen sich nützlich oder – in magisch-prächtiger Gewandung – begehrenswert und finden irgendwann Anerkennung aus eigener Kraft. Dieser Weg ist leidvoller, als wenn sie eine *Größere* und eine *Autorität* als Orientierung gehabt hätten.

Jedes Märchen vertritt ›sein‹ Frauenbild: eines von starken, aktiven oder von schwachen, scheinbar passiven Frauen. Letztere sind oft auch nach einer Geburt und in der Stillphase gefährdet oder bereits beim Schritt zum Erwachsensein (als künftige Ehefrauen), also beim Schritt in neue, noch unbekannte und damit verunsichernde Lebensabschnitte (vgl. auch Gobrecht 1990).

Ob eher weibliche oder männliche Gewährsleute diese Märchen solcherart tradiert haben? Auf jeden Fall kann man den Aspekt des *Affidamento* zum besseren Verstehen einer Märchenhandlung berücksichtigen und weiteren Frauenrollen gemäß deren Beziehungsfähigkeit, ihrer rechtlichen, gesellschaftlichen und psychologischen Situation und ihren spezifischen Verhaltensweise in Notlagen allerlei Denkanstöße abgewinnen.

1.5   Definitionen von Märchen aus unterschiedlichen Perspektiven

»*Das Märchen ist eine welthaltige Abenteuererzählung von raffender, sublimierender Stilgestalt: Mit irrealer Leichtigkeit isoliert und verbindet es seine Figuren. Schärfe der Linien, Klarheit der Formen und Farben vereinigt es mit entschiedenem Verzicht auf dogmatische Klärung der wirkenden Zusammenhänge. Klarheit und Geheimnis erfüllen es in einem*« (Lüthi 1992, S. 77).

Abenteuer, Weltgeschehen, straffer Stil, abstrakte Leichtigkeit und Klarheit, Geheimnisvolles und Verzicht auf rationale Begründungssysteme sind hier die prägnanten Kennzeichen.

»*Unter einem Märchen verstehen wir seit Herder und den Brüdern Grimm eine mit dichterischer Fantasie entworfene Erzählung besonders aus der Zauberwelt, eine nicht an die Bedingungen des wirklichen Lebens geknüpfte wunderbare Geschichte, die Hoch und Niedrig mit Vergnügen anhören, auch wenn sie diese unglaublich finden*« (Bolte/Polivka 1930/1983, Bd. IV, S. 4).

Hier steht das Fantasievolle im Vordergrund, das dem Zauberischen Raum lässt, das von konventioneller Logik befreit und außerdem jeder Standes- und Altersgruppe bescheinigt, solche geistigen Spielereien bei aller Unverbindlichkeit gerne zu hören.

»*Alle Erkenntnis – für die Figuren der Handlungen wie für den Leser – vollzieht sich im Märchen auf indirekte, sinnliche Weise. Bezeichnend ist nicht der schlussfolgernde Gedanke, sondern das unvermittelte, komplexe, vieldeutige Bild*« (Lévi-Strauss zit. n. Hetmann 1982, S. 13).

Angesprochen ist hier die besondere, komplementär zusammenarbeitende Arbeitsweise der linken, (i.d.R.) logisch-rational arbeitenden Hirnhemisphäre mit der rechten Gehirnseite, die durch eine andere neuronale Struktur ihre Wahrnehmungen eher komplex, emotional besetzt, bildlich und ganzheitlich bearbeitet. Ein analoges Denken, das sich in Vergleichen vermittelt, öffnet Wege zum Verstehen von Raum- und Zeitlosigkeit, von sprachlichen Bildern, Symbolen und Metaphern. Rechtshemisphärische Leistungen ermöglichen uns ein Denken in Bildern, die nicht logisch aufzuschlüsseln sind, sondern – wie in Träumen – ihre Aussagen unmittelbar einem – oft subjektiv besetzten – Verstehen öffnen.

> *»Es ist ein Irrtum zu glauben, in der ganzen Welt seien Märchen für Kinder da. Das trifft nur für die ›zivilisierte‹ Welt zu, also für Länder, in denen Lesen und Schreiben zur allgemeinen Bildung gehören«* (Mönckeberg 1972, S. 15).

Märchen wurden ursprünglich zu Unterhaltung und Belehrung erzählt – je nach Situation. Es gab und gibt weltweit Märchen für Erwachsene und für Kinder und es gibt heilige und profane Geschichten. Erst mit den grimmschen Märchen wurden im europäischen Raum – nach ersten Ansätzen im letzten Drittel des 18. Jahrhunderts – Kinder plötzlich zur großen Zielgruppe.

> *»Gewiss, zunächst trösten Märchen, besonders die Menschen, die viel entbehren müssen. Aber sie lassen es nicht dabei, sie führen weiter, schenken Leitbilder, aber ohne zu zwingen, regen die eigenen schöpferischen Kräfte an und führen zu Annahme und Verarbeitung von Konflikten und Enttäuschungen.«* Und:
> *»Jede Märchenstunde vereint in sich Anteile verschiedenster Psychotherapieentwürfe: kognitive, analytische, emotionale, kreative und meditative. Wohltuend ganzheitlich aktualisieren und provozieren Märchen seelische Prozesse durch Regelmuster für Identifikation und Projektion«* (Siegmund 1982, S. 125–126).

Das erste Zitat verbalisiert die Möglichkeit, durch Einlassung auf die sprachlichen Bilder in sich eigene Gedanken, Gefühle und Assoziationen zu entdecken. Diese können Kräfte wecken, die aus Klischees und eingeengten Vorstellungen herausführen und durch Reflexionen bei der Konfliktverarbeitung helfen. Das zweite Zitat verweist auf die vielfältigen Möglichkeiten der Psychotherapie. Märchen mit ihrer eigenen Darstellungsweise decken viele menschliche Erlebnisebenen ab und können als zusammenhängende Lebensbilder Prozesse der Selbstfindung unterstützen.

> *»Jedes Volksmärchen ist noch irgendwie mit der Wirklichkeit verbunden. Zwar stehen real-mögliche und real-unmögliche Geschehnisse unbekümmert neben- und durcheinander, und das Kausalgesetz scheint oft genug aufgehoben zu sein, aber dennoch bestehen gewisse Kausalitäten weiter. So ist das Volksmärchen fantastisch und realistisch zugleich, und diese Mischung macht einen wichtigen Teil seines Wesens aus. Es gibt im Märchen auch kein isoliertes Wundergeschehen: Immer ist das Übernatürli-*

che verknüpft mit wirklichen Ereignissen. Es wird stets in Bezug zu einem menschlichen Helden gesehen: Könige, Handwerker und Bauern, die Mutter, die Stiefmutter und die Geschwister – alle sind mögliche Personen der Wirklichkeit« (Röhrich 1974/2001, S. 3).

Diese Wirklichkeitsbezüge ermöglichen es, eigene Vorstellungen in die vitalen Lebensbilder des Märchens einzubringen. Weder Begriffe wie ›Kindersache‹ oder ›Fantasterei‹ noch ›Lebensferne‹ passen auf Märchen, zumal an deren Beginn immer eine realistisch erscheinende Situation den Ausgangspunkt bildet. Selbst da, wo im Handlungsverlauf die äußere Wirklichkeit verlassen wird, hilft ein Verständnis für symbolische Bilder weiter, das äußere und innere Wirklichkeit in Beziehung setzen kann. Am Ende kehrt die Handlung in der Regel in die Realität zurück. Zauber- und Wundermärchen existieren nicht im Reich unbegrenzter Möglichkeiten. Sie können über der Realität schweben, bleiben aber in Verlauf und Aussage geistig nachvollziehbar. Es ist schließlich eine Leistung unserer rechten Hirnhemisphäre, dass wir uns scheinbar Unmögliches als Mögliches bildlich vorstellen können.

Aus völkerkundlicher Sicht sei angefügt: Magische Praktiken für religiöse Riten und für den alltagsregelnden Gebrauch (wie z.B. Jagdzauber, Heilung, Initiation, Totenkult, Regenzauber), die man bei Völkern verschiedener Kulturstufen als Glaubenswirklichkeit praktizierte oder heute noch praktiziert, wurden im Laufe der Zeit teilweise ›ent-wirklicht‹ und profan: Sie wurden nicht mehr geglaubt. Sie blieben aber in Geschichten, so auch in Märchen, als nun fantastische Elemente, als Wunder und Magie erhalten. Sie werden als etwas von der Realität Abgehobenes gesehen, haben aber offenbar einen ursprünglichen Bezug zu einem Wirkenden oder als ein wirklich Genommenes bewahrt. Extreme, Wunder und Magie behalten hierdurch einen aufspürbaren Kontext (vgl. Lüthi 1976, S. 118f.).

2.   Psychologische Zugänge

2.1   Der Gegenwartsbezug von Märchen

Erzieherinnen, Psychologen und Pädagogen wenden sich der Frage zu, in welchem Verhältnis Kinder, Jugendliche und Erwachsene zum Märchen stehen. Sie beschäftigen sich mit dem gegenwärtigen Leben des Märchens, das in den einzelnen Menschen (als Rezipienten) zum Klingen kommt und mehr oder weniger Wirkung und Nachdenklichkeit auszulösen vermag. Märchenpädagogik bewegt sich in großen Teilen im Rahmen der Entwicklungspsychologie, die gleichermaßen in die Tiefenpsychologie und Pädagogik weist.

Setzt man sich mit Märchen inhaltlich auseinander, dann geht es nicht darum, die aktuelle Gegenwart der Kinder, Jugendlichen und Erwachsenen über die Aussagen aus einer Vergangenheit zu brechen und aus jenen Vorgängen, die ja in einer anderen Zeit, in anderen sozialen Verhältnissen mit anderen Rechtsnormen und Wertvorstellungen spielen, etwa verbindliche Deutungen oder ›Lehren‹ zu ziehen. Vielmehr können Pädagogen und Psychologen durch offene Gespräche, durch Spiel und ästhetisches Gestalten in der Gegenwart Möglichkeiten bereitstellen, um über den Weg des gehörten (gelesenen) Märchens als Impulsgeber auch eigene Befindlichkeiten und Einsichten zu entdecken und eigene Gedanken und Ideen zum Ausdruck zu bringen.

Dies geschieht, weil Märchen leicht Assoziationen auslösen. Die märchentypisch prägnanten Figuren, Dinge und Handlungen formen durch entsprechende Wortwahl im Gehirn Vorstellungen als dichte, dynamische Bilder. Diese können bei mehrfachem Hören immer wieder neue Einsichten vermitteln und zugleich durch Erinnerungen und Fantasie ganz persönliche Gestalt annehmen. Märchen sind Geschichten, die ›eigen‹ werden, denen man etwas ablauschen kann, die informieren, amüsieren, die uns aufregen, in Spannung versetzen und zugleich Ausgangsmaterial für eine Gegenwartsgestaltung anbieten.

Neben einem subjektiven Gewinn steht ein kognitiver, wenn Märchen unter ihren formalen Aspekten wahrgenommen werden und Wesentliches aus Geschichte und Brauchtum anderer Völker erfahren wird; wenn fremdartige Werte- und Rechtssysteme, Rituale und religiöse Vorgänge oder besondere Lebensräume mit Eisregionen, Steppen, Urwald, Gebirgen, Meeren oder Sümpfen zur Sprache kommen, die die Märchenmotive und Handlungsverläufe prägen.

2.2 Märchen und Tiefenpsychologie

Volksmärchen besitzen eine zeitlose Gültigkeit, denn in ihnen werden mittels Symbolen, Bildern und Gestalten (innere) Erfahrungen des Menschen und menschliche Verhaltenweisen ausgedrückt – so die Feststellung der Psychologie. Sie haben immer irgendeine Bedeutung im Zusammenhang mit Vorgängen und anderen Figuren, also mit Prozessen.

Märchen sind dem Traum nahe, ebenso den Mythen, die Menschheitsprobleme und kosmische Zusammenhänge thematisieren. Sigmund Freud, der Begründer der Psychoanalyse, deutete den Traum (Traum als ›via regia‹ zum individuellen Unbewussten) wie auch das Märchen vor allem sexualsymbolisch (Freud 1961; Grummes 1982) – ein nicht unumstrittenes Verfahren. Mit der Analyse der erinnerten Traumbilder könnten ungelöste oder verdrängte Konflikte der menschlichen Seele bewusstseinsfähig und in der Reflexion darüber am Ende beherrschbar werden. Den therapeutischen Aspekt von Märchen betont aus psychoanalytischer Sicht auch Bruno Bettelheim:

> »Die Märchen vermitteln wichtige Botschaften auf bewußter, vorbewußter und unbewußter Ebene entsprechend ihrer jeweiligen Entwicklungsstufe. Da es ihnen um universelle menschliche Probleme geht und ganz besonders um solche, die das kindliche Gemüt beschäftigen, fördern sie die Entfaltung des aufkeimenden Ichs; zugleich lösen sie vorbewußte und unbewußte Spannungen. Sie verleihen den Es-Spannungen Gestalt und Glaubwürdigkeit und zeigen Möglichkeiten auf, diese in Übereinstimmung mit den Erfordernissen des Ich und des Über-Ich zu lösen« (Bettelheim 1977, S. 13).

Die Schule C.G. Jungs sieht in Märchen Entwicklungs- und Reifungsvorgänge: weniger in der Pubertät als in der Lebensmitte, womit die Jungsche Schule sich in erster Linie an Erwachsene wendet (Jung 1946; 1951; 1980). Hier werden in der Zeit des Berufs- und Familienaufbaus die Tiefen der eigenen Seele intensiv neu erfahren. Durch das Wagnis, auch Wege ›nach innen‹ zu gehen, können Bewusstes und Unbewusstes, äußere und innere Welt eine fruchtbare Verbindung eingehen. Märchenfiguren wie der alte König stehen dann z.B. für überkommene Lebenseinstellungen; andere (Prinzessinnen und Prinzen, Heldinnen und Helden auf der Lebensreise) für ein neues Bewusstsein, das Zugang zum Unbewussten gefunden hat. Märchen werden unter diesen Aspekten zu einer Inszenierung innerseelischer Vorgänge, in denen Widersacher (wie z.B. Hexen, Stiefmütter, böse Geschwister, falsche Freunde) bedrohliche Kräfte in der eigenen Seele aufzeigen.

Am Ende steht nach solcher Suchwanderung zum Kern der eigenen Persönlichkeit und Identitätsfindung im Märchen das Bild vom Sieg des Guten über das Widerständige, von Autonomie und Verantwortungsbereitschaft, da die Helden – bildlich gesehen – nun glücklich, reich, mächtig und ehefähig (als harmonische Verbindung des weiblichen und männlichen Prinzips) geworden sind.

Für Jung und seine Schule ist die Untersuchung von Mythen und Märchen eine Art ›Königsweg zum kollektiven Unbewussten‹. Er weist der Dynamik des Unbewussten nicht nur die individuellen, entwicklungsbedingten Erfahrungen im Guten wie im Bösen zu, sondern auch – aufgrund kulturpsychologischer Untersuchungen – ältere Menschheitserfahrungen, die in Träumen noch sichtbar werden und auch in Volksmärchen wahrnehmbar sind.

Marie-Louise von Franz (1989) und Hedwig von Beit (1960/1997) sind Hauptvertreterinnen der Jungschen Märchendeutung. Sie meinen, der wirklichkeitsferne Stil verweise darauf, dass weniger die äußere Wirklichkeit dargestellt werde als eine innere ›archetypische‹. Hierbei werden die Figuren zu Repräsentanten einzelner Komponenten der Seele. Als Verdichtungen und Symbole verweisen sie auf ›seelische Urbilder‹ (Archetypen) (C.G. Jung). In ihrem Doppelcharakter zweideutig und doppeldeutig (ambivalent), haben sie eine individuelle und kollektive Funktion.

Bei verschiedenen analytischen Richtungen spielt der Traum eine wesentliche Rolle. Solche Traumdeutung bewegt sich auf der Subjektstufe. Bei ihr sind Nebenfiguren Persönlichkeitszüge der Hauptfigur; und je nach dem, welche Figur als Hauptfigur empfunden wird, ergeben sich verschiedene Deutungsmöglichkeiten. Mit dem Märchen kann man ähnlich verfahren. Hierzu Verena Kast:

»*Deutung beansprucht niemals alleinige Wahrheit. Gültig ist eine Deutung dann, wenn sie in sich geschlossen ist und die wichtigsten Motive des Märchens einbeziehen kann. Wenn wir Märchen in dieser Weise deuten, dann ist das ein spielerisches Nachdenken über das Leben, über existentielle Fragen, über psychische Prozesse. (…) Für den therapeutischen Einsatz von Märchen ist vor allem wichtig, daß sie uns auch auf der imaginativen Ebene ansprechen, daß sie auch unsere eigenen Bilder ansprechen.*«
Für Kast »*ist bereits eine therapeutische Wirkung ganz allgemeiner Art mit dem Anhören des Märchens, mit dem Wirkenlassen der Märchenbilder auf uns, verbunden. (…) Märchenmotive, die uns ansprechen, werden zu Symbolen für einen psychischen Zustand von uns selbst, den wir sonst nicht fassen könnten. Konflikte, die wir nicht wirklich ins Wort fassen können, die uns oft nur mit Unbehagen erfüllen, können im Symbol eines Märchens ein Bild finden*« (Kast 1986, S. 11–12).

Einlassung auf die versprachlichte Bilderwelt der Märchen kann zum konstruktiven Nachdenken anregen. Schützend wirkt hierbei, dass diese Bilder aussagekräftig sind, aber auch Distanz gewähren.

2.3   Märchen als symbolische Ausdrucksform

Die Sprache der Seele ist eine Sprache der Bilder, die anders und komplexer wirkt als die logisch geordnete, begriffliche Sprache. Sie beeinflusst, als Bilder selbst emotional besetzt, ganz unmittelbar Geist, Seele und Gefühle. Solche Bilder mit ihrer handlungsfreudigen immanenten Beweglichkeit lassen sich als deutbare Symbole verstehen, die

Aufschluss über innere Konflikte zu geben vermögen, da sich Erfahrungen zu Symbolen verdichtet haben. Symbole sind Sinnbilder, sind Träger einer Bedeutung oder eines Gemeinten. Sie präsentieren sich als Worte, Formen, Gegenstände oder Vorgänge. Diese gelten nicht nur für sich allein, sondern tragen in sich eine tiefere Bedeutung, ein ›Mehr‹ aus tieferen, verborgenen, uns nicht sogleich präsenten Bereichen, denen man nachspüren und die man sich erschließen muss.

Das Wissen um den Zusammenhang zwischen deutbaren Schöpfungen in Bildern, Worten und Gestaltungen und den inneren menschlichen Tiefen machen sich die Psychologen in ihrer tiefenpsychologischen Arbeit besonders mit Kindern und Jugendlichen zunutze: Die Bildersprache drückt sich im Malen, spontanen Rollen- und Handpuppenspiel, in Fantasiegestalten, im Erzählen von Träumen und selbst erfundenen Geschichten und auch im Nachgestalten von Märchen aus. Gerade bei seelisch kranken Kindern finden sich hierbei immer wieder ähnliche Motive, die Rückschlüsse auf seelische Störungen geben können. Der Traum mit seiner Bildersprache spielt hierbei – wie bereits erwähnt – eine wesentliche Rolle.

Bei Kindern funktionieren Erinnerungen an Träume allerdings offenbar nicht so gut wie bei Erwachsenen, weswegen z.B. Johannes Wilkes (Arzt für Kinder- und Jugendpsychiatrie) für die Kinderpsychotherapie die drei anderen Wege vorschlägt: eine Beobachtung des kindlichen Spiels, die Analyse von Kinderzeichnungen und die Arbeit mit Märchen, die »*in vielem dem menschlichen Traum (ähneln), denn der Traum und das Märchen wirken beide durch lebendige Bilder*« (Wilkes 2004, S. 61). Der Bilderreichtum der Märchen ist wie der der Träume anschaulich und nicht interpretierend. Märchen erzählen außerdem besonders klar in fortlaufenden, verständlichen, wirklichkeitsnahen Szenen (vgl. Kap. 2.2 Märchen und Tiefenpsychologie; analytische Schulen betreffend allgemeiner menschlicher Reifungserlebnisse).

Wilkes warnt davor, Märchen schematisch einzusetzen. Nur ein jeweils individuelles Therapiekonzept kann ermöglichen, dass die Botschaften eines Märchens beim Kind oder Jugendlichen ›ankommen‹, da solche Botschaften trotz ähnlicher Symptomatik der Patienten unterschiedlich aufgenommen werden (etwa bei Essstörungen, Suche nach Zuwendung, Sucht, Angstzuständen oder bei sexuellen Problemen, z.B. Inzestproblem).

Wenn – ganz allgemein – Hörer die Bilder des Märchens in sich wirken lassen, werden diese durch eine jeweils individuelle Fantasie umgeformt. Zugleich erfahren sie – je nach Alter, Geschlecht, prägenden Erlebnissen, Ängsten und auch Wünschen – eine ›Anverwandlung‹, welche nun die Vorstellungs- und Gefühlswelt und das Wissen weiter beeinflussen kann. Das bedeutet: Märchen wandeln sich in den Köpfen zu je eigenen ›Varianten‹ um, die in der Regel ihren Erzähl- und Sinnkern behalten, aber im Aussehen der Figuren, in Gewichtungen oder Redeweisen je einmalig sind. Dies kann geschehen, weil das Märchen knapp und ohne individualisierende Details erzählt, einem ›Rohling‹ vergleichbar, aus dem alles Mögliche herausgestaltet werden kann. Zeugnis über diesen Anverwandlungsprozess legen immer wieder z.B. Bilder oder eigene Texte zum Märchen und Spielweisen ab, wie sie Kinder, Jugendliche oder Erwachsene produzieren.

2.4   Entwicklungspsychologische Aspekte

Entwicklungspsychologie befasst sich mit Veränderungen und Stabilitäten im Lebenslauf des Menschen. Vor allem beobachtbare Veränderungen können erfasst werden: Sie sind auf die ganze Lebensspanne gerichtet, sodass sich zwischen Störungen und Problemen im Kindes- und Jugendalter und späterem Verhalten Zusammenhänge ermitteln lassen. Gleichermaßen richten sich Fragen an positive Leistungen, Kompetenzen, Interessen, Motivation oder Persönlichkeitsmerkmale.

> *»Die Suche ist nicht auf kurzfristige, momentane Veränderungen gerichtet, sondern auf nachhaltige, langfristige«* (Oerter/Montada 2002, S. 13).

Folgende Forschungsergebnisse erscheinen mir für Märchenpädagogik besonders interessant:

- Ein Anfangszustand wird in einen neuen Zustand transformiert und einzelne Lebensabschnitte werden zur notwendigen Voraussetzung für folgende angesehen (vgl. Piaget 1947). Und darauf aufbauend:
- Solche Lebensphasen können im negativen Fall voller Probleme für Kinder bzw. Jugendliche sein, werden aber in die Gesamtentwicklung integriert, die ihrerseits deshalb nicht negativ belastet verlaufen muss.
- *»Entwicklung ist in vielen Bereichen ›plastisch‹, d.h. nicht durch Anlagen und vorausgegangene Entwicklungsschritte völlig determiniert, sondern beeinflussbar und gestaltbar«* (Oerter/Montada 2002, S. 14).

Meines Erachtens spiegeln sich in dieser – wenn auch knappen – Skizzierung elementare Aspekte jener Entwicklungsprozesse, die die Märchenheldinnen und -helden durchlaufen.

Zum 1. Spiegelpunkt
In den Abenteuerwegen der Protagonisten, besonders bei den Zaubermärchen, kann man eine ähnliche Entwicklung beobachten: Sie lösen sich – erzwungen oder freiwillig – aus der Abhängigkeit eines meist lieblosen Zuhauses, in dem das Leben in Unordnung geraten ist. Da sie einen erfahrungsreichen Lebensweg bis zum glückhaften Ziel gehen, scheinen die schwierigen früheren Erfahrungen, diese ganzen konfliktbeladenen Startbedingungen, nicht schädlich zu sein – im Gegenteil: Die Heldinnen und Helden sind irgendwie sensibilisiert worden, ihre neuen Lebenssituationen richtig einzuschätzen und ihr Können effektiv einzusetzen.

Zum 2. Spiegelpunkt
Die einzelnen (drei) Hindernisse, die sich in den Weg stellen, aber auch die (drei) schweren Aufgaben und Mutproben sind gewaltige Herausforderungen, und immer wieder geraten die Heldinnen und Helden hierbei in Not. Sie verzagen, geraten in Gefangenschaft oder Abhängigkeit, verwildern, versteinern, sind – reversibel – tot; doch

offenbar sind diese Erlebnisse trotz aller Dramatik ein Teil des Lebensweges und gleichsam Voraussetzung für einen endlichen Erfolg im Leben. Die Heldinnen und Helden haben im reinsten Wortsinn Erfahrungen gesammelt. Schwierigkeiten und ihre Bewältigung gehören wohl zum Leben, und phasenweises Versagen findet bei solchen Erfahrungsprozessen seinen positiven Stellenwert.

Interessant ist hier die Umkehrung der Vorzeichen im Märchen: Wer anfangs in einer äußeren und seelischen Unordnung steht, der kann einem erfüllten Leben zustreben – im Märchenbild wird er reich, mächtig, weise, liebesfähig. Wer anfangs jedoch vermeintlich positive Chancen hat und geliebt und verwöhnt wird, der bleibt oft unsensibel, inkompetent, wird überheblich und entwickelt sich nicht, weil er einfach alle herausfordernden Begegnungen scheut. Er weiß nicht, wie das Leben ›draußen‹ spielt, und versagt, wenn es um Mitleid, Höflichkeit, Mut, Vertrauen oder Durchhaltefähigkeit geht.

Zum 3. Spiegelpunkt
Dieser vertiefende Aspekt weist in die Zukunft. Für Märchen mag das heißen: Jeder hat eine Option auf eine glückliche Lebensgestaltung. Allerdings muss er bereit sein, etwas dafür zu tun; ja, zu riskieren, also zu arbeiten, in der Not den Alten, Weisen, Helferinnen und Helfern zuzuhören und ihren Weisungen zu gehorchen. Märchenheldinnen und -helden müssen klug oder mutig ihre Aufgaben erledigen oder sie müssen in Notlagen fähig sein, Ratgebern zu vertrauen und deren Hilfe auch wirklich anzunehmen. Sie sind herausgefordert, ihre Situation zu beeinflussen, und da gilt das Versprechen von einer Wende im Leben zum Guten. Diese optimistische Perspektive des Volksmärchens lässt Märchen für Kinder so geeignet erscheinen. Märchenheldinnen und -helden finden ihre eigene Bestimmung, und am Ende entwickeln sie sich auch zu Partnern, Helfern und Unterstützern für andere: als Könige, Reiche, Berater, Ehepartner.

Pädagogisch-didaktisch zeigt sich hier die Möglichkeit, über das Nachdenken und Besprechen von Märchen inhaltsbezogen eigene Gedanken weiterzuentwickeln, beispielsweise aktuelle Bezüge herzustellen und im ästhetischen Bereich Ideen zu gestalten, in denen immer auch etwas vom Ich des Gestalters steckt. Im Überlegen, Planen, Fühlen, Meinen, Begründen können sich hierbei Selbstbestätigung und Ich-Stärkung entfalten.

Als Pädagoge kann man bei der Entwicklungspsychologie ansetzen, Leistungsstand und -bereitschaft der Kinder und Jugendlichen beobachten bzw. einschätzen und über gemeinsame Gespräche deren Motivationen, Kompetenzen und Ideen in Planungen einbeziehen. Vertiefender Gedankenaustausch über das Märchen führt dann auch in ein Verständnis von Symbolik und tiefenpsychologischen Aspekten. Offen bleibt, ob man danach bei kognitiv-sprachlichen, sozial-emotionalen und psychologischen oder gestaltenden Akzenten ansetzen will.

3. Rezeption

3.1   Märchen als eindrückliche Erzählgebilde

3.1.1 Märchen als Entwicklungsbegleiter

Rufen Märchen, besonders Zauber- und Wundermärchen, schon bei Erwachsenen immer wieder Erinnerungen und Nachdenklichkeiten hervor, so provozieren sie gerade bei zuhörenden Kindern noch viel mehr augenfällige Reaktionen. Sie reagieren in der Regel mit gespannter, stiller Körperhaltung; daneben auch mit stereotypen Handlungen, indem sie mit den Fingern spielen, Haarsträhnen zwirbeln oder gleichmäßig wippen und mit konzentriertem Blick an den Lippen des Erzählers hängen oder mit offenem Mund innerlich mitgehen.

Geschichten, die man ihnen noch einmal erzählt, wollen sie möglichst wortgenau wie beim ersten Mal hören. Sie beteiligen sich dann rasch an Formeln und Sprüchen und sprechen einprägsame Wörter und besondere Satzformulierungen mit. Sie finden sich in die Geschichte als Teilnehmer hinein und profitieren von der sprachlichen Bildkraft und den klaren erzählerischen Strukturen: Beides unterstützt das Vorstellungsvermögen und Merken der Geschichte, und die in diese Formen eingebetteten Inhalte bewegen Erinnerungen, Erlebtes, Gefühle und Meinungen, sodass das gehörte Märchen auch zu einer Herausforderung wird, sich eigener Vorstellungswelt zu stellen.

Bereits Charlotte Bühler (vgl. Bühler/Bilz 1977) betont, dass schon rein formal das Märchen den Bedürfnissen des kindlichen Geistes entspreche, beispielsweise mit den klaren Kontrasten (z.B. klein – groß, schön – hässlich) und plötzlichen Übergängen von einer Situation in die andere (wie von großer Not zur Rettung oder vom Alltag zu einer fernen Anderswelt). Besonders das Wandern in der Vorstellung, das Wanderbedürfnis der vorstellenden Fantasie, das durch die verschiedensten Örtlichkeiten ziehe und dabei trotz der Zeitsprünge im Märchen in einer durchgehenden Kontinuität der Vorstellungsfolge stehe, bereite dem Kind Vergnügen (S. 52f.). Dieses Wandern äußert sich im Märchen als flächenhafter Stil. Auch die Balance zwischen Bekanntem und Unbekanntem komme dem Kind entgegen. Damit ist gemeint: Die Figuren und Vorgänge sind nicht ausgeschmückt (vgl. abstrakter Stil) und das Kind kann sie mit seinen eigenen Gefühlen und Vorstellungen besetzen, Fremdes wird in Bekanntes integriert.

Kinder seien offen für Wundergläubigkeit, Verwandlungen, Verzauberungen, ebenso für die wunderbaren Hilfen, Zufälle und Geschenke, von denen das Märchen berichte. Dieses Verhalten können Märchenerzähler ständig beobachten, denn Kinder greifen fasziniert nach dem Ungewöhnlichen. Verwunderung, ungenaues Wissen, Neugier, Sehnsüchte sind der Nährboden für Wunderglaübigkeit, aber auch für das Fragebedürfnis. Fantasie wird angeregt, die die eigenen Grenzen des Alltags durchstößt und überschreitet. Zugleich werden solche Vorstellungen durch das Wissen um den Sieg des Guten beruhigt und geordnet. Bühler hat diese Beobachtung früh aus entwicklungspsychologischer Sicht thematisiert, und diese Beobachtung findet ihre Bestätigung auch heute: Für das Kind muss das Märchen gut ausgehen; ganz plakativ muss am Ende ›trotz allem‹ das Gute siegen und das Böse vernichtet werden. Nur so kann es eigene Sicherheit in dieser herausfordernden Welt gewinnen, in der doch ständig Erfahrungen wieder in Frage gestellt werden. Erst im Schulalter lernt es langsam, Ambivalenz zu verstehen, bei der sich Licht- und Schattenseiten innerhalb einer Person vereinen. Erwachsene wissen sehr wohl um die Möglichkeit ambivalenten Verhaltens von Menschen. Kleine Kinder ordnen ihre Welt aber noch, indem sie ›Gut‹ und ›Böse‹ trennen. Im Märchen sind ›die Guten‹ und ›die Bösen‹ klar auf verschiedene Personen verteilt: z.B. auf die liebevolle und behütende Mutter hier und die mörderische Hexe da; auf den freundlichen, unterstützenden Vater hier und den grausamen Dämon da. Mit solch klaren Charakterzuweisungen können kleine Kinder bei ihrer geistigen Auseinandersetzung mit den Verhaltensweisen anderer Menschen eine Orientierung gewinnen, ohne überfordert zu sein.

Übrigens sahen schon die Grimms die KHM für geeignet, um Kinder ›natürlich‹ zu erziehen. Ihre Kindheitsauffassung war nicht ›aufklärerisch‹, mit vorrangig kognitiv orientierter Wissensvermittlung und auf ein zukünftiges, ›vollwertiges‹ Erwachsensein hin geprägt. Vielmehr werteten sie die geistige und körperliche Unentwickeltheit auf: Kindheit war für sie nicht ›minderwertig‹, sondern ein Zustand voller Möglichkeiten. Die KHM boten nach der sprachlichen Bearbeitung ab der zweiten Auflage ihrer Meinung nach ein geeignetes Material, allein durch Zuhören – im Verlauf der kindlichen Entwicklung – ›natürlich‹ zu bilden und sie als ein ›Erziehungsbuch‹ zu betrachten (vgl. Murayama 2005).

3.1.2 Regeln, Rituale und Wege in die Stille

Märchen konzentrieren mit ihrem abstrakten Stil auf ursprüngliche Weise ein Wissen über Lebensvorgänge, das nicht wie Sachwissen kognitiv vorgestellt wird. Sie vermitteln ein Wissen von den Problemen der Menschwerdung und des Erwachsenwerdens, die mit Ablösung von den Eltern zu tun haben, mit den Erfahrungen eigener Schattenseiten, auch mit alltäglichen Durchsetzungsversuchen, mit den Übergängen in neue Lebensabschnitte, mit Wünschen und Sehnsüchten und mit Angst und Tod.

Als eine Art Kollektivwissen schöpfen Märchen – aus tiefenpsychologischer Sicht – ihre Inhalte, bildlich verdichtet, aus tiefen Schichten des Unbewussten. Sie werden von C.G. Jung als Archetypen bezeichnet. Man kann unterstellen, dass Märchen und Mythen Stoffe enthalten, die solches Wissen als ein Stück Lebenssinn weitergeben. Dieses

Wissen enthält Riten und Rituale, eingebunden in Regeln; ebenso Brauchtum wie Feste und Feiern, Lieder und Tänze. In ihnen liegen Werte und Traditionen, die Sinn vermitteln. Wir finden solche – den Alltag und Jahresablauf rhythmisch gliedernden – Aktivitäten im kirchlichen und profanen Jahreskreis und auch im Tagesrhythmus. Brigitta Schieder zur besinnlichen Seite unseres Daseins:

> *»Indem wir Rituale, Riten und Zeichen vollziehen, wird Lebenswissen ins Bewusstsein gehoben, es kann sinnstiftend und lebenswirksam werden. Letztendlich bleibt nichts, was wir tun, ohne Auswirkung auf unsere innere Befindlichkeit. Und was wir in uns erleben, erleiden, wirkt sich auch nach außen aus: Über unser Verhalten, unsere Gestimmtheit, unsere Körpersprache, unsere Gesundheit«* (Schieder 2003, S. 25).

Kinder erleben Rituale intensiv, sei es im Tagesrhythmus, bei Geburtstagen, an Weihnachten oder bei Aufnahmeritualen. Rituale strukturieren ihr Leben und ihr Denken, sie erzeugen dabei ein Sich-verlassen-Können auf die Lebensvollzüge und können so Sicherheit und Gelassenheit vermitteln. Wer im Alltag Rituale einsetzt, weiß, wie sehr Kinder danach verlangen, wobei sie ihre ganze Persönlichkeit in solche einstimmenden Vorgänge einbinden.

Mit Märchen lassen sich beim Erzählen einleitende Rituale aufbauen: Vertraute, wenn auch variierende kleine Handlungssequenzen, die ihren Sinn darin finden, dass die Zuhörer ruhig und aufnahmebereit werden. Es wird eine Atmosphäre der Stille erzeugt, z.B. mit einer brennenden Kerze in der Kreismitte; mit einem magisch wirkenden Gegenstand in der Hand (etwas Weiches, ein Schmeichelstein oder schimmernder Edelstein), den man weiterreicht; ebenso mit einer ästhetisch gestalteten Mitte im Erzählkreis (mit etwas Seidigem, mit Wurzeln, Früchten oder als kostbar Empfundenem) oder mit dem Betreten des Erzählraumes, indem jedes Kind durch einen goldenen Reifen ins »Märchenland« steigt. Auch ein Vers, Klangschalen o.Ä. können einstimmen (vgl. die Beispiele im Praxisteil). Diese Erfahrung von Stille, in die man sich freiwillig begibt, erhöht die Zuhörfähigkeit und führt leise auf sich selbst zurück. In Kindergarten, Schule, Spielkreisen lassen sich solche Formen gut einsetzen. Nach meinen Erfahrungen sollten diese Einstimmungsrituale jedoch nicht zu lange und aufwendig verlaufen. Auch das Herauslenken aus dem Märchen bedarf keiner wortreichen Zeremonien. Wenn nach dem Erzählen keine klärenden Gespräche folgen, kann man zuvor vereinbaren, dass am Ende alle noch ruhig eine Weile sitzen bleiben, vielleicht die Augen schließen und sich etwas aus dem Märchen vorstellen, bevor sie den Erzählkreis verlassen.

Schon die formelhaften Wendungen der Märchen (*»Es war einmal…«*, *»Vor langer, langer Zeit…«*) unterstützen ein Entwickeln von Ordnungsgefühl, innerer Sicherheit, Regelgebundenheit und die Bereitschaft, sich in Rituale einzubinden (vgl. die Beispiele über Rituale und zur Stille in Schieder 2000 und 2003; hier S. 24–34 und im Praxisteil; vgl. zu innerer Ordnung Zitzlsperger 2002a; 2002b).

3.1.3 Die KHM als Erziehungsbuch und die Rolle der Grausamkeit im Märchen

Die Brüder Grimm sahen in den Kinder- und Hausmärchen ein ›Erziehungsbuch‹, das auch ein Medium für eine ›natürliche Erziehung‹ sei: Sie verbanden, obwohl sie unterschiedliche Poesieauffassungen hatten, im Zuge ihrer gegenseitigen Gedankenentwicklung für ihren Poesiebegriff am Ende den Begriff »Natürlichkeit« unmittelbar mit dem »Volkstümlichen« und »Nationalen«.

> »Für die Grimms kann die Natur des Menschen – sowohl des Dichters als auch des Volkes – überhaupt nur a priori und notwendigerweise volkstümlich bzw. national sein, denn der Mensch wird in den kulturellen Nährboden eines Volkes hinein geboren, der von der Sprache des Volkes bzw. der Nation vorgeprägt ist. So entstehe die ›Naturpoesie‹ im Altertum eines Volkes, wo Poesie und Geschichte als eine Einheit in der Sprache eines Volkes verschmolzen sich ausdrücken; die ›Naturpoesie‹ werde in der modernen Zeit von Kindern und dem Volk aufbewahrt« (Murayama 2005, S. 235).

Diese Verbindung eines Natürlich-Nationalen finde sich auch in den Volksmärchen der KHM wieder, deshalb sei dieses Buch auch an die Kinder adressiert. Die Kinder stünden – wie das Volk – in einer Kontinuität vom Altertum bis in die Gegenwart – so die Meinung der Brüder Grimm.

Als die Grimms nach der ersten Auflage der KHM heftig wegen der darin enthaltenen erotischen Teile und Grausamkeiten kritisiert wurden, minderten oder tilgten sie für die zweite Auflage zwar alles obszön Wirkende, nicht jedoch Grausamkeiten. Sie sahen in der »Naturpoesie«, in dem also, was sie auch als »Buch der Natur« bezeichneten, alle Gegensätze des Lebens vereint: Gutes wie Böses, Wahres wie Falsches, Schönes wie Hässliches, Grausames und Obszönes »in einem Ganzen« dargestellt. Dies sei – wie die Natur selbst – als Fügung Gottes und natürliche, innere Notwendigkeit zu sehen. Für die Grimms war Natürlichkeit eine rechtfertigende Instanz. Grausamkeit, die sie in den Märchen im Übrigen immer nur auf bildscharf knappe, abstrakte, emotionslose und unblutige Weise darstellen, gehörte für sie zum Leben dazu. Auch sahen sie in ihnen bedeutsame historische Belege (gemeint sind hier in der Geschichte enthaltene Bräuche und Rechtsvorschriften, Rechtsinstanzen und Bestrafungssysteme).

Auch heute noch werden Grausamkeiten der Märchen als kritikwürdig ins Feld geführt, und seelische Grausamkeiten, Gewalt und schreckliche Todesurteile sind wahrhaftig nicht zu übersehen. Sind Märchen deshalb fehl am Platz? Grausamkeiten haben einesteils Bezüge zu äußerer Wirklichkeit (in alten Rechtspraktiken, Initiationsriten, im Brauchtum), andererseits zu innerer Wirklichkeit und seelischer Befindlichkeit (als Zustände von Angst, Zorn, Bosheit).

Man kann feststellen, dass zum Leben als einem Ganzen Gutes und Böses, Menschenwürdiges und Grausames, die hellen und dunklen Seiten des Menschen gehö ren – so sahen es ja bereits die Grimms. Kinder erleben das in ihrer Familie, an sich selbst und in ihrer Umwelt, seien es Krankheiten, menschliche Schwächen, Unglücke, Verbrechen oder Krieg. Eingebettet in einen problemreichen Alltag, in dem durch moderne Medien jeder zu jeder Zeit hautnah bildlich und nachrichtlich erreichbar ist, können wir Kinder in keinem Schonraum mehr aufziehen, der sie ungewappnet irgendwann ins Leben entließe. Allerdings kann man die Begegnungen mit dem Bösen vorsichtig regulieren, im Gespräch entschärfen, erklärbar und erträglich machen, wobei eine Vertrauensbasis zwischen Kind und Bezugsperson vorhanden sein muss. Und Märchen sind ein Medium, mit dem sich solche Begegnungen dosiert einsetzen lassen, denn die verhandelten Grausamkeiten haben nichts mit überzogenen Horrorgeschichten gemein.

Kinder kennen erste Gefühle der Geborgenheit, Freude, aber auch Eifersucht, Traurigkeit oder Einsamkeit von Lebensbeginn an. In Märchen spiegeln sich solche Gefühlslagen flächenhaft geschildert wider, sodass ein Kind diese bereits im Keim erlebten Gefühle erspüren und miterleben kann. Nur: Im Märchen erscheinen sie objektiviert und damit besprechbar und bespielbar. Wenn Erwachsene während des Erzählens präsent bleiben und ihre Kinder nicht mit dem Märchenvideo oder der Kassette allein lassen, dann können sie erste Ängste durch ihre versichernde Gegenwart auffangen, bis Kinder merken, dass das, was sie da hören, ›nur‹ im Kopf, aber nicht leibhaftig, in der Wirklichkeit passiert. Auch merken sie, dass es sich um stets in gleicher Weise ablaufende Geschichten handelt, weshalb sie nun immer wieder alles wortgenau hören wollen. Es gibt ihnen Sicherheit, wenn sie in der Wiederholung alles genau so vorfinden, wie sie das Erzählte in der Erinnerung gespeichert haben: Der Wolf frisst die sieben Geißlein oder Rotkäppchen – aber am Ende sind die Gefressenen immer wieder lebendig, der Wolf aber wird bestraft. Und Dämonen treiben ihr ängstigendes Unwesen, aber am Ende werden sie vom Guten und Gerechten besiegt. Immer und immer wieder erfahren Kinder eben dies im Hören. Das schafft Vertrauen, und hierbei schützt der fiktionale Rahmen der Geschichte.

Dabei setzt ein Verarbeitungsprozess ein: Kinder erfahren die Wiederholbarkeit der Geschichte, bis sich diese im Langzeitgedächtnis eingenistet hat und wieder abgerufen werden kann. Sie können bald die Geschichte nach- oder miterzählen, denn die spielt sich ja nicht in der Wirklichkeit ab. Sie können die Vorgänge mit der Zeit auch verändern und variieren, wie es ihnen gefällt. Diffuse Ängste werden durch Figuren objektiviert und als solche nach und nach beherrschbar, indem sie in eigene Denkmuster integriert werden. Dämonisches – und da gibt es viele Erfahrungswerte aus der Praxis! – wird spielerisch ins Riesenhafte aufgebläht, um es dann einfach platzen zu lassen: Das ist der Sieg des Kindes über das Böse. Und dann erhebt es sich darüber, indem es die Figur – im Gespräch, im Spiel oder beim Malen – auch ins Lächerliche zieht. Bemerkenswert hierbei: Kinder legen großen Wert darauf, dass das Böse, das existenziell bedrohen könnte, ›wirklich‹ vernichtet wird: Zum Tode verurteilt, verbrannt, geköpft, erschlagen, nur so kann das Böse nicht zurückkehren! Schließlich schlüpfen Kinder auch in die Rolle der Dämonen; sie spielen – in Projektion – heulend, unheimlich, mit Wonne und dabei unbewusst ihre Schattenseiten und aggressiven Fantasien aus. Sie kompensieren damit eigene Ohnmachtsgefühle, verschieben Macht- und Größenverhältnisse zwischen sich und den Angstfiguren und entdecken neue Selbstvergewisserung und Handlungsfähigkeit. Gerade Märchen bieten heilsam und seelisch stabilisierend den geeigneten Stoff, um sich mit Distanz mit dem Grausamen auseinanderzusetzen.

Nicht grausam und böse, sondern unheimlich und fesselnd sind dagegen jene Grenzbereiche, in denen Transzendenz in andere Lebenssphären stattfindet: durch die Verletzung von Tabus und Geboten, beim Überschreiten der Grenze ins Dämonenland, ins Totenreich, in Anderswelten. Solche Situationen wirken wie Symbole für jene entwicklungsbedingten Übergänge, die auch Kinder und Jugendliche in ihrem Leben erfahren müssen (z.B. im Übergang zum Schulalter, in der Pubertät, beim Erwachsenwerden). Märchen und Mythen lassen aus heilsamer Distanz nachempfinden, dass man solche Grenzen zu überschreiten wagen und aus Neugier oder Mut heraus in das Unbekannte vorstoßen darf – und letztendlich gewinnt. Nur ›Unhelden‹ scheitern, weil sie nichts riskieren oder bei Anweisungen nicht zuhören wollen.

In der Märchenwelt leben Figuren, die durch ihr Verhalten zeigen, was böse oder was gut ist: wer also nur »schön tut« und doch Böses bewirkt und wer hässlich oder böse wirkt – z.B., weil er verunstaltet oder zum Tier geworden ist –, aber eben doch, wenn auch erlösungsbedürftig, edlen Sinnes ist. Abgesehen davon dürften Erzieherinnen selber spüren, dass es widersinnig wäre, schon kleinen Kindern solch grausige Märchen wie »Fitchers Vogel« (KHM 46), »Das Mädchen ohne Hände« (KHM 31) oder »Von dem Machandelboom« (KHM 47) anzubieten – das ist etwas für Ältere (etwa ab Sekundarstufe 1 oder 2). Man erinnere sich: Märchen wurden ursprünglich den Erwachsenen erzählt!

Eine Sensibilisierung für die verschiedenen Verhaltensweisen in der märchenhaften Bilderwelt kann zur Basis für Gewissensbildung werden: Kinder erkennen mit der Zeit, wer Unrecht tut und wer leidet, wer Mitgefühl braucht und von wem man sich abgrenzen möchte. Märchenfiguren werden zu einprägsamen Identifikations- und Projektionsfiguren. Vor aller kognitiven Durchdringung helfen diese Bilder für Gutes und Böses, auf gefühlhafter Ebene jenes zu verstehen, was einmal zu Mitmenschlichkeit, Gewissen und Moral werden soll.

Empirische Untersuchungen über die Wirkung von Grausamkeiten (vgl. Riedel 1987) bescheinigen den Märchen, gute Lernmodelle zu sein. Nach dieser Studie rufen grausame Szenen keineswegs Ängstlichkeit oder Aggressionsbereitschaft hervor. Stattdessen werden Allgemeinbildung, Ratefähigkeit und Wortwahl durch Märchenhören erhöht. »Märchenkinder« gewinnen danach sogar im logischen Denken und reagieren selbstständiger, da sie über die Rezeption von Märchen Stressbewältigung und Konfliktregulation lernen und zugleich befähigt werden, auf kognitiver Ebene Fragen zu behandeln. Bei Kreativität und Fantasieleistungen waren zwischen den Vergleichsgruppen von Kindern, die mit, und solchen, die ohne Märchen aufgewachsen sind, interessanterweise keine signifikanten Unterschiede feststellbar: Fantasie wird offenbar neben Märchen auch durch andere Kinderliteratur gefördert.

Aber was geschieht eigentlich bei all den fantastischen, so nachhaltig wirkenden Geschichten in den Köpfen der Rezipienten? Zu dieser Frage folgen nun Beiträge aus der Psychobiologie, um Funktionsweisen des Gehirns (betreffend Denken, Lernen, Bildvorstellungen und Symbolisierungsfähigkeit) zu erläutern. Dem schließen sich Ausführungen über Identifikationen, Projektionen, die Ausbildung von Schemata, Assimilationen und Akkomodationen an.

3.2   Psychobiologische Aspekte: Aufbau des Denkens und Lernens

An Märchen lassen sich Merkmale wahrnehmen, für die man geistig-seelische Korrespondenzen im menschlichen Denken und Vorstellen finden kann, da das menschliche Denkvermögen mühelos all den sinnen- und handlungsorientierten, verdichteten, nach innen und außen grenzüberschreitenden Märchenhandlungen folgen kann. Der Ansatz der Psychobiologie erlaubt m. E. Einblicke, wie und warum Märchen im Menschen so nachhaltig wirken. Psychobiologie setzt sich gleichermaßen mit den Funktionsweisen des Gehirns wie mit der menschlichen Kulturfähigkeit auseinander. Sie kombiniert Gehirnforschung mit Verhaltensforschung und befasst sich auf biologischer Grundlage damit, wie unser Gehirn die Umwelt und sich selber wahrnimmt und darauf reagiert (Restak 1981; Immelmann et al. 1988).

Die Basis jeglichen Denkens, Erinnerns, Fühlens, bildlichen Vorstellungsvermögens, des Planens und Wertens liegt im Gehirn mit seinen komplizierten Strukturen und Funktionen. Auch ein inneres Miterleben der Märchen mit all ihren abenteuerlichen Handlungen findet dort seinen Nährboden. Von Geburt an entwickelt sich (vgl. Hannaford 2000; Ayres 1989; Radigk 1998; Zitzlsperger 2002a) das menschliche Gehirn durch eine stetige Anregung der äußeren Sinne, also durch Hören, Sehen, Fühlen, Schmecken und Riechen, und ebenso der inneren Sinne, also durch das Bewegungsempfinden und den Gleichgewichtssinn. Kinder aktivieren von Lebensbeginn an – genau genommen teilweise schon vor der Geburt – von sich aus ständig ihre Sinne: Sie bewegen sich, krabbeln, greifen, drücken, tasten, schauen, hören, lutschen, und sie wenden sich dem zu, was ihr Interesse erregt. Hierdurch wird nicht nur die Leistungsfähigkeit ihrer einzelnen Wahrnehmungen immer genauer; zugleich gehen diese untereinander enge Verbindungen ein. Dabei werden z.B. Fühlen mit Bewegung und Sehen oder Hören mit Sehen und Tasten oder Riechen mit Bewegung als Informationseinheiten verknüpft. Damit bauen sich im Gehirn dichte neuronale Vernetzungen auf, die immer umfassendere Informationen aus der Umwelt aufnehmen können. Diese werden bei genügender Wiederholung und Übung unbewusst oder bewusst als Erfahrungen gespeichert und lassen sich auch wieder erinnern. So bilden sich Gedächtnis, Denkvermögen und bildliche Vorstellungskraft aus. Diese Fähigkeiten sind immer emotional besetzt, da alle Informationen über das Zwischenhirn laufen.

Der Aufbau des Gedächtnisses und aller damit verbundenen Prozesse entwickelt sich primär aus Bewegungen, die in Verbindung mit einer ständigen Anregung der

Sinne (als motorisch-sensorische Integration) ein gesichertes Körperempfinden im Raum und gerichtete Aufmerksamkeit ermöglichen. Bewegungsmuster werden im Langzeitgedächtnis gespeichert und sind als solche wieder abrufbar, auch als erinnerte Handlungsmuster und Bildvorstellungen. Wir können sie bewusst hervorholen und Vorstellungen erneuern, ebenso drängen sich erinnernd die Bilder selber auf, wenn sie assoziativ durch bestimmte Wörter oder Situationen hervorgebracht werden.

Auch Sprache entwickelt sich durch gelingende Wahrnehmungsintegration: durch Hören, Empfindung der Muskelbewegungen im Mund- und Rachenraum und deren Kontrolle, vergleichende Hörkontrolle und Beobachtung der Mundbewegungen der Bezugspersonen. Fingerspiele, Kniereiter, das Erzählen von Märchen und anderen Geschichten fördern die Sprachentwicklung. Und etwa ab Schulalter bauen sich zunehmend im Frontalhirn auch jene Fähigkeiten auf, die Planungen und Bewertungen ermöglichen.

Das Gehirn reagiert überaus flexibel und ist lebenslänglich durch Lernen und Erfahrungen beeinflussbar: Von Geburt an werden alle neuen Erfahrungen in bereits vorhandene integriert (Schmidt 1992). Neue Erfahrungen beziehen sich auf vorher Erlebtes, und diese älteren Erlebnisse werden ihrerseits von den neuen Erfahrungen überformt. Dadurch läuft alles Lernen ausgesprochen dynamisch und je nach Erfahrung individuell ab, sodass jeder zu einem subjektiv geprägten Empfinden und Erfahrungswissen gelangt.

Psychobiologie thematisiert u.a., wie die Erfahrungen beim Einzelnen ›ankommen‹, wie sie subjektiv empfunden werden und wie wir nun – in Antwort auf diese Reize – mit unseren eigenen Kenntnissen, Gefühlen und sozialen Erfahrungen damit umgehen. Das ist didaktisch interessant, da sowohl unterschiedliche Rezeptionsweisen als auch individuelle Ansichten jedes Einzelnen zum Ausdruck kommen. Märchenpädagogik sollte diese Subjektivität der biologisch-psychologischen Prozesse berücksichtigen. Die in uns aufsteigenden Bilder beim Märchenhören werden emotional besetzt und lösen, je nach eigenen Erfahrungen, unterschiedliche Gefühle aus. Erinnerungen werden wach, Gedanken bewegen sich. Und die Informationen, die das Märchen vermittelt, klinken sich in jene vorhandenen Erinnerungen ein, die bereits jedes Kleinkind von Lebensbeginn an gemacht hat. Hierbei wird es Freude, Geborgenheit, Verwunderung, Angst, Wut oder Einsamkeit empfunden haben – manchmal erinnernd, oft aber noch unbewusst gespeichert. Und nun hören ältere Kinder Märchen, die Situationen beschreiben, durch deren Bilder all das früh Empfundene lebendig und bewusst wird. Märchen mit ihren Lebensbildern werden zu einem »Resonanzraum« für eigene Gefühle und Erfahrungen, und deshalb prägen sie sich wohl auch gerade bei Kindern so intensiv ein. Dieser »Resonanzraum« ist im Grunde etwas sehr Privates und zugleich eine Spielwiese für kreative Ideen: Man darf hier seine Gefühle ausagieren, Assoziationen zulassen, bedürfnisgerecht variieren und objektivieren. Märchen können solcherart therapeutisch wirken, auf jeden Fall regen sie – und hier alle Altersgruppen – zu Nachdenklichkeit an, sofern genügend Zeit für eine innere Auseinandersetzung zur Verfügung steht. Ab höherem Grundschulalter bis zum Erwachsenenalter werden dann auch jene objektiveren Zugehensweisen interessant, die sich mit unterschiedlichen Kulturen, Bräuchen, Landschaften, Rechtssystemen, Glaubensvorstellungen oder (universellen) Symbolen befassen.

Bis zum Schuleintritt bildet sich die Seitigkeit der beiden Hirnhemisphären aus. Die beiden Seiten können sich mit ihrem spezifischen Leistungsvermögen zu sinnvollen ganzheitlichen Wahrnehmungen integrieren. Sprachliches, logisches, sequenziell geordnetes und formales Denken (i.d.R. in der linken Hemisphäre) verbindet sich mit Klängen, Ganzheiten, Emotionen und räumlichen Bildern, wie sie (i.d.R.) die rechte Seite erzeugt, zu komplexen Eindrücken. Märchen werden in diesen gefühlsbesetzten, vorstellbaren Handlungsräumen mittels Wortschatz, Syntax und Sinngehalt lebendig. Sie bereiten damit zugleich ein Verständnis für Sprachbilder, Vergleiche, Metaphern und Symbole vor. Das Kind erfährt sich im Heranwachsen gegenüber anderen Personen zunehmend eigenständiger; und ebenso kann es mit der Zeit seine Person und sein eigenes Erleben von den Figuren einer Geschichte und deren Erleben abtrennen. Auf mentaler Ebene gelingt es ihm zugleich, sich mit Figuren und Konflikten auseinanderzusetzen, indem es sich mit ihnen identifiziert oder auf sie projiziert. Was es ängstigt, lässt es in der Regel nicht an sich heran: Es hört weg. Finden Konflikthaftes und emotional besetzte Situationen in ihm Resonanz, dann kann dies sehr belasten: Es bekommt Angst. Deshalb sollten Märchen im Vorschulalter nur in Anwesenheit von Bezugspersonen erzählt werden.

Kinder dehnen von Natur aus ihren Lebenskreis aktiv aus. Gehorsame Kinder sind brav und leicht zu führen, aber auch leicht zu ver-führen. Neugierige, auch widerständige Kinder provozieren, strengen an, doch sie machen lehrreiche, wenn auch bisweilen schmerzhafte Erfahrungen. Sie umgehen oder provozieren Verbote, um eigene Grenzen zu erweitern. Sie lernen dabei, ihre Gefühle zu ordnen, andere Menschen einzuschätzen und eigenes Verhalten zu erproben. Da sind sie wie die Märchenheldinnen und -helden: Die wandern ins Leben hinaus, um für sich eine neue Lebensbasis zu finden, da die alte einengt. Ihr Mut lohnt sich, auch da, wo sie Tabus brechen und Grenzen verletzen. Die Heldinnen und Helden gewinnen im Zuge dieser Herausforderungen selbst unter Lebensgefahr und selbst da, wo sie zeitweise verwildern, versteinern oder sich verlieren. Den Unheldinnen und Unhelden fehlt es an Mut, nach vorne zu blicken, genau zuzuhören, etwas zu riskieren. Sie sind keine Begnadeten, existieren belanglos weiter oder scheitern. Märchen erzählen, wie unbequem, ja gefahrvoll der Gewinn von Lebenserfahrung sein kann. Sie erzählen aber auch, dass man dabei verlässliche Helferinnen und Helfer finden kann, die ihre Initianden mit Herausforderungen, mit Rat, Tat oder (magischer) Gabe auf ein Leben vorbereiten, das von eigener Verantwortung getragen ist (zur Völkerkunde mit ihren Initiationsriten vgl. auch Röhrich 1974/2001und 2002).

Kinder, die Märchen hören, fügen intuitiv das Gehörte in eigene Erfahrungen ein; und sie machen sie für sich passend, indem sie spielend, malend und sprechend ihre eigenen Antworten darauf geben. Mit Neugier folgen sie den Spuren der Märchenfiguren, verändern diese, wagen im Spiel den Aufbruch, die Grenzerweiterung und gewinnen dabei für sich selbst das, was sie mit den Figuren siegessicher anstellen: Sie gewinnen mit der Zeit ein Ich-Gefühl und Sicherheit.

Wenn man die gespeicherten Elemente seiner Wahrnehmungen und Erinnerungen zu neuen Kombinationen umbilden kann, spricht man von Fantasiebildung. Mit Fantasie können sich Märchenhörer diese Geschichten nicht nur zu eigen machen, sie sich vorstellen und reproduzieren, sondern auch Figuren und Handlungen bedürfnisgerecht neu gestalten. Sie können ihre bisherigen Eindrücke über Bord werfen, wenn neue Erfahrungsmuster und Verhaltensweisen reizen. So gelingt dann auch ein Ausprobieren neuer Rollen, neuer Konfliktbearbeitungen – und ältere Schüler können hier Veränderungen schaffen, indem sie assoziativ einen Transfer des Märcheninhalts auf aktuelle Lebensprobleme oder neue Geschichten versuchen.

3.3 Vorstellungskraft und Fähigkeit zur Symbolisierung

Der Schritt in eine Symbolisierungsfähigkeit geschieht dadurch, dass das Kind im zweiten Lebensjahr beginnt, sich Gegenstände oder Handlungen vorzustellen, ohne dass diese unmittelbar wahrnehmbar wären. In der Vorstellung hantiert es probeweise, bis es eine Lösung gefunden hat – z.B., wie es an eine Süßigkeit in einer Schachtel gelangen könnte. Das Denken in inneren Handlungen lässt sich oft förmlich an den sich leicht bewegenden Lippen erkennen, wenn das Kind seine geplante Handlung verbal versucht. Diese Fähigkeit zur Repräsentation zeigt sich auch bei ›aufgeschobener Nachahmung‹, wenn das kleine Kind eine Beobachtung verinnerlicht und erst später versucht, sie nachzuahmen (Nachahmung als Anpassung an etwas Neues: Akkomodation vgl. Kap. 3.5; vgl. auch die Untersuchungen des Entwicklungspsychologen Jean Piaget zur Bildung symbolischer Vorstellungen in Piaget 1969).

Im Alter zwischen zwei und vier Jahren tritt in der kognitiven Entwicklung die Symbolfunktion selber auf. Sie erwächst wohl aus der Nachahmung. Das Kind erwirbt in dieser Zeit die Fähigkeit, Dinge, die nicht gegenwärtig sind, durch eine symbolische Vorstellung, durch ein Wort oder einen Gegenstand zu ersetzen bzw. zu repräsentieren. Damit kann es auch in die Vergangenheit zurückgreifen. Es beginnt, symbolische Spiele zu entwickeln, in denen z.B. Klötze für ein vorgestelltes Auto oder eine Puppe für ein Geschwister stehen. Dazu verwendet es entsprechende Wörter, die, so Piaget, zu Symbolen zählen und die nun für die abwesenden Dinge und Vorgänge stehen. Dinge werden auch so verinnerlicht, dass sie auf minimale Bewegungsandeutungen reduziert werden. Sowohl innere Nachahmung als auch visuelle, verinnerlichte Bilder präsentieren sich als symbolische Vorstellungen, die mit Begriffen versehen sind und eine feste Bedeutung erhalten, die das Kind an seine geistigen Schemata anpasst (vgl. zur Symbolbildung allgemein: Ginsburg/Opper 1982, S. 85–111). Aufgrund solcher Symbolisierungsfähigkeit kann das ältere Kind dann auch Dinge und Vorgänge (z.B. Rituale) als Symbole erfassen, die unter der Oberfläche ein (oft kulturell bedingtes) »Mehr«, einen tieferen Sinn haben. Jeder kennt beispielsweise die Symbolik eines Ringes oder Kreuzes, einer Krone oder weißen Lilie. Nun wird das Symbol zum Sinnbild: Wörter, Gegenstände oder Vorgänge bestehen nicht nur als solche, sondern bedeuten etwas und verweisen auf etwas, das tiefer, noch im Verborgenen liegt und verstanden sein will. Auch Märchen enthalten – aufgrund ihrer von allgemeinen Erfahrungen und Bedürfnissen geprägten Form – Figuren und Vorgänge, die auf diese Weise hinterfragt werden können, um tiefere, eben symbolische Bedeutungen zu ermitteln und damit tiefere Erkenntnisse und Zusammenhänge der Geschichte zu gewinnen. Eben diese Erkenntnisse liegen unter der Oberfläche des in bildstarker Sprache vermittelten Märchens. Tiefen- und Entwicklungspsychologen greifen für ihre Arbeit in dieses Repertoire hinein.

Symbolische Kunst, Mythen, Bräuche, Rituale u.a. legen Symbole dar, an denen alle Menschen teilhaben können. Es handelt sich hier um jene universellen Symbole, die über eine konventionelle Zuweisung (bestimmte Begriffe für bestimmte Dinge und Vorgänge) und über zufällige Symbole (wenn einem etwas von persönlicher Bedeutung ist: ein Geruch, ein Andenken, ein Musikstück) weit hinausgehen. In der Deutung von Märchen und Mythen wird man sich um die universellen Symbole kümmern müssen (vgl. auch Diergarten/Smeets 1987, S. 138ff.)

Im Folgenden nun einige weiterführende Ansätze.

3.4 Identifikationen, Projektionen und Beziehungen

3.4.1 Identifikationen und Projektionen

Märchen spielen in einem teils wirklichkeitsnahen, teils fernen Raum, der mit seinem Gesamtgeschehen von der Realität abgelöst wirkt. Deshalb kann sich jedes Kind mit passenden Figuren und Handlungsweisen identifizieren oder Hass und Beunruhigendes aus dem eigenen Inneren projizieren, ohne dabei Schuldgefühle gegenüber den symbolhaft gemeinten Figuren (besonders gegenüber den Eltern) zu entwickeln.

Identifikationen vollziehen sich – so die Psychoanalyse – im Laufe der Individualentwicklung. Es kommt hierbei zu einer Gleichsetzung mit Vorbildfiguren, so dass deren Wesenszüge introjiziert, also zu einem Teil des eigenen Ichs werden. Identifikationen dienen offensichtlich der Ich-Bereicherung und sind ein wesentlicher Beitrag zur Charakterbildung (Holder 1982, S. 257).

Projektionen verlaufen ›andersherum‹:

»*Bei der Introjektion (oder Identifizierung) werden psychische Inhalte und Prozesse aus der Umwelt in das Ich ›hereingeholt‹, bei der Projektion aus dem Ich ›herausgeworfen‹. Ein Sonderfall der Abwehr durch Introjektion ist die Identifizierung mit dem Angreifer*« (Schmidbauer 1982, S. 287). Außerdem:

»*Die Projektion gehört zu den ›volkstümlichen‹ Abwehrmechanismen. Verdrängte Vorstellungen werden ganz oder teilweise, entstellt oder unentstellt, in die Umwelt projiziert*« (Schmidbauer 1982, S. 287).

Märchenfiguren bieten sich günstig für Identifikationen, vorwiegend mit den Heldinnen und Helden und strahlenden Figuren, an. Für Projektionen eignen sich vor allem negativ besetzte Figuren wie Dämonen, Ausbeuter, Riesen oder Zauberer, denen man all jene bösen Impulse und eigenen (unbewusst empfundenen) Schattenseiten unterstellen und ihnen Gestalt geben möchte. So kommt es beim Spielen zu Wunschrollen.

Die negative Besetzung kann – je nach persönlichen Erfahrungen – aus rein subjektiver Sicht geschehen. Auch können Identifikationen mit Figuren stattfinden, zu denen man Sympathie empfindet, obwohl sie keine ›Hauptrolle‹ spielen. Besten Gewissens und aus jener Distanz heraus, die zwischen dem Ich und dem Märchen besteht, lassen sich die Figuren wunschgemäß bespielen und gestalten, wodurch Beschreibungen, Bilder, Spielrollen und künstlerische Gestaltungen ganz subjektiv geprägt und an individuelle Bedürfnisse und Vorstellungen anverwandelt werden. Im freien Gestalten werden die Rollen schließlich fantasiereich variiert und verändert; sie werden zu subjektiven ›Endprodukten‹. Die Beobachtung und Deutung von ungebundenen Rollenspielen, von Bildern nach eigenen Vorstellungen und von Fabulaten (der Älteren) werden aus dieser symbolischen Sicht interessant.

Die geringe Realitätsnähe und die Offenheit der Figuren, die keine Charaktere, sondern ›nur‹ Typen vertreten, verhindern, dass kindliche Fantasie am Persönlich-Lebensnahen fixiert wird und dass – mindestens unterschwellig – Angst- und Schuldkomplexe erzeugt werden. So kann man bei der Rezeption von Märchen projektiv eine böse Hexe oder Stiefmutter guten Gewissens verurteilen und hassen, nicht aber die reale Mutter. Oder man kann den bösen Dämon überlisten, nicht aber den Vater.

3.4.2 Beziehungen

Entscheidend sind jene **Figurengruppierungen**, die sich **in ihrer Beziehung** zueinander von Szene zu Szene ändern: Da sind fast immer die Heldinnen und Helden zuerst in einem häuslichen Verband, aus dem sie aus welchen Gründen auch immer ausgegrenzt werden. Sie ziehen als Isolierte in die Welt und begegnen Herausforderern, Betrügern, Hilfsbedürftigen, mit denen sie in Kontakt treten. Irgendwann lösen sich diese Kontakte auf und die Hauptfiguren sind ganz auf sich selbst geworfen, müssen alleine handeln; doch begegnen sie erneut Partnern, z.B. Helferinnen und Helfern, die sie stärken. Am Ende finden sie Menschen, die sie lieben – ihre Isolation wird aufgehoben und sie selbst sind durch die vielen Erfahrungen auf ihrem Abenteuerweg reifer geworden.

Diese Interaktionen und Situationen sind jeweils mit einer Veränderung im Leben der Heldinnen und Helden verbunden: Sie erhalten Aufforderungen und Hinweise, werden durch Menschen, Dämonen, Tiere oder magische Dinge bei ihren Aufgaben unterstützt, werden isoliert oder geschädigt und erleben den Verlust vertrauter Beziehungen, finden dafür andere Menschen, entrücken gar in eine Anderswelt. Die Psychologie betont, dass jede Veränderung (in Träumen oder auch Märchen) Ausdruck einer anderen psychischen Situation sein könne. Diese These lässt sich beim genauen Hören oder Lesen der Geschichte gut nachvollziehen, und mit dieser Kenntnis kann man auch an Heldinnen und Helden herangehen und versuchen wahrzunehmen, was sich nun für sie verändert hat und wie sie ihrem Ziel nähergerückt sind.

Beziehungsprobleme bekommen ihre tiefenpsychologische Dimension, wenn man davon ausgeht,

> »dass nicht die objektiven Ereignisse aus der Kindheit bestimmen, wie sich z.B. das gegenwärtige Handeln, das Bindungsverhalten, das Erleben artikulieren, sondern mehr die Art und Weise, wie diese Ereignisse im Gedächtnis als subjektive Bilder und Narrationen organisiert und gespeichert worden sind« (Heger 2002, S. 54).

Das heißt nach heutiger Forschung, dass sich im Laufe der Entwicklung in familiären Beziehungen Interaktionsmuster ausbilden, die ganz individuell geprägt sind und unbewusst verankert werden. So schleppen wir als Heranwachsende und Erwachsene vielleicht Kindheitseindrücke mit uns herum, die sich als Störungen manifestieren, ohne dass die entsprechenden Vorkommnisse objektiv so gravierend abgelaufen sein müssen – zumindest nicht aus Sicht der Umwelt. Subjektiv aber werden die Ereignisse anders gedeutet.

Hier soll ein Vergleich mit Märchen gezogen werden, bei denen den Figuren ähnlich subjektive Kindheitseindrücke unterstellt werden, wodurch man zwischen Heldinnen und Helden und heutigen Kindern/Jugendlichen parallelisieren könnte: Die Heldinnen und Helden lassen am Anfang ein Elternhaus hinter sich, von dem sie glauben, dass es ihnen schade. Haben sie vielleicht eine (subjektive) Erinnerung über Ausbeutung und Lieblosigkeit, wie sie auch Kinder haben, die sich in einer Geschwisterreihe oft benachteiligt glauben? Fühlen sie sich verletzt oder suchen sie aus alltäglichen Situationen Gründe zusammen, um vor sich selbst rechtfertigen zu können, dass sie sich aus der häuslichen Beziehung ablösen wollen? Auf jeden Fall glauben sie sich unter Druck, und das ist als Ursache für Nestflucht durchaus in Ordnung, denn jeder muss irgendwann das heimische Nest verlassen, um erwachsen zu werden.

Der Psychoanalytiker Heger führt genauer aus, dass man dem Patienten zu helfen versucht, indem dieser auf Gesprächsbasis seine dissonanten inneren Bilder, seine erstarrten Erinnerungen in ein kohärentes Bild zu bringen versucht:

> »Aus Erfahrung und empirischen Untersuchungen mit Kindern wissen wir, dass das Verstehen ihres Handelns erleichtert wird, wenn sie ein Problem in einem Spiel zusammenhängend darstellen und einem Anderen auf diese Weise mitteilen können. (…) Viele Schlüsselmetaphern sind zunächst isolierte Darstellungen, bis sie in eine zusammenhängende narrative Episode eingebettet und damit verstehbar geworden sind« (Heger 2002, S. 55).

Ohne den Weg in die hier intendierte Analyse und Therapie weiterzuverfolgen, erkennt man, dass dieser Gedanke auch in der Psychobiologie und Entwicklungspsychologie Sinn macht. Schemata als zusammenhängende Gedankenmuster ermöglichen geordnetes Tun (vgl. Piaget, Kap. 3.5). Schon rein pragmatisch macht es Sinn, wenn Heranwachsende mit Schlüsselmotiven, die sie besonders reizen, nach dem Hören des Märchens beispielsweise Geschichten ausspinnen, malen, Motive zu Pantomimen und kleinen Inszenierungen ausbauen, als Comics mit Gedanken- und Sprechblasen und Kommentaren versehen u.a.m. Dabei transportieren sie tiefer liegende Gedanken durch das Planen und Verbalisieren ins Bewusstsein, verleihen ihren Gefühlen Ausdruck und klären dabei u.U. eigene Erinnerungen und Ansichten.

Im Übrigen zeitigen Gespräche über – und hier liegen aus der Praxis genügend Belege bzw. Mitschriften vor – immer wieder interessante Details, wenn junge Menschen an einzelnen Motiven (wie Lieblosigkeit, Ungerechtigkeit, Benachteiligung, Freundschaft, Hilfe) ihre ganz persönlichen Gefühle und Erfahrungen ausdrücken und dabei in Identifikation mit den Heldinnen und Helden sogar unbewusst von ›Ich‹ sprechen, obwohl sie doch den Protagonisten des Märchens meinen.

Solche ästhetischen Produktionen, bei denen jeder zuerst ein Motiv eigener Wahl bearbeitet, kann man dann als Gemeinschaftsarbeit (als Bilderbuch, Skulpturengarten, Stimmungsfries, Theater u.a.m.) in einen größeren Märchenzusammenhang stellen. So gewinnen sie sogar noch an individuellem Gehalt.

3.4.3 Resilienz: Von der Unverletzlichkeit der Märchenhelden

Das Wort *resilere* (lat.) bedeutet abprallen oder nicht anhaften. So, wie beispielsweise ein Ball an der Wand abprallt, kurz eingedrückt wird und doch wieder in seine runde Form zurückgeht, gibt es im Menschen, sofern er resilient ist, eine Art Unverletzlichkeit gegenüber Einwirkungen von außen oder aus dem eigenen Inneren. Für Lernen und Verhalten bedeutet das, dass trotz verletzender Lebenserfahrungen am Ende doch eine innere seelische Stabilität erhalten bleiben kann. Solchen Menschen gelingt es, sich selbst unter erschwerten Lebensbedingungen zu recht stabilen Persönlichkeiten zu entwickeln, während andere unter solchen Einwirkungen über- oder unsensibel, unsozial, antriebsschwach oder aggressiv werden können. Irene Geldern-Egmond, die in ihrer Arbeit über Märchen in der Sonderpädagogik (2000) erste Impulse für eine Beschäftigung mit Resilienz gegeben hat, relativiert diese Aussage noch:

> »Menschen können sich, zumindest zeitweilig und von Anzahl und Stärke der störenden Umstände abhängig, weniger oder mehr resilient zeigen« (Geldern-Egmont 2000, S. 20).

Eine Definition von Resilienz lautet:

> »Unter Resilienz versteht man die Fähigkeit(en) von Individuen oder Systemen (z.B. Familie), erfolgreich mit belastenden Situationen (z.B. Misserfolgen, Unglücken, Notsituationen, traumatischen Erfahrungen, Risikosituationen u.Ä.) umzugehen« (Fthenakis 2001).

Sowohl entwicklungspsychologische als auch soziale Erfahrungen wirken sich als Resilienzfaktoren aus. Es gibt Langzeitstudien über Zusammenhänge zwischen Personen- und Umweltfaktoren und psychischer Gesundheit bzw. Störung (vgl. Göppel 1997; Geldern-Egmond 2000, S. 70), die auf drei Gruppen protektiver Faktoren hinweisen:

1. Individuelle Merkmale, z.B. ob der Betreffende eine freundliche Grundstimmung und ein sicheres Bindungsverhalten zu mindestens einem Mitglied der weiteren Familie hat; außerdem: Motivierbarkeit, realistischer Umgang mit Problemsituationen, Gefühl von Verantwortung und Schuld, mindestens durchschnittliche intellektuelle Fähigkeiten, soziale Kompetenz und die Bereitschaft, über eigene Gefühle reden zu können, dazu ein gewisses Maß an Selbstvertrauen und Selbstwertgefühl.
2. Faktoren in der Familie: Der Betreffende braucht u.a. eine verlässliche Bezugsperson, dazu die Erfahrung eines Erziehungsstils, der unabhängig macht, und die Ermunterung, eigene Gefühle ausdrücken zu dürfen.
3. Faktoren außerhalb der Familie: Fördernd sind u.a. stabile Freundschaften, unterstützende Erwachsene, angemessene Leistungsanforderungen, ein förderliches Schulklima, gerechte Regeln, positive Verstärkung auf Leistungen und die Übernahme von Verantwortung für andere und anderes.

Die Faktoren liegen also im Menschen selber (1.), in der Familie (2.) und im sozialen Umfeld (3.). Nun erzählen Märchen gerade mit ihren Heldinnen und Helden von Figuren, die sich als hoch resilient erweisen, da sie Ziel und Lebensglück erreichen, obwohl sie meistens schlechte Startbedingungen haben und auf ihrem Weg ins Leben hinaus von vielen Hindernissen begleitet werden. Parallelen zwischen der Entwicklung von Menschen und von Märchenheldinnen und -helden bieten sich an:

Im ersten Bereich muss man sich die Situation der Heldinnen und Helden und ihr Verhalten ansehen. Bemerkenswert erscheint, dass mit der verstorbenen Mutter eine echte Bezugsperson verloren gegangen ist und emotional irgendwie ein Rückzug begonnen hat. Durch Arbeit bis zur Ausbeutung bauen sie dennoch entsprechende Kompetenzen auf, und später entpuppen sich die Benachteiligten und ›Dummlinge‹ als gar nicht dumm, sondern setzen ihre Fähigkeiten nur vorerst anders ein: irgendwie abwartend, horchend, sich schützend.

Im zweiten Bereich entdeckt man in Märchen vor allem austreibende Zeichen und den Aufbau von Problemen – meistens durch die Familienkonstellation. Da eine emotionale Entwicklung unterdrückt wird, müssen die Heldinnen und Helden ausweichen. In diesem Bereich werden die Schädiger wirksam.

Im dritten Bereich treten stärkend die Begegnungsfiguren und Helfer auf. An Schädigern (falschen Freunden, Verführern, Feinden) lernen die Protagonisten mit der Zeit, sich abzugrenzen; an Helfern dagegen, zu vertrauen und ihre Hinweise zu nutzen, da diese schließlich die Weiseren und Erfahreneren sind. Der wechselvolle Schicksalsweg entfaltet sich über die bereits erwähnten vielfachen Beziehungen, deren Aufbau, Zerfall und Neubindungen.

Märchenheldinnen und -helden – oft als die Jüngsten oder Stiefkinder – sind häufig randständige Figuren: verspottet, rechtlos, ausgebeutet. Sie benehmen sich einfältig, gelten als dumm, hässlich, missgebildet, sie hungern oder müssen schwer arbeiten. Und Gespräche anlässlich solcher Märchenthemen offenbaren: Kinder und Jugendliche unserer Realität erkennen sich in solchen Figuren oft wieder, leiden sie doch tatsächlich oder in ihrer Vorstellung durchaus genug daran, benachteiligt, nicht geliebt, dagegen ausgenützt, misshandelt oder missbraucht zu sein. Verwöhnte Kinder empfinden Entmündigung und Unfreiheit.

Es lohnt sich, in Märchen jene Situationen aufzuspüren, in denen Beziehungen aufgebaut werden oder gestört sind. Wie verhalten sich die Protagonisten am Anfang, wie entwickeln sie sich weiter, was tun sie in herausfordernden Situationen und wie sieht das Ende aus? Eine Analyse kann sich an W-Fragen orientieren:

- Wer leidet oder scheitert durch wen und an welchen Verhältnissen?
- Und warum hat sie/er trotz allem am Ende Glück?
- Wer hat hier geholfen und welche Taten ebneten die Wege zum guten Ende?

Ob z.B. »Hänsel und Gretel« (KHM 15), »Lenchen und Fundevogel« (KHM 51), die Müllerstochter in »Rumpelstilzchen« (KHM 55), der Diener in »Die weiße Schlange« (KHM 11) oder »Brüderchen und Schwesterchen« (KHM 17) und andere: Sie geraten durch Rabeneltern oder Kindesaussetzung, durch einen prahlsüchtigen Vater oder einen zornigen König in existenzielle Not, die später noch durch Hexen, das fordernde Rumpelstilzchen, eine hochmütige Königstochter oder die hexenhafte Schwiegermutter vertieft wird.

Und dennoch gelangen diese Heldinnen am Ende in eine glückliche Sicherheit. Wodurch geschah das? Durch wen/was? Neben Helfern wirken hier offenbar vor allem Vertrauen, Durchhaltevermögen, Verantwortungsgefühl für andere und aufmerksame Einlassung auf bedrängende Situationen, aber auch Dienstleistung, Planung, Findigkeit, Mut und manchmal Frechheit oder besondere Fähigkeiten. Es ist sehr ergiebig, darüber zu sprechen, warum das Ende so gelungen ist, obwohl doch am Anfang alles für sie so schlecht stand. Schülerinnen und Schüler rollen in ihren Überlegungen im Allgemeinen die Geschichte vom Ende her auf, bemerken, wo und wie Gaben, Taten, Ratschläge sinnvoll eingesetzt wurden und was die Heldinnen und Helden ihrerseits geleistet haben: ›Sie wurden erfolgreich trotz aller Probleme, weil …‹ Hier liegt Gesprächsstoff über soziale Bedingungen, Konfliktlösungs- und Verhaltensmöglichkeiten und verschiedene Interaktionsformen, die besonders unter älteren Kindern fantasievolle, gedankenreiche und kontroverse Ansichten auslösen. Sie erfahren, wie die soziale Situation für junge Menschen früher war, und setzen ihr gegenwärtiges Ich und aktuelle Meinungen kritisch dagegen. Vor allem entdecken sie hierbei auch die Rolle der Unhelden, denen sie erfahrungsgemäß gerne eine neue Chance gönnen wollen: Darf man denn nicht auch mal Fehler machen und dann doch so viel Glück haben wie die Heldinnen und Helden, die eben gleich alles richtig machten? Was haben denn die Glücklosen im Märchen wirklich falsch gemacht? Und welche Rolle spielten deren Bezugspersonen wirklich (vgl. auch Zitzlsperger 2003a)?

3.5 Schemata, Assimilation und Akkomodation

Rollenwandel und Anverwandlungen entstehen in Prozessen der Assimilation und Akkomodation. Hierzu einige Erläuterungen: Im Laufe ihres geistig-seelischen Wachstums entwickeln Kinder organisierte Verhaltensmuster, die durch Erfahrungen entstehen. Diese Muster als sog. **Schemata** ermöglichen geordnetes Tun; sie verändern sich aber auch als Lernprozesse stetig weiter. Die meisten Schemata sind nicht angeboren, sondern werden durch aktive Wahrnehmungen und Handlungen erworben (vgl. Kap. 3.2). Jean Piaget führt nun aus, dass jeder Organismus einen Reifungsvorgang durchlaufe, der durch ›Anpassung‹ reguliert werden. Dieser Vorgang kann (nach Piaget) durch die Begriffe zweier komplementärer Prozesse beschrieben werden: durch Assimilation und Akkomodation.

Bei der **Assimilation** passt die Person Ereignisse aus der Umwelt an eigene Strukturen an. Solche Anpassungen können auf biologischer und intellektueller Ebene geschehen: Assimilieren ist der ›einfachere‹ Weg: Elemente der äußeren Realität werden in die eigene psychologische Struktur übernommen, sie werden ›passend‹ gemacht.

Mit dem Prozess der **Akkomodation** dagegen ist die Tendenz der Person gemeint, in Antwort auf Anforderungen der Umwelt ihre vorhandene psychologische Struktur zu verändern, um dem Druck der Umwelt zu begegnen (vgl. Ginsburg/Opper 1982, S. 32f.). Dieser Prozess ist unbequemer, verlangt er doch Reflexion, Wertung und Veränderung bisheriger Meinungen. Schemata ermöglichen demnach Sicherheit in der Auseinandersetzung mit der Umwelt, werden durch Assimilationen bereichert, durch Akkomodationen dagegen verändert und neuen Erfahrungen gerecht (vgl. auch Zitzlsperger 1999/2005).

In Märchen treten viele Situationen auf, in denen die Heldinnen und Helden es vorziehen, ihr schwieriges Elternhaus zu verlassen und in eine unbekannte Welt zu ziehen. Auf ihrer Lebensreise müssen sie Entscheidungen treffen, sich bewähren und mit eigentümlichen Geschenken oder Anweisungen umgehen. Und sie sollen zum rechten Zeitpunkt handeln und ihren Helfern einfach vertrauen.

Ähnliche Situationen gibt es im Kleinen wie im Großen auch ständig im Leben, und mit diesen neuen Erfahrungen bilden sich auch neue Schemata aus: Allerdings nur, wenn die Person auf eine neue Situation reagiert, die sie wirklich beschäftigt. Tut sie das, dann wird sie den neuen Lebensabschnitt wohl bewältigen, wie auch im Märchen die Protagonisten ihr Glück machen. Tut sie es nicht, dann misslingen neue Wege in die Welt, wie es im Vergleich das Märchen an den Schicksalen der Unhelden zeigt, die versuchen, sich der neuen Situation einfach nach gewohntem Muster anzupassen, obwohl gewohnte Schemata und Assimilationen hier nicht taugen.

Allerdings: Will man Märchen (z.B. als Lern- und Verhaltensmodell) gleichsam prophylaktisch für bestimmte Probleme behandeln (betreffend Lebensmut, Einlassung auf andere, soziales Handeln), dann müsste das Leben in diesem Bereich bereits Erfahrungen vorgespurt und Schemata ausgebildet haben, um Wirkung zu erreichen. Unter diesem Aspekt dienen Märchen wohl in erster Linie einer aktuellen Konfliktbewältigung, die gleichermaßen emotional und kognitiv herausfordert; vorausgesetzt, es besteht eine innere Bereitschaft zur Einlassung auf die neue Erfahrung (vgl. auch die Untersuchungen von Wardetzky 1992).

Lässt man sich auf Gespräche mit Kindern und Jugendlichen zu einem Märchen ein, merkt man den Beiträgen deutlich an, ob und wie sie ihre Feststellungen, Fragen und Argumente aus eigenen Lebenserfahrungen nehmen und auch bei hypothetischen Überlegungen auf Umstände zurückgreifen, die sie bereits mehr oder weniger reflektiert haben.

3.6 Von bildsprachlicher Vermittlung und Bildern

3.6.1 Bildsprachliche Vermittlung

Neben dem einsträngigen, mehrgliedrigen Handlungsverlauf wirkt auch die bildsprachliche Vermittlung von Märchen strukturbildend. Bildsprache wird primär in der rechten Hirnhemisphäre bearbeitet und ist immer emotional besetzt. Sie äußert sich hier mit realistischen und symbolischen Bildern und kann komplexe Zusammenhänge bildlich, d.h. in mit Worten gemalten, die Vorstellungskraft anregenden Szenen, ausdrücken. Bilder verbinden sich zugleich mit treffenden Begriffen und sprachlogischen Aussagen und beziehen dadurch die linke Hirnseite elementar ein. Sie lassen sich analogisch, durch ein vergleichendes Verstehen, entschlüsseln; dazu zählen auch die raum- und zeitsprengenden Aussagen (vgl. Kap. 1.5, Zitat von Lévi-Strauss).

Die Szenen, bei denen Wesentliches geschieht, bilden gleichsam Interaktionspunkte. Wie ein innerer Film läuft die vorwärtstreibende Handlung ab und hält, einem Filmschnitt mit Standszenen gleich, an, um bedeutsame Begegnungen und Handlungen zu schildern. An ihnen können die Details mit persönlichen Vorstellungen lebendig werden. Der Rezipient assimiliert die mit Worten gemalten Szenen, nimmt sie in seine Innenwelt auf und kann sich in ihnen bewegen. Er wird zum Subjekt, ja irgendwie zum ›Partner‹ oder Gegenspieler der Figuren, die er in seine Eigenwelt aufgenommen hat.

In den Interaktionspunkten kann er stehen, wandern, Zuschauer sein, mitleiden, mitstreiten, miträtseln oder sich fürchten wie die Heldinnen und Helden; und dann setzt ein Weiterwandern ein – bis zum nächsten Interaktionspunkt. Dabei kann es – bei wiederholtem Hören – geschehen, dass er plötzlich Figuren oder Verhaltensweisen im Märchen nicht einfach hinnimmt. Sie sperren sich gegen gewohnte Denkmuster, müssen hinterfragt und neu bedacht werden. Man sieht die Dinge aus neuer Perspektive, mit neuem Verständnis. Eigene Wertungen und Meinungen ändern sich – man hat akkomodiert.

Fülle und Vielfalt der Bilder mit ihrer Symbolik, Wiederholbarkeit, Identifikations- und Projektionsmöglichkeit und Kraft zur Veränderung von Verhaltensmustern (Schemata) werden zu einem Angebot an alle, sich im Eigenrhythmus und subjektiv auf die abenteuerliche Bilderwelt der Märchen einzulassen.

3.6.2 Sind Märchenbilder und Illustrationen sinnvoll?

Immer wieder wird der Vorwurf erhoben, Bilder zu Märchen würden die Fantasie des Kindes einengen. Das muss m. E. nicht sein – vorausgesetzt, Kinder bekommen nicht ausschließlich unkünstlerische Massenproduktion zu sehen; vorausgesetzt auch, Bezugspersonen (z.B. ältere Geschwister, Eltern) nehmen sich genügend Zeit, um gemeinsam mit dem Kind Bilder anzuschauen, zu erklären, Fragen zu stellen und zu beantworten.

Äußere Abbildungen für Geschichten, die dabei immer eigene Bilder im Kopf erzeugen, bilden zwischen dem Außen und Innen keine völlige Übereinstimmung. Sie können, z.B. als Märchenbild in einem Buch, nicht genau nach Vorlage dauerhaft gespeichert werden – dazu reagiert das Gehirn viel zu flexibel. Das Gehirn fügt den gesehenen Bildern im Nacherleben des Gehörten und Gelesenen simultan Gefühle, vorausgegangene Erfahrungen, Assoziationen, Wunschvorstellungen hinzu, zumal jeder auch auf unterschiedliche Motive und Worte reagieren wird.

Die sprachlichen Bilder des Märchens gerinnen in ihrer Dichte zu symbolhaften Aussagen, die – wenn ihre Inhalte und Bedeutungen nun in Zeichnungen oder Gemälden eingefangen werden – erneut zum Interpretieren und Erzählen anregen: An Bilderbüchern lernen Kinder, auf symbolischer Ebene zu verstehen. Bilderbücher sorgen für Weltbegegnung und regen Lernen und Sprechen an. Gerade Verdichtungen als Märchenbilder setzen ein Wechselspiel in Gang, das sich fruchtbar zwischen eigenen Imaginationskräften und äußerem Bildangebot hin- und herbewegen kann.

In illustrierten Märchenbüchern informieren – mit unterschiedlicher Textlänge und Bilderzahl – sowohl die Texte als auch die Bilder. Die erzählten oder gelesenen Texte, die die Handlungen als Zeitfolge beschreiben, verbinden sich mit Bildern, die bestimmte Situationen im Raum festhalten: Text und Bild ergänzen sich in einem innigen erzählerischen Zusammenwirken. In Comics, filmschnittartigen Bildfolgen und Bildergeschichten (alles mit oder ohne Sprech- und Denkblasen, Textbegleitung oder Untertexten) nimmt das Gemalte bzw. Gezeichnete mit seiner Räumlichkeit das Erzählte mit seiner Zeitdimension besonders dicht auf. Und Bilder (und Filme) können sogar mehr oder anderes erzählen als der Text und damit jene Freiräume füllen, die das Märchen mit seinem abstrakten und flächenhaften Stil gewährt. Sie vermitteln dann Grundstimmungen, Zwischentöne, Symbole und bauen Nebenhandlungen und mögliche gedankliche Erweiterungen ein – lauter Elemente, die das Betrachten, Nachdenken und Deuten zu fördern vermögen.

In der Regel illustriert das Bild bestimmte Textstellen. Ein guter Künstler wird hierbei Ausdrucksformen wählen, mit denen das Bild auch Informationen liefert: durch räumliche Inszenierungen, durch ›sprechende‹ Mimik und Gestik, durch Menschen, Tiere, Pflanzen oder Dinge mit konkreter Wiedergabe oder symbolischer Verstärkung (mittels Farbe, Größe, Schärfe bzw. Unschärfe, Stellung im Raum); durch Positionen der Figuren und ihre Beziehungen zueinander, betont durch Bewegungsansätze, Zuwendungen; ebenso durch Grundstimmungen und durch besondere Perspektiven wie klassische Raumgestaltung, herausfordernde An- und Ausschnitte, Verzerrungen, Frosch- oder Vogelperspektive; durch ›Blickkontakte‹ einer Figur, die den Betrachter in das Bild hineinzuziehen, oder durch Mittel, die den Betrachter eher auf Distanz halten. Der Betrachter kann Impulse oder Antworten zu Fragen nach einem Wer, mit Wem, Wo, Wie, Was, Wann, Warum, Wofür oder Womit bekommen. Ein gutes Bild steht nicht eingefroren da. Es fordert Geist und Vorstellungskräfte heraus und umgibt das Bild mit der Zeitdimension eines Davor und Danach, indem es fragen lässt: Was ging da voraus? Und was könnte nun geschehen?

Visuelle Wahrnehmungen sind nur ein Teil der Gesamtwahrnehmungen. Ästhetische Erziehung bedeutet eine Anregung aller Sinne, und auch das Anschauen und Imaginieren sind an weitere innere und äußere Sinne, an Erinnerungen, Gefühle und Wissen gebunden, selbst an Gerüche und Geräusche. Entsprechend aktiv reagiert das neuronale Netzwerk. Vorstellungen, Einsichten und Erinnerungen in Verbindung mit Vorwissen oder Wünschen modellieren das Netz immer wieder individuell um. Hier von einer Behinderung der Fantasie durch das Betrachten von Märchenbildern zu sprechen, halte ich für verengt.

Selbst, wenn sich ein Kind z.B. mit einer schönen Prinzessin oder dem glänzenden Drachentöter identifiziert und wenn seine eigenen Zeichnungen nun entsprechende Ähnlichkeiten aufweisen, ist das doch in Ordnung. Mit der Zeit überformen sich seine Vorstellungen im Prozess des Assimilierens; Bildeindruck und eigene Vorstellungen verschmelzen langsam zu einem individuellen Ausdruck. Solche Anverwandlungen gelingen vor allem, wenn man Kinder nach dem Erzählen in der Gruppe anregt, ihre eigenen Vorstellungen zu einigen Figuren kurz zu formulieren. Sie merken dann untereinander, dass es viele Möglichkeiten eines z.B. schönen, tapferen, glänzenden oder erschreckenden Aussehens gibt, dass Rumpelstilzchen, Dornröschen oder Rapunzel ganz unterschiedlich aussehen können und dass man Mut zu eigener Fantasie haben darf. Nach meiner Erfahrung variieren Kinder nach einer solchen Fragerunde ihre Vorstellungen mit besonderem Vergnügen, da sie sich von den Vorstellungen der anderen unterscheiden wollen.

Ästhetische Erziehung und Bildung, Gespräche mit Kindern und eine Versprachlichung ihrer Vorstellungen unterstützen eigenständige Wege ins Denken, Planen und Imaginieren. Kinder lernen an künstlerisch wertvollen Bildern, erzählerische Strukturen wahrzunehmen. Man sollte sie dazu ermutigen, Bilder in Ruhe zu betrachten, Zusammenhänge zu entdecken, dazu zu sprechen und auch kritisch nachzufragen. Bilder verdienen ihren eigenen Stellenwert. Sie können Fantasie beflügeln, und Kinder besitzen einen großen Bildhunger – ihr Interesse saugt sich an Bildern fest; es würde nur Unruhe wecken, wenn man ihnen die Bilder entzöge. Es ist doch gut, wenn sie in einem Märchenbuch Bilder sehen und dann neugierig fragen: »Was ist denn da los? Erzähl mir doch …!« Dann kann man erzählen, danach das Kind sich mit seinen eigenen Vorstellungen äußern lassen und anschließend der Geschichte noch einmal anhand der Bilder nachgehen (für Stilfragen und genauere Bildanalysekriterien vgl. z.B. Paetzold/Erler 1990; Grünewald 1998; Thiele 2000).

Im pädagogisch-psychologischen Bereich bleibt die Frage, ob sich Illustrationen mit ›kindgemäßen‹ Bildern auf entwicklungspsychologische Rahmenbedingungen einlassen sollen. Ich möchte dies verneinen, wenn auch Darstellungen von Grausamkeiten vermieden und Bilder für Kinder des Vorschul- und ersten Grundschulalters nicht zu symbolisch verschlüsselt oder motivisch überfrachtet sein sollten. Kunst hat ihre eigenen Ansprüche. Eine Untersuchung mit Grundschülern zu ihren Reaktionen auf verschiedendeutige Bilderbuchillustrationen (festgehalten in Zitzlsperger 1993/ 2005) vermittelte mir ebenso wie 15 Jahre lang Bildbetrachtungen in 3. und 4. Grundschulklassen zusammen mit Lehramtsstudierenden, dass Kinder vor allem vom Maler ernst genommen sein wollen, also ›kindelige‹ Bilder selten mögen.

Nur fragmentarisch: Auffallend war für mich das kindliche Bedürfnis, einen inhaltlichen Textbezug aus dem Bild herstellen zu können. Nostalgisch wirkende Bilder machen sie oft andächtig, wirken für viele irgendwie ›kostbar‹ und stimmen sie in das »Es war einmal« ein. Im Gruppengespräch äußern Kinder ganz unterschiedliche Akzente oder Fragen bei der Bildbetrachtung. Diese entwickeln sich dann in der Diskussion weiter – ein fruchtbarer Vorgang, der besonders intensiv gerät, wenn das Märchen vor der Bildbetrachtung erzählt wurde. Kinder äußern unterschiedliche Vermutungen und Meinungen, spüren Stimmungen heraus und vergewissern sich, dass die Positionen für die Guten und Bösen auch im Bild erkennbar bleiben. Dennoch: Es ist schwer, einen gemeinsamen Nenner bei den Reaktionen der Kinder auszumachen.

Nach Thiele zeigen sich da Grenzen, wo das Märchen an seinen elementaren Aussagen und Formen tangiert wird:

> »Auflösungen von Grundstrukturen bergen die Gefahr einer großen Beliebigkeit: Wenn Märchen ihrer Einheitlichkeit, ihrer Geschlossenheit beraubt werden, wenn die Linearität der Erzählung in Bild und Text aufgelöst wird, wenn Figuren ihre Konturen verlieren, wenn vielmehr die Dekonstruktion von Texten und Bildern vorgeführt wird, verlieren die Märchen ihre Funktion. Wenn Kinderliteratur den Kindern (vor allem im Bilderbuchalter) keine zusammenhängenden Geschichten mehr erzählt, sondern ihnen nur Scherben und Bruchstücke in die Hand gibt, wenn sich Bilder auflösen und zerfallen, stellt sich die Frage nach der ›Kindgemäßheit‹ neu« (Thiele 2005, S. 182).

Diese kritische Anmerkung zu aufgelösten Bildern trifft auch auf Märchentexte zu, wenn deren Zusammenhänge aufgelöst und Inhalte so umgeschrieben werden, dass Sinn und Lebensbilder verloren gegangen sind. Man muss wissen, dass es sich bei solchen Umtextungen nur um subjektive Endprodukte handelt. Thiele warnt jedoch mit Recht auch vor Stillstand:

> »Die Zeitlosigkeit der Märchen, ihre zeitübergreifenden symbolischen Erzählmuster bieten aber dennoch keine Argumente für bildnerische Stagnation und Neutralität, wie immer man diese auch definieren wollte. Wer das Märchen als im Prinzip nicht veränderbares, mythisches Erzählmaterial über Jahrhunderte hinweg begreift, wird weiterhin auf einer traditionellen, dienenden Rolle der Illustrationen beharren, um das Potenzial des Märchens nicht zu gefährden. Wer Märchen als kulturelle Erzählan-

gebote betrachtet, die eine Gesellschaft nach ihren jeweiligen Werten und Bedürfnissen immer neu und anders bewertet, wird dagegen in der Vielfalt bildnerischer Annäherungen die Chance zu einer dynamischen Auseinandersetzung mit dem historischen Erzählmaterial sehen« (Thiele 2005, S. 182/183).

Gerade moderne, in Stil und Wirkung bisweilen befremdende Illustrationen, die ein genaueres Hinschauen verlangen, können erfahrungsgemäß helfen, sinnerhellend in Aussagen des Märchens einzudringen, wie dies auch bei Umsetzungen in andere Medien geschehen kann: in Film, Hörspiel, Theater, ebenso in andere Textsorten wie Gedichte oder Rollenspiele.

4. Stil- und Wesensmerkmale der Märchen und ihr pädagogisches Potenzial

Max Lüthi strukturierte Märchen auch nach den folgenden fünf Stil- und Wesensmerkmalen: Eindimensionalität, Flächenhaftigkeit, abstrakter Stil, Isolation und Allverbundenheit, Sublimation und Welthaltigkeit (vgl. den Bezug zu Kap. 1.4). Im Folgenden werde ich sie knapp vorstellen und dabei zugleich die lernpsychologischen Annahmen der Psychobiologie als Grundlage für märchenpädagogische Überlegungen und didaktische Konzeptionen heranziehen. Die zitierten Stil- und Wesensmerkmale weisen m.E. Eigenheiten auf, die Einblicke in menschliche Denk- und Verstehensprozesse, in menschliche Vorstellungs- und Gefühlswelten und in das Gedächtnis geben können; vorzugsweise wohl darin, wie man wesentliche Geschichten, also Produkte aus Erfahrungen gelebten Lebens, anderen Menschen strukturiert als bildhafte Abläufe so einprägsam zu vermitteln vermag, dass sie den Hörern nachhaltig im Gedächtnis bleiben und sich auch der Erzähler immer wieder genau erinnern kann. Die Vorgänge gerinnen zu allgemein verständlichen Bildverläufen, die sich durch Reime, rhythmische Abläufe und Wiederholungen der wichtigsten Teile merken lassen.

4.1 Eindimensionalität

Diesseitige und jenseitige, realistische und fantastische Welt wirken in einem selbstverständlichen Neben- und Ineinander zusammen. Menschen und Jenseitswesen (Feen, Dämonen, sprechende Tiere) können auf einer erweiterten Ebene Kontakt aufnehmen, doch sind die Auswirkungen dieser Kontakte durchaus von eigenen Verhaltensregeln und Wirkungen geprägt (vgl. auch Kap. 1.4). Der Lebens- und Erlebnisraum kann sich auch ins Grenzenlose ausdehnen (z.B. bis zur Sonne, zum Weltende).

Bedeutung für das Denken und Verhalten · Welterweiterung und Überschreitung der Realität, eine Öffnung großer Räume für Fantasie und alternatives Denken und damit für Möglichkeiten, auch Klischees aufzubrechen, werden durch Eindimensionalität ermöglicht; ebenso eine Offenheit für bildsprachliche Verdichtungen, Analogien, Symbole und Metaphern. Eindimensionalität erlaubt, sich als integrierte Ganzheit zu erfahren. Mental nachvollzogene Grenzüberschreitungen (aus Mut, Neugier, Pflicht, als Tabubruch) führen zu bereichernden Jenseits- und Inseitswanderungen und damit zu Möglichkeiten der Transzendenz und auch der Selbsterfahrung. Denken auf eindimensionaler Ebene regt Kapazitäten des ganzen Gehirns an.

4.2   Flächenhaftigkeit

Die Darstellungen sind ohne Tiefendimension, dafür werden tiefere Vorgänge wie Gefühle, Charakter- und Zustandbeschreibungen auf die Oberfläche projiziert: Innenwelt zeigt sich als Aussehen und Handlung. Deshalb treten die Figuren z.B. als eindeutig schön und korrespondierend fleißig, als hässlich und entsprechend faul oder böse auf und verhalten sich im weiteren Verlauf demgemäß. Wenn jemand z.B. schön, aber bösartig oder tierisch, aber gütig ist, wird der weitere Verlauf diese Divergenz dramatisch auflösen. Verhaltensmöglichkeiten sind auf verschiedene Figuren verteilt und als polare Kontraste mit flächenhafter Wirkung gut nachvollziehbar. Unblutige Abläufe, konturscharfe Gegenstände, Zeitdarstellungen und Zeitlosigkeit als Metaphern verstärken Flächenhaftigkeit und berühren Eindimensionalität.

Bedeutung für das Denken und Verhalten · Man kann sich das Aussehen, Wandern, Kämpfen, Suchen gut vorstellen und damit sinnlich-sinnhafte Bezüge herstellen. Die polaren Kontraste mit flächenhafter Wirkung sind gerade den Jüngeren gut nachvollziehbar, während ambivalente Charaktere erst von Älteren verstanden werden. Rezipienten können sich in die Figuren eindenken, sich mit ihnen identifizieren oder projizieren. Sie entwickeln damit nach und nach ein Verständnis dafür, dass Figuren und Handlungen sich nicht direkt auf die Wirklichkeit übertragen lassen, sondern symbolischen Charakter besitzen: Die Figuren als Funktionsträger sind bedeutungsvoller als die konkreten Rollenträger. Da die Handlungsfolge klar strukturiert ist, wird sie übersichtlich, einprägsam und hilft, Gedanken und Gefühle zu klären und in bisheriges Wissen (assimilierend) einzuordnen. Das vermittelt Gewissheit über eigene Erinnerungen und Einstellungen. Die kontrastive Offenheit der Figuren ermöglicht, auch bei kreativen Gestaltungsformen den Erzählern, die Mär, nicht zu verlieren (vgl. handlungs- und produktionsorientierte Arbeitsformen, wie sie im Praxisteil II vorgestellt werden).

4.3   Abstrakter Stil

Das Märchengeschehen ist von der Wirklichkeit abgehoben und ohne heimische Umwelt. Allgemeine Umwelt setzt jedoch den Rahmen für äußere Wirklichkeit (mit gesellschaftlichem Miteinander, Bräuchen, Berufen, Rechtsprechung). Ebenso bietet das Geschehen Bilder für innere Wirklichkeit (Wünsche, Träume, Konfliktbewältigungen, seelische Prozesse, vgl. Kap. 2). Der Handlungsverlauf ist mit einfachen Bauformeln streng strukturiert und in Sprachbildern verdichtet, auch durch Formeln, Lieder, Sprüche und Wiederholungen. Abstrakt wirkt das bloße Benennen, sind scharfe Konturen und kontrastreiches Handeln. Die Protagonisten vertreten keine Individuen, sind bloße Figuren, können aber in der Rezeption als Vertreter für etwas aufgefasst werden. So wird auch der Bezug zu all den menschlichen und unmenschlichen Verhaltensweisen des Alltags, zu Wünschen und Träumen herstellbar. Schnörkellose

Schärfe entsteht zudem durch Extreme, Wunder und Magie. Märchentypisch sind Metalle, Minerale, klare Farben, bestimmte Zahlen und Requisiten (vgl. Kap. 1.4). Durch das Gerinnen von Dingen und Vorgängen auf ihr Wesentliches, Essenzielles, werden sie als Bilder und Symbole begreifbar und konkretisieren so die jeweilige ›Mär‹.

Bedeutung für das Denken und Verhalten · Die einfachen Strukturen lassen sich geistig gut verarbeiten. Die Einsträngigkeit bei rhythmisch gegliederten Episoden überfordert nicht und gibt Freiraum und Freiheit für Gestaltungen. Die verdichteten, auf das Wesentliche reduzierten Sprachbilder und Symbole lassen mit ihren leeren Räumen, mit dem Ungesagten, auch subjektive Deutungsräume zu. Damit sind sie offen für Besetzungen mit eigenen Fantasien: Jeder hat seine eigene Frau Holle, sein persönliches Rapunzel im Kopf. Eigene Befindlichkeiten können auf die Figuren projiziert werden, von denen alle Festschreibungen ›abgezogen‹, also abstrahiert sind. Nicht nur das: Gleichermaßen kann man durch diese Merkmale lernen, sich in fiktive Welten hineinzufinden oder solche selber zu konstruieren. Die klaren Strukturen und die Dramaturgie der Erzählverläufe begünstigen ein Finden geistig-seelischer Ordnung und Orientierung. Zudem dienen die strukturierenden Merkmale einem Merken und Erzählen als Gedächtnisstütze und erleichtern szenisches Spiel.

4.4 Isolation und Allverbundenheit

Eine Ablösung aus dem Heim erleben die Heldinnen und Helden freiwillig oder als Ausgetriebene. Sie wandern als Isolierte in die Welt, sind aber zugleich allseits beziehungsfähig, wo es nötig erscheint: Sie gehen Beziehungen ein und lösen sich freiwillig oder erzwungen wieder heraus, um weiterzuwandern. Helfer (Irdische, Jenseitige, Tiere) treten im rechten Augenblick auf; während aber Unhelden nicht fähig sind, deren Hilfe in ›richtiger‹ Weise anzunehmen, gelingt dies den Helden. Allerdings sind sie bei der Lösung der Aufgaben wie schon auf ihrer Wanderschaft ins Leben hinaus auf sich gestellt. Sie bleiben Isolierte, die durch übergeordnete Bezüge bzw. Mächte letztendlich dennoch beschützt und behütet werden. Im Laufe ihrer aufregenden ›Wege-Erfahrungen‹ machen sie Entwicklungen durch, die sie in eine Eigenständigkeit führen. Das ersehnte Ziel wiederum wirkt bei allen Erlebnissen und Prüfungen wie ein energiespendender Motor, der sie weiterlenkt. ›Der Weg ist das Ziel‹, und das Ziel als eine Vision von Glück und Autonomie gibt seinerseits Kraft, den schwierigen Weg zu bewältigen.

Bedeutung für das Denken und Verhalten · An den Heldinnen und Helden wird aufgezeigt, dass man zielorientiert seinen eigenen Weg gehen soll, in der Not auf Hilfe hoffen darf und dabei in Helfer Vertrauen setzen und lernen kann, Hilfe auch anzunehmen. Zugleich haben sie die Freiheit, gute Beziehungen einzugehen und behindernde aufzulösen. Heldinnen und Helden erfahren eine schützende Allverbundenheit, und dies könnte auch für Heranwachsende gelten, wenn sie von Bezugspersonen Vertrauen und Hilfe erfahren. Man hat den Eindruck, dass den Märchenfiguren Hilfe in der Not einfach zukommt; bei genauem Hinsehen entdeckt man aber, dass sie in den meisten Fällen durch ihr Verhalten Vorleistungen erbracht haben: Sie erledigten alle auferlegten Pflichten, zogen aus, um jemanden zu erlösen oder lebensrettende Mittel zu suchen, sie erwiesen sich als höflich, mitleidig, teilten ihr Brot oder waren rücksichtvoll und schonten das Leben von Tieren. Sie folgten also grundethischen Werten auf ganz selbstverständliche Weise. Unhelden gelingt dies zu ihrem Nachteil nicht.

Das Verhalten im Märchen könnte ein guter Spiegel für zwischenmenschliches Verhalten sein. Durch Identifikationen und Projektionen in Gespräch und Spiel lassen sich hierbei auch eigene Positionen klären. In einem Weiterdenken wird Rezipienten z.B. im Spiel ermöglicht, die misslungenen Wege der Unhelden nochmals nachzugehen. In der Praxis zeigen Schülerinnen und Schüler von sich aus gerne im Spiel, wie sie als Unhelden, mit denen sie übrigens oft Mitleid haben, im Wissen um deren erlebten Misserfolg nun anders handeln würden. Der Alltag bietet doch auch Versagern immer wieder neue Chancen, wenn diese den Mut zu wiederholten Versuchen und einem Dazulernen aufbringen. Diese Möglichkeit des Nachdenkens und Zugewinns an Erfahrung mag andeuten, wie Märchen in der subjektiven Bearbeitung Mut machen und stärken können.

4.5   Sublimation und Welthaltigkeit

Innere (psychologische) und äußere (materielle) Welt mit all ihren Pflanzen, Tieren, Menschen, Elementen, Landschaften, Dingen und Gestirnen und damit alles Inseitige bzw. Inwendige, Diesseitige und Jenseitige werden nicht nur in einer Weltbühne thematisiert, sondern zugleich sublimiert: dies als eine ›Aufhebung‹ des Irdisch-Schweren (sublimiert im zweifachen Wortsinn von ›auflösen‹ und ›auf eine höhere Ebene heben‹). Die abstrakte, flächige Darstellungsweise erzeugt eine Art Entwirklichung, die allem Profanen und Magischen, selbst den knappen Beschreibungen von Verletzungen und Gewalt, eine eher schwerelose Wirkung verleiht, der das Konkrete genommen ist. Alle (menschlichen) Verhaltensweisen und bedeutsamen Ereignisse (wie z.B. Ausbeutung, Kindesaussetzung, Kampf mit Dämonen, Suchwanderung) gewinnen durch den Verzicht auf konkret-realistische Ausgestaltung an Schwerelosigkeit. Obwohl sie nachvollziehbar bleiben, wirken sie nun distanziert, weniger verletzend, gleichsam exemplarisch und damit auf vergleichbare Situationen übertragbar.

Bedeutung für das Denken und Verhalten · Märchen sind wie eine Weltbühne, auf der jedwede mögliche äußere, innere oder auch ›andere‹ Welt und andere Daseinsformen sprachlich und bildlich eine gleichsam exemplarisch wirkende Gestalt gewinnen, der nichts Persönliches anhaftet. Durch diese abgehobene Art erlauben sie, auch Dramatisches so zu präsentieren, dass man an Konfliktstoffen nur das an sich heranlässt, was einen nicht wirklich verletzt. Kleine Kinder benötigen dennoch wegen ihrer Unerfahrenheit die Gegenwart von Erwachsenen, die Fragen und Ängste tröstend auffangen. – Schwerelosigkeit und Weltbühne geben Raum für persönliche Erfahrungen, Wünsche und spielerische Fantasien bis hin zu Utopien. Die ›distanzierte Lebensnähe‹ erlaubt individuelle Vorstellungen, Identifikationen, Projektionen und damit Anverwandlungen bis hin zu ganz persönlichen Geschichten, die als jeweilige Endprodukte eines Bearbeitungsprozesses helfen können, eigenen Bewusstseinsinhalten, verborgenen Gefühlen und Denkweisen Ausdruck zu geben und sie damit für sich möglicherweise reflektierbar zu machen.

Durch den märchenspezifischen Stil ist Raum für persönliche Vorstellungen und Probleme gegeben. Fiktives Probehandeln vollzieht sich auf einer geistigen Spielwiese. Darin sind Problemlösungsversuche und Irrtümer eingeschlossen, sodass das Bespielen und ästhetische Gestalten von Märchen dem Rezipienten sogar noch mehr bieten kann als das Märchen als Denkanstoß selber. Märchen und gezielte Rezeptionsweisen ergänzen sich so zu einer Art ›Vollform‹.

5. Märchenpädagogik – Märchendidaktik

5.1 Historische Entwicklung der Märchenpädagogik

Märchenpädagogik mit ersten didaktischen Konzeptionen gab es bereits im 19. Jahrhundert; unter verschiedenen Akzenten und Intentionen intensivierte sie sich dann im 20. Jahrhundert (vgl. Franz 2004, S. 72ff.). In dessen erster Hälfte entwickelte sich – neben einem aus dem 19. Jahrhundert verbliebenen Aufspüren latenter Moral und nationalerzieherischer Ideen bis hin zu nationalsozialistischem Missbrauch im 20. Jahrhundert – nun die sog. Erlebnispädagogik, in der Kinder Märchen subjektiv nacherleben konnten. Dies geschah vor allem über Zuhören, Spielen, Malen, Musizieren und andere schöpferische Tätigkeiten. Dieser Konzeption, die nach dem 2. Weltkrieg weitere Pflege fand, wurden in den 1970er- und frühen 1980er-Jahren ideologiekritische und analytisch ausgerichtete Konzepte entgegengestellt. Danach folgten ab den 1980er-Jahren kreative, handlungs- und produktionsorientierte, auch subjektiv orientierte Vorgehensweisen, die unter verschiedenen didaktischen Überlegungen und Gestaltungsweisen bis heute praktiziert werden.

Märchen sind heute in sämtlichen Bereichen der Gesellschaft und Kultur präsent. Bei dem intensiven derzeitigen Einsatz unterschiedlicher didaktischer Konzeptionen spricht Kurt Franz von einer »Multifunktionalität des Märchens« (Franz 2004, S. 92). Er vermerkt:

> »*Innerhalb des schulischen Raums hat das Märchen in allen Lernbereichen des Deutschunterrichts und vielen Fächern nach wie vor seinen Platz. Nicht zuletzt ist es im deutschsprachigen Raum in allen Lehrplänen für Grundschuljahrgänge, aber auch schon in Bildungsplänen für das Vorschulalter und für die Jahrgangsstufen 5 und 6 fest verankert. Innerhalb des Deutschunterrichts kann das Märchen Unterrichtsgegenstand in allen Lernbereichen sein, im Lese- und Literaturunterricht, im mündlichen Sprachgebrauch, beim Erzählen, im schriftlichen Sprachgebrauch, also beim Zu-Ende-Schreiben, beim Fortsetzen, beim Verändern von Texten, beim freien Schreiben, beim Rechtschreiben, innerhalb der Sprachreflexion usw. (…) Altersmäßig gibt es nach oben hin keine Grenze, da Märchen natürlich Reflexionsgegenstand ebenso noch in der Sekundarstufe II sein können*« (Franz 2004, S. 92/93).

Märchen werden fächerübergreifend oder fächerverbindend und als Projekte eingesetzt und lassen sich im Unterricht in Fächern wie Deutsch, Fremdsprachen, Heimat- und Sachunterricht, Religion, Ethik, Kunst, Musik, Tanz, Theater, Technik, Textilem Werken umsetzen.

Angesichts der Angebotsfülle wird das folgende Kapitel lediglich streiflichtartig einige Beiträge nennen, die pädagogisch-didaktisch Wirkungen hinterlassen haben, besondere Akzente setzen bzw. als jüngere Beiträge Aktualität besitzen. Die Anmerkungen zu den einzelnen Werken sollen zugleich den breiten Rahmen aufweisen, in dem sich pädagogisch-psychologisch und didaktisch orientierte Forschung und Gestaltung derzeit bewegen.

5.2 Repräsentative Konzeptionen der Märchendidaktik

In Märchen liegt kraft ihrer Symbolik, ihrer Strukturen und thematischen Fülle der Keim für ein Verständnis auch aller höheren Literatur. Und da eine reflektierte Rezeption von Literatur in der Regel Wirkung erzeugt und Geist und Seele in ihrer Entwicklung beeinflusst, darf man annehmen, dass Märchen mit einem solch gewichtigen Potenzial nicht nur bilden, sondern auch – auf elementarer Ebene – ganzheitlich orientierte Denk- und Bewusstseinsprozesse unterstützen können (vgl. Kap. 2 und 3).

Grundlegend haben sich Charlotte Bühler und Josephine Bilz damit auseinandergesetzt, wie kindliche Fantasie durch Märchen angeregt wird und Märchengeschehen und Reifungsvorgänge an Märchen sichtbar gemacht werden können (Bühler/Bilz 1977). Bühler ermittelt viele Merkmale der Märchen, die Korrespondenz mit und Resonanz in seelischen Eigenarten des Kindes finden.

Als Kritik an der Erlebnispädagogik wurde in der gesellschaftlichen Umbruchsituation nach 1968 das Konzept des »kritischen Lesens« entwickelt, um eine Emanzipation der Kinder anzuregen. Texte, auch Märchen als Buchmärchen, sollten ideologiekritisch analysiert und mit kritischer Distanz gelesen werden, so auch im Vergleichen von Märchen mit Parodien oder umfunktionierten Märchen. Bloßes Hören, Spielen, Malen, Musizieren als reines Nacherleben wurden als Flucht in die Innerlichkeit angesehen (vgl. Born 1997/2005, S. 66ff.; 2003, S. 53ff.), wobei allerdings nicht beachtet wurde, dass ein inneres Nacherleben sehr wohl eine innere geistig-seelische Aktivität bedeutet.

Entsprechend diesem vorwiegend kognitiv-analytischen Konzept verfassten u.a. Werner Psaar und Manfred Klein ihr Werk »Wer hat Angst vor der bösen Geiß? Zu Märchendidaktik und Märchenrezeption« (1980). Die Vorschläge sind anspruchsvoll und empfehlen vor allem kritisches Lesen und Textanalyse. Dabei fehlt es nicht an guten, dem Sinn nachgehenden Ideen, die man sich aneignen kann. Für ältere Schüler könnte man immer wieder darauf zugreifen, ohne sich allem verpflichtet zu fühlen oder schon im Ansatz das Märchen analytisch zu zerpflücken. Kritisches Lesen und analytisches Vorgehen werden bis heute immer wieder vorgeschlagen. Das wird gelingen, wenn es sich um ältere Schüler handelt, die sich mit Textform und Inhalten auseinandersetzen.

Es gab aber auch Ansätze, die einem kognitiv-analytischen Vorgehen für jüngere Kinder einen erlebnisbezogenen und gestaltenden Umgang entgegensetzten (vgl. Helmers 1969; Helmich 1970; Hopster 1972; Ellwanger/Grömminger 1977 u.a.). Und mitten in der kognitiv gesteuerten, das Märchen gegen den Strich bürstenden, auf Textferne und Distanz zielenden Märchendidaktik erschien Bruno Bettelheims international erfolgreiches Werk »Kinder brauchen Märchen« (1977), das den Volksmärchen aus tiefenpsychologischer Sicht einen großen Stellenwert für die seelische Entwicklung des Kindes zumisst und die Einstellung zu den kritisch betrachteten Märchen bei vielen Pädagogen veränderte (vgl. insgesamt die detaillierte Auseinandersetzung zu pädagogisch-didaktischen Positionen bei Born 2003, S. 53ff.).

Helga Zitzlsperger setzte sich schon früh mit einer ganzheitlich orientierten, sinnerschließenden und kindbezogenen Märchenpädagogik und -didaktik auseinander und veröffentlichte hierzu das erstmals 1980 erschienene, mit Theorieteil und vielen praktischen Vorschlägen versehene Buch »Kinder spielen Märchen. Schöpferisches Ausgestalten und Nacherleben« (1994). Ihren Ansatz kann man, gleichsam in Gegenbewegung zum kognitiven Trend, als subjektiv-kreativen Zugang mit einem handelnd-produktiven Umgang bezeichnen, der eine Sinnerschließung des Märchens ermöglicht. Das vorliegende Buch schließt sich diesem Werk an, allerdings völlig überarbeitet, mit Aktualisierungen an den derzeitigen Forschungsstand und unter Einbezug der weiteren didaktischen Erfahrungen in Schulen und mit Studierenden.

Das Werk »Märchen in Erziehung und Unterricht« von den Herausgebern Dinges, Born, Janning (1986) beinhaltet die Angebote eines Kongresses der Europäischen Märchengesellschaft (1984) zum gleichen Thema. Theorie und Praxis, vielseitige Forschungsergebnisse und Beiträge zum konkreten Umgang mit Märchen bieten ein großes Spektrum quer über Literaturwissenschaft, Psychologie, Pädagogik, Religions- und Waldorfpädagogik, Musik, Kunst, medialen Einsatz, Erzählen und Ausführungen für Frühpädagogik, Grundschule und Sekundarstufe 1 und 2. Hier zeichnet sich deutlich eine Abwendung vom kritischen Lesen und von ideologiekritischen Konzeptionen ab.

Anne Diergarten und Friederike Smeets gehen mit ihrem Werk »Komm, ich erzähl dir was« (1987) praxisorientiert vor. Sie erläutern die Entwicklung der kindlichen Psyche und geben praktische Anleitungen zum Märchenerzählen. Hierfür schlagen sie Märchen vor, die sich besonders gut eignen, Konflikte bei Kindern zu verstehen, dazu geeignete Märchen für Kindergarten- und frühes Grundschulalter.

Felicitas Betz bietet mit »Märchen als Schlüssel zur Welt« (2001) eine Handreichung für Erzieherinnen zu Umgang, Erschließung und Erzählen von Märchen für Kinder im Kindergartenalter (auch für die ersten Grundschulklassen geeignet).

Helga Zitzlsperger bindet Märchen in das Konzept ganzheitlichen Lernens in Verbindung mit sinnerschließenden, schöpferischen Produktionen ein (»Ganzheitliches Lernen. Welterschließung über alle Sinne«, 1995).

Eine Grundlage für das Verständnis kindlichen Rezeptionsverhaltens bietet die empirische Studie von Kristin Wardetzky über »Märchen-Lesarten von Kindern« (1992). Sie geht detailliert auf den Reflex des Märchens in der Vorstellungs- und Empfindungswelt der Kinder ein und untersucht die Frage, worin die Anziehungskraft der Märchen für Kinder liege. Sie stellt hierbei fest, dass Kinder gehörte bzw. gelesene Märchen ihrem eigenen Erfahrungshorizont angleichen. In erster Linie sieht

Wardetzky deshalb in kindlicher Märchenrezeption eine Erweiterung und Stabilisierung emotional-affektiver Schemata, die durch Realerfahrungen vorgebildet sind – nicht also den Erwerb kognitiver Schemata, wie sie auf kognitiv-analytischem Weg (vermeintlich) entwickelt werden könnten.

Ingrid Bergmann widmet sich mit ihrem Werk »Erziehung zur Verantwortlichkeit durch Zaubermärchen der Brüder Grimm unter besonderer Berücksichtigung der Sinnkategorie V.E. Frankls« (1994) einem sensiblen Thema: Sie thematisiert die Bedeutung der Sinnfrage menschlichen Daseins als ein Sein in Verantwortlichkeit für sich selbst, für Mitmenschen, Kreatur und Natur. Diese Auseinandersetzung bedeutet ethische Erziehung, die die Autorin bereits beim kleinen Kind ansetzt. Sie erläutert waldorfpädagogische Vorstellungen zum Umgang mit Volksmärchen für den Schulanfang und in der Grundschule mit dem Ziel, durch die grimmschen Zaubermärchen Lebensbilder wecken zu können, die die seelische ›Grundgestimmtheit‹ des Kindes positiv beeinflussen (zur Frage: Welches Märchen für welches Alter? vgl. auch Bergmann 1997).

Zwölf Jahre nach dem ersten pädagogisch-didaktisch orientierten Märchenkongress der Europäischen Märchengesellschaft folgte 1996 ein weiterer: »Märchen in Erziehung und Unterricht heute«, dessen Erträge in zwei Bänden dokumentiert wurden (Wardetzky/Zitzlsperger 1997/2005). Die Bände gehen auf Forschungsergebnisse zum Bildungswert und zur Aktualität von Märchen ein, auf historische, psychologische, pädagogische und didaktische Fragen, auf Erziehen und Lernen, auf Märchen als ›heimliche Erzieher‹, auf die Bedeutung der Märchen in verschiedenen Schularten und Fächern (z.B. Religion), auf Märchen in neuerer Literatur (mit einem Curriculum für die gymnasiale Oberstufe), auf die grimmsche Rezeption im Ausland, z.B. betreffend Grausamkeit, auf Märchen in anderen Medien, auf Märchenerzählen u.a.m.

Helga Zitzlsperger (1999/2005) setzt sich auf psychobiologischer Ebene damit auseinander, was Märchen für Kinder geeignet macht und was sich beim Hören und Lesen von Märchen in den Köpfen der Kinder abspielt.

Gesondert sei nochmals der Bezug zur Sekundarstufe II erwähnt: Ursula Heindrichs hat sich zum Ziel gesetzt, auch Oberstufenschülern Märchen nahezubringen und ihnen damit einen einsichtigen Zugang zur modernen Literatur zu schaffen. Als bedeutsam stellt sie märchentypische Motive wie Verwandlung, Verwünschung und Erlösung, Tod und Wandel, Aufhebung von Zeit und Raum und die ›Jenseits-Inseits-Wanderung‹ der Märchenmenschen heraus. Sie benennt die Zahlen- und Sprachmagie, das Achtergewicht (die Gewichtung des Helden im Handlungsverlauf, vgl. Kap. 7.1), die Isolation und allseitige Beziehungsfähigkeit, das Utopische und das endliche Glück. Diese Motive, so Heindrichs, finden sich auch häufig in der modernen Literatur (vgl. U. Heindrichs 1986/2005; 1997/2005).

Brigitta Schieder stellt viele praxisorientierte Vorschläge vor, die die Kinder zur Stille führen, sie aufmerksam zuhören und sprechen lassen, die sie für Natur und Umwelt sensibilisieren und mit denen auch die Werteerziehung angesprochen wird, z.B. in »Märchen machen Mut. Ein Werkbuch zur Werteerziehung und Persönlichkeitsentfaltung« (2000), ähnlich in »Mit Märchen durchs Jahr« (2003). Ihre Werke beziehen sich auf jüngere Kinder, ermöglichen aber den Transfer zur Grundschule. Hilfreich bei der Suche nach geeigneten Märchen ist auch Schieders »Erzähl mir doch ein Märchen. Eine methodische Märchensammlung für Kinder ab 4« (1998). Es enthält eine Fülle von nach Themen geordneten in- und ausländischen Märchen.

Michael Sahr macht mehrfach Angebote zum Umgang mit Märchen. Er arbeitet ideenreich bewusst auch in der Grundschule mit medialen Einsätzen (Film, Tonträger), mit Analysen unter Einbezug veränderter Märchen und mit Textveränderungen, z.B. in »Um der Kinder und der Märchen willen! Analysen und didaktische Vorschläge zu acht Grimmschen Märchen in originaler und veränderter Form« (1995) oder in »Zeit für Märchen« (2002).

Mit »Märchen und Behinderung. Ein Beitrag zur Resilienzforschung bei Kindern und Jugendlichen mit Lernbehinderungen« (2000) greift Irene Geldern-Egmond ein Thema auf, das bisher wenig beachtet wurde: den Einfluss von Märchen auf Kinder mit Lernbehinderungen und Lebenserschwernissen. Der Kerngedanke ist, dass Märchen den Aufbau von Resilienz (als einer seelischen Widerstandkraft) fördern und die Entwicklung positiv beeinflussen können. Mit dem Aufsatz »Von den resilienten Heldinnen und Helden im Märchen lernen« (2003a) übernimmt Helga Zitzlsperger das Resilienzthema auch für den religionspädagogischen Bereich.

Monika Kohler gibt mit »Theater spielen zu Weihnachten. Die Weihnachtsbotschaft für unsere Zeit« (2001) Pädagogen und Spielleitern viele Tipps zum prozessorientierten und experimentierfreudigen Entwickeln eigener Kindertheaterstücke. Dieses Vorgehen hat die Autorin auch erfolgreich bei Märchen angewandt.

Für alle Altersgruppen eignet sich Alfred Pointners »Umweltschutz und Märchen« (2000). Anhand verschiedener Märchen aus dem internationalen Erzählschatz werden Projekte zu Umweltfragen vorgestellt. Diese beinhalten Reflexionen über die in den Märchen dargestellten Umweltprobleme und geben Anregungen zum ästhetischen Gestalten.

Tatjana Jesch bündelt in »Märchen in der Geschichte und Gegenwart des Deutschunterrichts. Didaktische Annäherungen an eine Gattung« (2003) informationsdicht Beiträge zu unterschiedlichen Rezeptionsformen von und didaktischen Reflexionen über Märchen aus Vergangenheit und Gegenwart.

Kurt Franz stellt mit »Märchenwelten. Das Volksmärchen aus der Sicht verschiedener Fachdisziplinen« (2004) die Beiträge einer Ringvorlesung an der Universität Regensburg vor. Aus dem Inhalt: Volksmärchen als Erziehungs- und Bildungsmedium im historischen Überblick (Kurt Franz); Schneewittchen – ein Beitrag zur volkskundlichen und literaturwissenschaftlichen Erzählforschung (Lutz Röhrich); Volksmärchen und Kunstmärchen (Mathias Mayer); Erzählen heißt Antwort geben. Über die religiöse Dimension des Märchens (Otto Betz); Märchen in Erziehung und Unterricht heute (Helga Zitzlsperger); Märchen und Psychotherapie (Johannes Wilkes); Musiktheater (Heinz-Albert Heindrichs); Mediale Adaptionen von Märchen (Christoph Schmitt); Erzählen von Volksmärchen (Jürgen Janning).

Mit dem Band »Märchen. Märchenforschung, Märchendidaktik« (2005) führt Günter Lange ebenfalls die Beiträge einer Vortragsreihe über Märchen an der TU Braunschweig zusammen: Themen sind hier: Märchen und Religion (Eugen Drewermann); Märchen und Psychotherapie (Johannes Wilkes); Märchen in Pädagogik und Didaktik (Helga Zitzlsperger); Das Erzählen von Volksmärchen (Linde Knoch); Märchen in Film und Fernsehen (Christoph Schmitt), Zaubertechnik und magisches Denken (Leander Petzoldt); Einführung in die Märchenforschung und Märchendidaktik (Günter Lange); Die Brüder Grimm als Märchensammler und -bearbeiter (Heinz Rölleke); Was macht das Bild mit dem Märchen? (Jens Thiele).

Jürgen Janning hat die Beiträge einer Ringveranstaltung an der Westfälischen Wilhelms-Universität Münster unter dem Thema »Von der Wirklichkeit der Volksmärchen« (2005) gesammelt. Berücksichtigt sind: Das Volksmärchen in der heutigen Wirklichkeit (Katalin Horn); »Ripeness is all« – Reifung und Wandlung in den Kinder- und Hausmärchen der Brüder Grimm (Heinz Rölleke); Rückwendung zu Mythos und Märchen in der modernen Literatur? (Ursula Heindrichs); Märchen und Religion (Rudolf Schulz); Unterschiedliche Entwicklungen in der Märchendidaktik des 20. Jahrhunderts (Monika Born); Kritische Märchentheorie im 20. Jahrhundert – Rekonstruktion eines vergessenen Diskurses (Jens Birkmeyer); Auf Spurensuche nach sinnvollen Erschließungsmöglichkeiten (Helga Zitzlsperger); Märchen als Lebenshilfe – tiefenpsychologische Zugänge zum Märchen (Brigitte Dorst); Volksmärchen – von der Textur zum mündlichen Erzählen (Jürgen Janning).

Weitere Veröffentlichungen zu Ringvorlesungen werden folgen.

In Lesebüchern fristeten Märchen in den vergangenen Jahrzehnten in den meisten Fällen ein eher kümmerliches Dasein. Die Auswahl gleicht sich klischeehaft in vielen Lesebüchern. Die Texte sind teils original, teils verkürzt oder verändert. In eigenen Untersuchungen beispielsweise (1998, unveröffentlicht) zeigte sich, dass in 57 Lesebüchern für die Schuljahre 2 bis 4 Volksmärchen im Verhältnis zu anderen Texten erheblich unterrepräsentiert waren. Vor allem kommt ausländisches Erzählgut kaum vor. Hierbei wird die Chance, Märchen als konstruktive Sprachmodelle zu nutzen (vgl. Wardetzky 1996), ebenso verspielt wie die Möglichkeiten, den kindlichen Erfahrungen durch die Lebensbilder der Märchen Gestalt zu geben sowie Märchen anderer Völker als Medium für interkulturelle Erziehung und Bildung und zur Völkerverständigung einzusetzen.

In Fibeln werden Märchen zwangsläufig in verkürzter Form oder außertextlich, z.B. als Bildserien, Comics, Fingerspiele eingesetzt – die Kinder stehen ja erst am Anfang des Schriftspracherwerbs (vgl. Fischer 1996). Knappe Sätze, geringer Wortschatz und reduzierte inhaltliche Wiedergabe, Bilder mit Sprechblasen und Untertexte zu Bildern sind aber angetan, bei Kindern Interesse für Märchen zu wecken und die Kurzfassungen wieder in Hörerlebnisse mit dem originalen Märchen und in kreative Gestaltungen umzuwandeln – Mittel, die den Unterricht erfahrungsgemäß auf für Kindern eindrückliche Weise bereichern.

Weiterführende Literatur

Weitere märchenpraktische Hinweise sollen den Exkurs abrunden, wenn auch die Angaben nur exemplarisch zu sehen sind:

Bartonicek gibt Hilfestellungen für handlungsorientiertes Arbeiten mit Märchen: Bartonicek, N. (2000): Märchenzeit – Handlungsorientiertes Arbeiten mit Märchen. Seelze, Velber: Kallmeyer.

Grün verbindet Volksmärchen mit Suchtprävention in der Grundschule: Grün, K. (1996): Volksmärchen, Konfliktlöser auf der Gefühlsebene. Ein Beitrag zur Suchtprävention in der Grundschule. In: Pädagogische Welt, S. 117–121.

Hahn befasst sich mit religiöser Erziehung und Ich-Identitätsfindung mithilfe des Märchens. Hahn, I. (1984): Religiöse Erziehung, Ich-Identitätsfindung und der potentielle Beitrag des Märchens zur Förderung beider. Hamburg: Fotodruck. Auch Perrar und Halbfas leiten zur Arbeit mit Märchen im Religionsunterricht an und Worm zur Arbeit mit Märchen im Religionsunterricht für Lernbehinderte: Perrar, H.-J. (1979): Mit Märchen dem Leben zuhören. Anleitung zur Arbeit mit Märchen im Religionsunterricht. Düsseldorf: Patmos. Halbfas, H. (2003): Warum Märchen im Religionsunterricht? In: Katechetische Blätter 3/2003, S. 165–170. Halbfas, H. (1997): Märchen im Unterricht. In: Wardetzky, K./Zitzlsperger, H. (1997/2005). Worm, H.-L. (1990): Märchen im Religionsunterricht der Schule für Lernbehinderte? Sonderschulmagazin 1, S. 8.

Krenzer zeigt, wie Märchen als kleine Theaterstücke in Kindergarten und Grundschule aufführbar sind: Krenzer, R. (2000): Wir spielen unsere Märchen – Kleine Theaterstücke für Kindergarten und Grundschule. Limburg-Kevelaer: Lahn. Pertler und Pertler bieten Methoden und Ideen zum Märchenerleben von Kindern an: Pertler, C./Pertler, R. (2001): Kinder erleben Märchen – Methoden und Ideen. München: Don Bosco.

Schwarz (2005) lädt zu »Märchen aus 16 Ländern zum Mitmachen« ein. Weinheim, Basel: Beltz.

Die Zeitschrift »Praxis Deutsch« bietet eine Fülle von Unterrichtsideen vom Vorschulbereich bis zur Sekundarstufe II (1981; 1990).

Die Zeitschriften »Grundschulunterricht« (1997), »Die Grundschulzeitschrift« (2000), »Die Grundschule« (2000) und »Gundschulmagazin« (1994) breiten vielfältige Ideen aus.

Im »Märchenspiegel«, der Zeitschrift für internationale Märchenforschung und Märchenpflege, werden regelmäßig Beiträge aus unterschiedlichen Fachdisziplinen geboten. Für Pädagogen sei auf Zitzlspergers Artikelfolge hingewiesen (Zitzlsperger 2003b).

Die Europäische Märchengesellschaft (mit Sitz in Rheine) widmet sich in jährlichen Kongressen, mit vielen Seminaren und Veröffentlichungen einem breiten Forschungs- und Themenspektrum und setzt besondere Akzente auf die Ausbildung von Märchenerzählern.

Die Märchenstiftung Walter Kahn (mit Sitz in Volkach) dient der Märchenpflege in Forschung und Praxis mit Tagungen, Seminaren, Preisverleihungen, Veröffentlichungen und Ringveranstaltungen an Hochschulen. Hierbei werden auch immer wieder pädagogische Fragestellungen aufgegriffen.

5.3 Märchendidaktische Verfahren

Der Überblick über märchendidaktische Konzeptionen zeigt die Fülle der Möglichkeiten, wie man mit Märchen im pädagogischen Umfeld heute umgehen kann und darf. Neben erlebnispädagogischen Anätzen werden ideologiekritische gewählt, und

Textnähe und subjektives Nacherleben stehen Textferne und kritischem Lesen gegenüber. Möglich sind sinnerschließende Verfahren über Gespräche und mit Informationen, und ebenso eignen sich tiefen- und entwicklungspsychologische Ansätze, um Märchen in einen konkreten Bezug zum Rezipienten zu setzen. Handlungs- und produktionsorientierte Verfahren können parallel zu genaueren Textanalysen und Textvergleichen einladen und zu Um- und Neutextungen (ver)führen, ebenso zu ästhetischem Gestalten, in dem Kreativität und Subjektivität im Mittelpunkt stehen. Umgestaltungen bis zum Textsortenwechsel und mediale Adaptionen (Umsetzungen in Film, Theater, Figuren- oder Hörspiel) werden als legitime Möglichkeiten betrachtet. Sie setzen die genaue Kenntnis des Originals wie auch eine gewisse Distanz zum Märchen voraus, besonders, wenn man in Bereiche wie Parodien gerät oder Transfers zu Gegenwartsgeschichten wagt. Subjektive Rezeptionsweisen (mit Gesprächen über den Inhalt, Malen, Spielen, Artikulieren eigener Empfindungen) können sich mit kognitiv-analytischen ergänzen, um den Inhalt immer wieder zu reflektieren und sich z.B. über Redeformen, Symbole, Bräuche, Werte, Rechtssysteme, Gerechtigkeit Gedanken zu machen. Von hier finden sich auch Wege zu Märchen anderer Völker.

Die genannten Erarbeitungsformen schließen per se kognitive Funktionen ein, durch die u.a. Lesekompetenz und sprachliche Ausdrucksfähigkeit (z.B. beim Deuten und Diskutieren) gefördert werden. Darin eingeschlossen sind soziale Kompetenzen, z.B. beim gemeinsamen Planen und Arbeiten, ebenso Konzentrationsfähigkeit, eine Bereitschaft zur Einlassung auf symbolischer Ebene und nebenbei eine wachsende Sicherheit, Notizen zu machen, kleine oder längere Texte zu schreiben und märchengerecht zu strukturieren.

Während die einen Märchen (leider) unbekümmert als ›Motiv-Steinbruch‹ verwenden, empfinden andere eher Scheu, Märchen zu verändern. Katalin Horn (Horn 1996/2005) lässt sich hier auf didaktisch interessante Gedankengänge ein, um einen kritischen Dialog mit Märchenmotiven und Märchenbildern aufnehmen zu können: Horn erwähnt die *reduktive Methode* (S. 260f.). Bei ihr kann man eine Figur, einzelne Lebenssituationen oder eine besondere Handlungsweise aus dem Märchen herauslösen. Diese Elemente, oft als Symbol oder Metapher fassbar, werden dann isoliert oder als Stellvertreter für das ganze Märchen mit eigenen Worten weiterentwickelt. Man verweilt z.B. beim Unglück des Helden und sucht für seine Notsituation nach Bildern am menschlichen Abgrund; oder man nimmt im Moment der möglichen Erlösung weitere, assoziative Bilder aus der eigenen Vorstellungswelt oder aus dem Umfeld des Märchenhelden mit auf. Man geht ganz auf den Moment erlebter Liebe oder auf die Überlegung unbedingten Vertrauens ein: Dichterische Freiheit ist hier überall möglich und kann im Texten ebenso den Märchenoptimismus in Frage stellen wie ihn verstärken. Die im Praxisteil dieses Buches angesprochenen Möglichkeiten des Umtextens und Gedichtformen wie ›Haiku‹ und ›Elfchen‹ weisen in diese Richtung, besonders auch die Gedichte von Heinz-Albert Heindrichs (Teil II, Kap. 3).

Außerdem erwähnt Horn die *Erarbeitung von »Zielformen«* in der Dichtung. Nach Lüthi meint »Zielform« eine Form der Selbstberichtigung des Stils, wenn Buchmärchen, die in die Mündlichkeit zurückgewandert sind, sich wieder einer traditionellen

Erzählweise annähern; ebenso eine Selbstberichtigung durch Motive und sprachliche Gestaltungen, welche die Vorgänge zielführend zum Ende und zur Vollendung hin entwickeln (vgl. Lüthi 1976, S. 91f.). Für die Dichtung heißt das:

> »*Das ursprüngliche Märchen wird umgeschrieben, seine Weltschau abgewandelt, die in den Erzählungen latent vorhandenen Inhalte werden nur wahrgenommen, um weiterentwickelt zu werden*« (Horn 1996, S. 260f.).

Veränderungen, Weiterführungen, auch Parodien lassen sich solcherart rechtfertigen – vorausgesetzt, das Märchen wurde als sinnstiftende Geschichte kennengelernt und seine ›Mär‹ zuvor erkundet. Anverwandlungen an subjektive Bilder kennzeichnen den nächsten Schritt, um dann kreative Ideen, besinnliche und kritische Gedanken zu entwickeln. Hier setzen z.B. auch künstlerische Adaptionen für Film, Theater, Figuren- oder Hörspiel, Trickfilme, Umwandlungen in aktuelle Begebenheiten und Umtextungen in andere Textsorten ein.

Und weiter zum Überblick: Durch märchendidaktisches Vorgehen lässt sich Lebensmut aufbauen und seelisch stabilisieren, Resilienz fördern und ›Gottvertrauen‹ anbahnen. Es kann sozial-emotionales Lernen fördern, Märchen als Sprachmodelle sehen und ganzheitliches Lernen und Denken samt reflektierbaren Bewusstseinsprozessen anregen. Pädagogisch-didaktische Überlegungen führen zu Themen wie Märchenillustrationen, zu Musik, Spiel und Theater, zu interkultureller Erziehung und zu einer Erziehung zu Stille, Ruhe und In-Wendung. Im Religions- und Ethikunterricht, bei Umweltschutz, Suchtprävention oder Literaturunterricht u.a. werden Märchen zum Ausgangspunkt vertiefender Einsichten. Märchen gibt es für alle Altersgruppen und Schularten von der Frühpädagogik über die Grundschule bis zur Sekundarstufe I und II, zu Sonderschulen und zur Erwachsenenwelt. Und: Märchenprojekte lassen sich fächerverbindend oder fächerübergreifend in einem breiten Spektrum realisieren.

Grundsätzlich bemühen sich die meisten Verfahren um Sinnerschließung. Dagegen stehen auch Versuche, die mit dem Märchen inhaltlich experimentieren und Form, Figuren und/oder Verlauf verändern, ohne sich wirklich um den Sinnkern der vermittelten Lebensbilder zu kümmern.

5.4 Der mediale Aspekt

Mediale Adaptionen gibt es seit Ende des 19. Jahrhunderts in wachsender und derzeit geradezu bedrängender Fülle. Dazu zählen Märchenfilme in Kino und Fernsehen als Zeichentrick- oder Realfilme, Puppen- oder Scherenschnittfilme, Videofilme, ebenso Hörspiele, Märchen auf Schallplatten und Kassetten, auf CD-ROM, als Computerspiele oder im Theater.

Heute erfreuen sich allerdings in Fernsehproduktionen statt der Märchen vor allem Fantasiegeschichten, Trickfilme und Familienserien großer Beliebtheit bei Alt und Jung. In Kindervideos orientieren sich Angebote am Stil der Walt-Disney-Filme, an

Trickfilmen und Trickserien (vgl. die japanischen Mangas, z.B. »Sailor Moon« und »Dragon Ball«: Comics mit Fantasy- und Actionmotiven). Klassische Ausnahmen als wertvolle Filme bleiben Filme der Art »Drei Nüsse für Aschenbrödel« oder Märchenfilme aus ehemaliger DDR-Filmproduktion. Derzeitige Produktionen bedienen sich, auch in auditiven Medien, neu geschriebener Fantasiegeschichten und märchenhaft-fantastischer Inhalte, dazu nicht gerade sinniger Spielmöglichkeiten auf CD-ROM. Es gibt allerdings inzwischen eine zögerlich wachsende Nachfrage nach Volksmärchen (gelesen und erzählt) auf Tonträgern. Mehrheitlich jedoch zerfallen die Produktionen – trotz mancher Ausnahmen – zumeist in triviale Massenware mit niedrigem Niveau (vgl. die Serie »SimsalaGrimm«). Für Kinderserien werden Versatzstücke aus verschiedenartigen Genres, Kulturkreisen und Zeitaltern verwendet; die ›kommen an‹. Volksmärchen haben hier aktuell geringe Chancen: Durch Kürzestepisoden in rascher Folge werden die tradierten Erzählmuster, die die bildstarken Situationen zur Geltung bringen könnten, unwirksam (vgl. Heidtmann 2000, S. 92).

Generell kann man sagen: Märchen müssen sich aus wirtschaftliche Gründen – besonders bei Filmproduktionen – rechnen. Hierfür eignen sich – wie erwähnt – offenbar Märchen als Versatzstücke zusammen mit modernen Kultfiguren fantastischer Art, sodass von den Märchenoriginalen wenig Essenzielles übrig bleibt. Mit solcher Ware geht eine Standardisierung der Kinder- und Jugendkultur weltweit einher (vgl. Heidtmann 2000).

Weiterführende Literatur

Eine genauere Auseinandersetzung mit Märchen in modernen Medien und eine entsprechende Rezeption soll hier aus Raumgründen ausgeklammert bleiben. Es sei nur auf Fachliteratur verwiesen, z.B.:

Heidtmann, H. (2000): Märchenadaptionen von Volksmärchen. In: Franz, K./Kahn, W. (Hrsg.): Märchen – Kinder – Medien. Beiträge zur medialen Adaption von Märchen und zum didaktischen Umgang. Hohengehren: Schneider, S. 82–98
Heidtmann, H. (1997/2005): Von Pinocchio bis Pocahontas. Die Märchenfilme der Walt-Disney-Company. In: Wardetzky, K./Zitzlsperger, H. (Hrsg.): Märchen in Erziehung und Unterricht heute. Bd. I. S. 259–268. Krummwisch: Königsfurt.
Richter, K. (2000): Veränderte Kindheit und Märchenrezeption unter gewandelten gesellschaftlichen und medialen Bedingungen. In: Franz, K./Kahn, W. (Hrsg.): Märchen – Kinder – Medien. Beiträge zur medialen Adaption von Märchen und zum didaktischen Umgang. Hohengehren: Schneider, S. 134–144.
Rogge, J.-U. (1983): Märchen in den Medien. Über Möglichkeiten medialer Märchenadaptionen. In: Doderer, K. (Hrsg.): Über Märchen für Kinder von heute. Essays zu ihrem Wandel und ihrer Funktion. Weinheim, Basel: Beltz, S. 129–154.
Schmitt, C. (2005): Märchen in Film und Fernsehen. In: Lange, G. (Hrsg.): Märchen. Märchenforschung, Märchendidaktik. Schriftenreihe der Ringvorlesungen der Märchenstiftung Walter Kahn, Bd. 2. Hohengehren: Schneider, S. 185–202.

Schmitt, C. (2004): Mediale Adaptionen von Märchen. In: Franz, K. (Hrsg.): Märchenwelten. Das Volksmärchen aus der Sicht verschiedener Fachdisziplinen. Hohengehren: Schneider, S. 142–167.
Schmitt, C. (2000): Mündliches und mediales Erzählen. In: Franz/Kahn (Hrsg.) Märchen – Kinder – Medien. Beiträge zur medialen Adaption von Märchen und zum didaktischen Umgang. Hohengehren: Schneider, S. 67–81

In der vorliegenden Arbeit geht es um die Rezeption von Märchen und ihrer Produktion im pädagogischen Bereich. Ausgangsbasis für Umsetzungen wird hier i.d.R. das Erzählen bzw. das Vorlesen des Märchens sein. Nur bei älteren Schülern erscheint es mir sinnvoll, auch einmal von einem Film, Hörspiel o.Ä. auszugehen, um sich dann mit dem Originalmärchen vertraut zu machen und kritisch zu werten.

Hat man sich für eine Umsetzung entschieden, braucht man sich nicht zu scheuen, Medien und Textsorten zu wechseln. Warum nicht einen Film drehen? Ein Theaterstück aufführen? Ein Gedicht schreiben? Die Geschichte auf aktuelle Verhältnisse mit ähnlicher Problematik umschreiben? Oder die Inhalte ins Abstrakte versetzen? Warum nicht Skulpturen, ein Relief, ein Bilderbuch oder einen Comic wagen oder ein Puppenspiel, ein Hörspiel – so richtig mit Rollenbuch, Regie, Bühnengestaltung und Präsentation? Allerdings gilt zu beachten:

- **Die inhaltliche Seite.** Am Anfang sollte eine inhaltliche Auseinandersetzung stehen. Wurde die ›Mär‹ erfasst, die ja oft genug mit handfesten und aufregenden Aspekten des Menschenlebens verbunden ist, dann kann man unter Beibehaltung des Sinnkerns den Schritt in andere Medien wagen.
- **Die technische Seite.** Umsetzungen sollten in Kenntnis der Spezifika des gewählten Mediums erfolgen, sodass man kompetent mit Rahmenhandlung, Strukturierung der Handlung, Spannungsaufbau, Figurenführung, Geräuschen, Hörbrücken, Stimmungen, Andeutungen, Leerstellen umgehen kann. Die typischen Märchenstrukturen sind hier bereits formgebende Stütze.
- **Die künstlerische Seite.** Die Produktion sollte ästhetisch, also auf sinnlicher Grundlage auch anregend sein und dadurch künstlerischen Ansprüchen genügen – das geht bereits an ganz einfachen Dingen; und hier spielt neben Sinn für Gestaltung (Komposition, Farben, Ausdruck) und technischem Können auch das Material eine Rolle.
- **Die Adressatenseite.** Sie muss beachtet werden, um eine aussagekräftige, ästhetische Gestaltung zu erreichen. Solche Produktionen wenden sich an Jüngere, Ältere oder an alle Generationen zugleich. Man kann adressatengemäß die Transparenz der Handlung, deren An- und Entspannungsphasen, Sprache und Bildkraft bewusst planen und Stimmungen (z.B. vergnügte, melancholische) und positive bzw. ›denkwürdige‹ Charaktere angemessen zur Geltung bringen.

6. Die Sprache des Märchens: geschrieben und erzählt

6.1 Sprache und Stil

Mit der 2. Auflage der KHM (1819) haben die Grimms die »Gattung Grimm« erst recht eigentlich geschaffen (vgl. z.B. Rölleke 1984; 1998) und damit ist ihnen – nach der Bibel – auf lange Sicht der Durchbruch zum größten deutschen Best- und Longseller aller Zeiten gelungen. Das hat seine Ursachen: Die grimmsche Auffassung von Kindheit war nicht aufklärerisch und auf ein zukünftiges, von vernünftigem Handeln bestimmtes Erwachsenenleben hin geprägt. Vielmehr werteten sie – und diese Einstellung zu Kindern kommt uns heute sehr nahe – die geistige und körperliche Unentwickeltheit der Kinder auf: Sie sahen den kindlichen Entwicklungsstand als einen Zustand voller Möglichkeiten, und in den KHM fanden sie hierfür inhaltlich und sprachlich eine neue Form, die sich als Verkindlichung einzelner Märchenfiguren äußert, mit kindlichen Verhaltensweisen, psychologischer Gestaltung der Figuren und Einbindung in ein familiäres Milieu (vgl. Murayama 2005). In diesen Ausdrucksformen liegen all die Lebensbilder, Gedanken, Gefühle und Einstellungen (zu Zwischenmenschlichem, Brauchtum, Recht), die uns heute noch beschäftigen und die bei Kindern so nachhaltige Wirkungen auszulösen vermögen. Das Potenzial, das Jakob und Wilhelm Grimm in die KHM gelegt haben, eignet sich nach wie vor dazu, dass Kinder und Jugendliche sich mit Fantasie auf die sprachlichen Bilder einlassen können und wollen.

Die Grimms betrachteten die KHM als Eigentum der Kinder. Nach ihren Vorstellungen sind Volksmärchen originalgetreu vom Volk aufgezeichnete, deshalb seit dem Altertum unveränderte Geschichten, also »naturpoetische Volksmärchen«. Wenn die Grimms ab der zweiten Auflage – nach Kritiken besonders von Clemens Brentano und Achim von Arnim – sprachliche Änderungen vornahmen, so blieb nach grimmscher Auffassung dabei die Wesensaussage doch unverändert (Murayama 2005). Sie entfernten oder verharmlosten – gemäß der Kritik – vor allem obszöne Stellen. Mit ihren Änderungen ging die beabsichtigte Wirkung einer Verkindlichung einher, die durch grammatische Änderungen und Einfügungen von Verkleinerungen erreicht wurde, ebenso durch häufige direkte Reden und eine vermehrte Einsetzung des Personalpronomens »Es«. Sie verwendeten weniger Nebensätze, dafür mehr Parataxen (Nebeneinander gleichberechtigter Hauptsätze) und setzten Adjektive nur sparsam und in allgemeiner Art ein. Sie verliehen den Märchen bewusst eine ›mündliche‹ Wirksamkeit durch formelhafte Sätze am Anfang und Ende, durch dreimalige Wiederholung von Taten oder Aufgaben, durch einen rhythmisch gegliederten Aufbau, durch sprichwörtliche Redensarten, zauberische Reime, mundartliche, volkstümliche oder regionale Redeweisen und durch gattungsspezifische Eigenschaften der Märchen, wie sie an den typischen Stil- und Wesensmerkmalen (vgl. Lüthi) sichtbar werden. Sie fügten moralische und christliche Elemente und biedermeierliche Vorstellungen in die Texte ein. Die Märchen wurden sentimentalisiert und verbürgerlicht: Es entstanden die KHM als Buch für Kinder, in denen sich auch pädagogische Intentionen wahrnehmen lassen.

Diese Ausführungen betreffen die grimmschen Märchen, die sich deshalb auch besonders gut in einen rhythmischen Sprachfluss beim Erzählen fügen. Märchen aus dem internationalen Erzählschatz hingegen weisen nicht derart dezidiert diese ausgeführten Merkmale auf.

6.2   Von der sinnenbetonten Sprache zum Sinnerfassen

Sprache vermittelt zwischen Ich und Umwelt, fängt Welt mit Worten ein und wird in ihrem Ausdruck auch von persönlichen Einstellungen und Gefühlen gefärbt. Sprache interpretiert Welt in einer Weise, die auf die Welt zurückwirken kann (vgl. Kap. 3.2 Psychobiologische Aspekte: Aufbau des Denkens und Lernens). Schriftlich festgehaltene Sprache gewährt darüber hinaus mehr Zeit, um Worte und inhaltliche Zusammenhänge der Sätze in Ruhe beachten zu können.

Das Märchen bedient sich sprachlich einer sinnenorientierten Ausdrucksweise, die im Hören innere Bilder erzeugt und dabei als sinnhafte Aussage verstehbar wird, da der Mensch fähig ist, symbolischen Aussagen, Vergleichen und Metaphern eine Bedeutung zu entnehmen. Dies geschieht in handlungsfreudiger, immer vorwärtsführender Form (flächenhafter Stil vgl. Kap. 4.2): Die Figuren arbeiten, wandern, weinen, lieben, fragen, beobachten. Sie raten, tricksen, benehmen sich ungeschickt oder kämpfen. Sie versteinern, vertrauen, erlösen. Immer sind sie mehr oder weniger *in Bewegung* und selbst in verwunschenem Zustand noch ›vorhanden‹. Mit wachen Sinnen sammeln sie Wege-Erfahrungen, manchmal werden sie dabei handlungsunfähig, also erlösungsbedürftig, aber sie überwinden als Helden ihre zeitweise Passivität – selbst ihr Tod ist reversibel. Lebensorientierung finden sie durch jene selbst- oder fremdgesetzten Ziele, die oft genug visionär oder nicht erreichbar scheinen. Sie *tun* etwas, und die Märchensprache setzt das in entsprechende Verben um. Auch mit *Sehen, Hören* und *Fühlen* bewegen sie sich in die Welt hinein. Sie werden dabei um*sich*tig, be*weg*t, mit*fühl*end, ver*steh*end, werden hin*horch*end und ge*hors*am, Unhelden dagegen eher *hör*ig, ab*häng*ig:

Märchen erzählen uns z.B. mit ihrer sinnenbetonten Ausdrucksweise von einem *Sehen,* das mit plötzlichem *Erkennen* und dem Gewinn von *Einsichten* verbunden ist; von einem *Hören* und Lauschen, das auf einmal Erinnerungen auslöst oder Hilfe bringt, weil man genau zu*hört* und guten Ratschlägen ge*horcht*. Musik spielt dabei im Märchen oft eine große Rolle (vgl. Just 1991). Märchen erzählen vom *Tasten* und von

Berührungen, die trösten oder schmerzen, die positive Empfindungen und Erinnerungen auslösen, aber auch das Ich seines Bewusstseins und seiner Identität berauben können (durch Dämonen). Und auch das *Riechen* und das *Schmecken* tragen die Handlung zum Ziel: Vorgänge des Kochens, Essens und Trinkens heischen nach Beachtung. Da werden Gelüste geweckt, die verführen und lebensspendende, aber auch todbringende Kräfte entfachen, dargeboten von Erlösern, Weisen oder dämonischen Wesen – seien es Lebenswasser oder Kräuter, Äpfel, Blumen oder Mahlzeiten.

Da die verschiedenartigen sinnlichen Äußerungen Ausdruck tiefer liegender Schichten sind (vgl. flächenhafter Stil), kann man diese Vorgänge als Angelpunkte, als Reizworte verstehen, die der Geschichte Sinn und Bedeutung verleihen. Unter diesem Blickwinkel lassen sich Märchen erkenntnisfördernd analysieren – man muss sich nur auf ihre Sprache einlassen.

Die sinnlich-sinnhaften Äußerungen schlagen sich in Sprachbildern nieder, die sich auch in alltäglichen Redensarten spiegeln, obwohl sie doch wörtlich genommen unsinnig wirken. Da heißt es z.B.: »Ich kann ihn einfach nicht riechen«, »Sie hat ihn zum Fressen gern«, »Sie platzten vor Wut«, »Ich mache mich ganz unsichtbar. Ich bin gar nicht da!«, »Mir geht ein Licht auf«, »Er steht wie angewurzelt da«, »Sie war völlig versteinert«, »Es kocht in mir«.

Sinnlich-sprachliche Eigenheiten des Märchens verweisen aus dieser Sicht oft auf Schlüsselsituationen und unterstützen vergleichendes und symbolisches Verstehen. Die Situationen werden zu Wegweisern, um den Sinn der ›Mär‹ zu erfassen und hinter die Geheimnisse all der *Erfahr*ungen und *Beweg*ungen der Heldinnen und Helden zu kommen. Dabei sind die abstrahierten, sublimierten, flächenhaft gestalteten Sprachbilder durchaus soziokulturell überformt und werden zudem durch subjektive Vorstellungen mitgeprägt (vgl. Zitzlsperger 2003c; S. 224ff.; 1999, S. 111ff.).

Basis dieser sinnlichen Erkenntnisse sind Wahrnehmungsintegrationen, die die geistige Entwicklung fördern und zur seelischen Ganzwerdung beitragen (vgl. Kap. 3.2). Sie öffnen Freiräume und regen die Fantasie an. Sie machen persönliche, bis dahin im Verborgenen schlummernde Gedanken mitteilungsfähig und reflektierbar, und damit geht eine Sensibilisierung auch für andere einher. Das Gehirn verwendet für all diese Prozesse Erfahrungen, die stetig durch neue Erfahrungen modifiziert werden. Märchen tragen so zum Lernen und Reflektieren bei. Man lernt, und zwar lebenslänglich.

6.3   Vom Erzählen

> »*Erzählen ist eine verschollene Kunst und Zuhören erst recht. Zu beidem gehört Konzentration, eine Fähigkeit, die sich nicht mehr recht entfalten kann in Zeiten, wo die Menschen in einem Meer von Zeitungen und Illustrierten ertrinken*«,

so Wilma Mönckeberg bereits 1972 (S. 37), und sie bezieht Lautsprecher und Fernsehen mit ein. Um wie viel mehr gilt dies heute, über 35 Jahre später, wo unter Einbezug der neuen Medien eine ständige akustische und visuelle Überflutung und eine wachsende Konzentrationsschwäche der Kinder beklagt wird!

Märchen werden als klangliche Erscheinung aus dem gedruckten Schriftbild wieder in ihre sprachliche Musikalität zurückverwandelt, und durch erzählte Sprache werden innere, affektiv besetzte Bilder geweckt. Erzählen entfaltet sich innerhalb dreier aufeinander bezogener Elemente. Das sind die **Erzähler** (Wer?), der **Märchenschatz** (Worüber?) und die **Hörer** (Mit wem?). Sie sind die Elemente des »Modells der Sprechsituation« (vgl. Janning 1993, S. 11). Diese Situation ist in **Rahmenbedingungen** eingebettet: In ein Wann?, Wo?, Warum? und Wozu? Deren Beachtung erscheint höchst sinnvoll, hängt doch der Erfolg eines Erzählens wesentlich vom Zeitpunkt ab (z.B. entspannte Situation), von der Gestaltung des Ortes (z.B. heimelig, einsammelnd), auch von der Erwartungshaltung (z.B. Märchen als Unterhaltung, Information, in einer interkulturellen Gemeinschaft, mit therapeutischer Intention).

Die Elemente sind keine statischen Größen: Jede Erzählerpersönlichkeit wurde durch individuelle Sozialisation geprägt, und jeder Hörer reagiert im Zuhören mit subjektiven Vorstellungen, mit seinen eigenen Erwartungen und seiner Verstehensbereitschaft. Auch lebt jedes Märchen aus seinen eigenen, vielgestaltigen Inhalten heraus.

Märchenerzählen wird nur zum Ereignis, wenn die Märchenerzählerinnen und -erzähler ihre Geschichte lebendig, aber ohne stimmliche, mimische und gestische Übertreibung vermitteln. Sie müssen ›ihr‹ Märchen mögen und es gerne erzählen wollen. Auch die Zuhörer tragen ihren Teil dazu bei, wenn sie sich mit Fantasie auf die Inhalte einlassen: Man spürt deren inneres Mitgehen an Mimik, Gestik, Seufzern, Bemerkungen. Dadurch bilden Erzähler und Hörer eine dialogische Gemeinschaft.

> »Im Mittelpunkt des Erzählens aber steht das Märchen, das Was, das unauflöslich an das Wie, die Form, gebunden ist. Mit Form ist hier selbstverständlich nicht nur die Textgrundlage gemeint, sondern das sinngestaltende, ja überhaupt sinnstiftende Erzählen, die Schallform des Märchens, die sich aus melodischen, dynamischen, temporalen und artikulatorischen Ausdrucksmitteln aufbaut, begleitet von nonverbalen Gestaltungsmöglichkeiten in Körperhaltung und -rhythmik, in Gestik und Mimik, fernab allerdings jeglicher Schauspielerei« (Janning 1993, S. 12).

Die Erzähler werden durch ihre Sprache, mit der sie all die bunten Märchenszenerien mit Worten »malen«, mit ihrer Zuhörerschaft verbunden. Sie schaffen damit ein sprachliches Kunstwerk, das, befreit von schriftlicher Fixierung, die Geschichte wieder in die Mündlichkeit hebt.

> »Mnemotechnische Stütze ist nicht das Druckbild, sondern die innere Vorstellung der durch Sprache imaginierten Welt. Dabei führt und trägt der volle Sprechausdruck mit den Gliederungsmöglichkeiten durch Stimmlage und -stärke, Tempovariation, Spannpause und Artikulation« (Janning 1983/2005, S. 134).

Durch Sprechabläufe, die von Wiederholungen, Reimen, Sprüchen und Formelhaftigkeit geprägt sind, entstehen syntaktische Gefüge, die das Behalten der Erzähltexte unterstützen. Man spürt den steigenden und fallenden Sprechrhythmus je nach Inhalt und Wortwahl. Manchmal erscheint ein stimmungsmäßiger Wendepunkt bereits mitten im Satz, oder die Handlungen verdichten sich rasch und die Stimme wird, gleichsam dem magischen Geschehen folgend, veranlasst, zügig fortzufahren, ohne den Fortgang der Ereignisse durch Zäsuren zu unterbrechen. Erzähler nehmen die innere Bewegung in sich auf. Auch einem Tempuswechsel kann man Rechnung tragen. Es hat ja seine Bedeutung, wenn plötzlich die Sprache aus der Vergangenheit in die Gegenwart fällt. Und wenn man sich das Erhabene, Gütige, Unfassbare, Grausige selber beim Erzählen vorstellt, dann fügt sich die Stimmfärbung glaubwürdig entsprechend hinein. Gute Stimmarbeit und sprachliche Wiedergabe als sinnstiftendes Erzählen setzt eine innere Auseinandersetzung mit dem Märchen voraus, sonst endet das Erzählen in einem Deklamieren oder in kühler Rhetorik. Am besten lässt sich im Sitzen bei aufrechter Körperhaltung erzählen, um Atmung, Mimik und Gestik zwanglos in Harmonie zu bringen. So werden auch Blickkontakte und für Kinder persönliche Gesten der Zuwendung ermöglicht: eine beruhigende Berührung etwa, ein bekräftigendes Zunicken oder auch mal ein Aufmerksamkeit erheischendes Antippen an der Schulter.

Hilfreich ist Folgendes: Texte verfügen mit ihrer Interpunktion über grammatische Zeichen, die beim Lesen das Sinnverstehen fördern. *Erzählt* wird aber anders: Inhaltliche Spannungsanstiege nehmen z.B. keine Rücksicht auf Kommas oder Punkte. Die Stimme eilt dynamisch weiter, überspringt diese Zeichen – und zaudert plötzlich oder hält gar mitten im Satz an, wo weder Punkt noch Komma stehen; dies, um Dramatik aufzubauen und mit Tempo, Dynamik, Lautstärke und Pausen dem Sinn entsprechend zu ›spielen‹: Aus dem Text wird wieder lebendige Rede. Hierfür kann man einen Text mit entsprechenden Markierungen versehen: mit Satzzeichen überschreitenden kleinen Bögen, mit der Streichung ›überflüssiger‹ Zeichen, mit Häkchen für Spannungspausen o.Ä.

Außerdem: Wenn man innerlich beim Erzählen mitlebt und sich dabei in einen eigenen ruhigen Grundrhythmus begibt, der wie ein erspürtes tickendes Metronom unterschwellig den Sprachfluss zusammenhält, dann gewinnt man nicht nur eine rhythmische Stütze im Erzählen; vielmehr begeben sich auch unruhige Kinder konzentrierter in dieses sprachliche Ereignis. Sie sind es übrigens, die übersensibel auch als Erste aus dieser Bindung herausfallen, wenn man beim Sprechen stolpert – woran man merkt, wie der Rhythmus sie ›eingefangen‹ hat. Das Erzählen in einer Grundschwingung erfordert Übung, kann aber zur Gewohnheit werden und gibt Sicherheit, auch wenn man nicht textgenau, sondern mehr mit eigenen Worten erzählt, um auf sein Publikum einzugehen.

Weiterführende Literatur

Zur Erzählkunst sei u.a. hingewiesen auf:

Helge Gerndt, Katalin Horn, Jürgen Janning, Otto Betz, Gerhard Rasche, Kristin Wardetzky u.a. in Gerndt/Wardetzky (2002): Die Kunst des Erzählens. Festschrift für Walter Scherf. Potsdam: Verlag Berlin-Brandenburg.
Jürgen Janning (2005): Von der Wirklichkeit der Volksmärchen. Hohengehren: Schneider.
Linde Knoch (2005): Das Erzählen von Volksmärchen in unserer Zeit – Intention und Methode. In: Lange (Hrsg.): Märchen. Märchenforschung, Märchendidaktik. Hohengehren: Schneider.
Rainer Wehse (1983/2005): Märchenerzähler, Erzählgemeinschaft. Krummwisch: Königs Furt.
Helga Zitzlsperger (2002a): Vom Gehirn zur Schrift. Lernen durch Bewegung – Hand- und Sprachspiele – Schriftsprachenerwerb – LRS-Prävention. S. 67–95; S. 147–169. Hohengehren: Schneider.

6.4 Wirkungen durch Erzählen, Hören und Lesen von Märchen

Märchen regen die Imaginationskräfte des Menschen an und sind mit ihren realen und fantastischen Inhalten Impulsgeber für Nachdenklichkeiten. Das Gehörte oder Gelesene trägt zu einer möglichen Erhellung eigener Einstellungen und Gedanken bei. Aktuell noch nicht verstandene Inhalte wie z.B. ambivalentes Verhalten oder Beziehungskonflikte der Protagonisten sinken beim Hören wohl erst in Tiefen des Gedächtnisses ab, um später, bei erneutem Hören, bei konkreten Erlebnissen oder ähnlichen Motiven irgendwann wieder im Bewusstsein aufzutauchen und nun geistig-seelisch integrierbar zu werden. Solch neu Erinnertes kann nun mit eigenen Worten versprachlicht, mental bearbeitet, auf Alternativen überprüft und im Spiel erprobt werden.

Wie bereits erwähnt, fördert Märchenhören bei Kindern und Jugendlichen ein wachsendes Verständnis für Vergleiche, Sprachbilder, Metaphern und Symbole. Kinder werden sensibel für das ›Gemeinte‹ und erfahren so eine Vorbereitung auf weitere Literatur. Analoges Denken kann Vorstellungen von Welt erweitern und aus verengenden Denkmustern herausholen. Die Grenze einer solcherart bereicherten Welt zum Fantastischen und Symbolischen bleibt dennoch wahrnehmbar.

Märchen zeitigen hierdurch einen kognitiven Gewinn. Dazu tragen auch die märcheneigenen Satzkonstruktionen und poetischen – manchmal reizvoll altertümlichen – sprachlichen Wendungen bei. Zuhören oder Lesen macht für die Dramaturgie der Geschichte und für all die sprachlichen Nuancen empfänglich; auch dadurch, dass man sich auf die straff geführten Ereignisketten konzentrieren muss, um zu verstehen. Man lernt, große, rhythmisch gegliederte Handlungsbögen zu überschauen. Mit ihrem anspruchsvollen Sprachstil schaffen die Hörerlebnisse eine breite Basis für logisch-rationales und analoges, begrifflich-abstraktes und anschauungsgebundenes Denken: Das ganze Gehirn wird durch die Sprache der Märchen angeregt.

Im Kind wächst die Freude am Spiel mit der Sprache, und es lernt später zu unterscheiden, »*was eine Rede ist und was eine Schreibe*« (Mönckeberg 1972, S. 32). Es spürt durch das Erzählen von Märchen die Lebendigkeit von Klangmalereien und den musikalischen Reiz der Märchensprache.

Fremdartige Motive machen offen für die Geschichten und Eigenheiten anderer Völker, also für ethnologische, soziokulturelle, historische, religiöse oder mythologische Sachverhalte. Man lernt Brauchtum, sachkundliche Zusammenhänge, menschliche Eigenschaften und soziale Strukturen anderer Länder und Zeiten kennen. Eine entsprechend ertragreiche Auseinandersetzung setzt allerdings erfahrungsgemäß voraus, dass eine persönliche Aneignungsphase (durch Nachdenkpause, Gespräche oder Gestaltungen) vorher stattgefunden hat.

In der Erzählgemeinschaft wird Kommunikation gefördert. Gedanken werden ausgetauscht, Fragen gestellt, Lösungen gesucht, Gesprächsregeln eingehalten, Gestaltungen erprobt – hierbei können sich Empathiefähigkeit und soziale Sensibilität entwickeln. Gespräche über Inhalte und Auseinandersetzungen im Rahmen ästhetischen Gestaltens verbinden das Ich mit dem Du und Wir.

Empirische Studien belegen: Märchen sind Sprach- und Lernmodelle, die mündlich und schriftlich den Stil anspruchsvoll beeinflussen können, so bei der Verwendung direkter und indirekter Rede, des Konjunktivs und Genitivs und bei Partizipialkonstruktionen. ›Märchenkinder‹ bedienen sich oft eines treffenderen Wortschatzes als ›märchenlos‹ aufgewachsene; sie verwenden auch poetische, bewusst altertümliche Wendungen (als das ›Besondere‹) und entwickeln beim Geschichtenschreiben – neben Einleitung und Abschluss – eine durchgegliederte Textstruktur, indem der Innenteil mehrteilige Spannungsverläufe enthält (vgl. z.B. Wardetzky 1996).

Anhand der Sprachmodelle beginnen Kinder – nachweislich z.B. im Unterricht – schriftlich oder beim Rollenspiel, mit Worten zu ›malen‹ und besser zu betonen. Dazu regen auch die sprachlichen Märchenformeln und die magisch wirkenden Reime und Sprüche an.

Forschung hat einen signifikanten Zusammenhang zwischen Sprechenkönnen und gutem Sprachniveau einerseits und Lesebereitschaft andererseits festgestellt. Kinder, denen man statt des Fernsehens regelmäßig vorliest oder die man erzählen lässt und die als Schulkinder regelmäßig selber lesen und vorlesen, zeigen Vorteile im Sprechen, im Wortschatz, im Lesenkönnen und Leseverständnis, im Texteschreiben, Rechtschreiben und Sprachstil (vgl. Klicpera/Gasteiger-Klicpera 1995). Dies betrifft alle gute Kinderliteratur einschließlich Bilderbücher. Märchen eignen sich hierbei neben den bereits erwähnten Vorteilen besonders wegen ihrer relativen Kürze und klaren Textstrukturen. Und die Tiefenstrukturen beschäftigen zugleich Geist und Seele, sodass man mit einer längeren inneren Beschäftigung mit dem Märcheninhalt rechnen kann. Das kommt dem Sinnerfassen entgegen. Da zudem sinnerfassendes und flüssiges Lesen durch Antizipation begünstigt wird und Märchen mit der Zeit mit dem Figurenarsenal, dem rhythmischen Handlungsverlauf und dem guten Ende vertraut machen, wird solche Antizipation weiter gefördert.

Märchen besitzen insgesamt ein Potenzial, das im Zuhören trotz aller Spannungen zur Konzentration, zur Stille und eigenen Mitte führen kann – umso mehr, als sich Märchenstunden rhythmisch in Regeln und Rituale einbinden lassen.

7. Forschungsansätze

Der Volkskundler und Erzählforscher Lutz Röhrich unterscheidet prägnant nach ahistorischen und historischen Ansätzen (Röhrich 2004, S. 5ff.).

7.1   Ahistorische Ansätze

Zu den ahistorischen Ansätzen zählt Röhrich **phänomenologisch-anthropologische Versuche.** Das gleichsam zeitlose Märchen vermittle, so Röhrich, Menschenbilder, die sich mit dem Bild der Frauen, der Weisen, des Bösen, des Glücks, der Lebensbewältigung u.a.m. befassen. Solche Bilder mit innewohnenden menschlichen Verhaltens- und Handlungsweisen werden m.E. besonders durch Gespräche über das Gehörte transparent: Nicht unter der Leitlinie einer fertigen Interpretation, sondern erschlossen über eine Vielfalt verschiedener Meinungen und (persönlicher) Erfahrungen der Gesprächsteilnehmer. Auf diese Weise lässt man das Märchen mit seinen deutbaren Aussagen selber sprechen, während fertige Interpretationen nach Mustern (z.B. beim psychoanalytischen Vorgehen) das Märchen möglicherweise von einer theoretischen Seite her vereinnahmen. Andererseits bleibt ein Sinnverstehen des Märchens auf psychologischer Ebene elementar wichtig. Nur über die Einlassung auf die Menschenbilder und Verhaltensweisen der Protagonisten kommt man schließlich zu Einsichten, in die zudem ein subjektives Empfinden über eigene Situationen einfließen kann.

Menschen- und Lebensbilder führen gleichermaßen zur Tiefenpsychologie und zu Verhaltensmustern der Entwicklungspsychologie. Dabei dürfen soziokulturelle und ethnische Rahmenbedingungen nicht außer Acht gelassen werden.

Auch die **Märchentypen und -motive** (vgl. Kap. 1.2) zählen zum ahistorischen Vorgehen. Ihre Untersuchungen können bei eigenen Forschungen und in der Schularbeit eine günstige Orientierungshilfe abgeben. Auf die Strukturanalyse, wie sie Vladimir Propp (1972), ein russischer Forscher (Germanist, Slawist und Volkskundler), entwickelt hat, sei aber nur am Rande verwiesen, da sie einer didaktischen Konzeption für Kinder und Jugendliche nicht dienlich ist.

Als ahistorisch sind die **Form- und Stilanalysen** einzuordnen. Sie weisen in die Literaturwissenschaft. Auf entsprechende Merkmale des europäischen Volksmärchens nach Lüthi (1992) wurde bereits eingegangen (vgl. Kap. 1.4 und 4.2). Sie können m.E. in besonderer Weise in Verbindung von psychobiologischer Kenntnis (vgl. Kap. 3.2) und dem Umgang mit der formsicheren, bildlich verdichteten Sprache und Darstellungsweise mögliche Einsichten in menschliches Denken und Verhalten, Fühlen und

Wollen vermitteln. Von hier aus öffnen sich didaktische Möglichkeiten, da die Kenntnis dieser Merkmale nach meiner Erfahrung Schülern, Studierenden und Erwachsenen einen profilreichen, aber sicheren Boden für Planungen bietet.

Die »epischen Gesetze« der Volksdichtung nach dem dänischen Germanisten Axel Olrik (1909) fügen sich in diese Formmerkmale. Er nennt folgende Gesetze:

- Eingang und Abschluss
- Einsträngigkeit (als eindeutiger Verlauf, der für das Merken so hilfreich ist)
- Konzentration auf eine Person (die Heldin, den Helden)
- Gegensatz (Prägnanz durch Kontraste wie gut – böse)
- Wiederholung (zwei- oder dreimal in gleicher oder sich steigernder Weise als Mittel, der Geschichte Fülle zu geben)
- Dreizahl (als Figurengruppen, als Aufgaben und/oder Handlungsfolgen und auch als Mittel der Wiederholung, wobei Olrik darauf hinweist, dass in Volksüberlieferungen oft die Drei die höchste Zahl sei, mit der man operiere)
- Szenische Zweiheit (Modell: Frau Holle mit dem günstigen und misslungenen Weg der beiden Mädchen)
- »Achtergewicht« – Der zukünftige Held wird verkannt, verlacht, abgeschoben, befindet sich auf dem letzten Platz, ist am Ende aber doch souverän und an erster Stelle
- »Topgewicht« – Ranghohe Figuren nehmen zu Beginn scheinbar die wichtigste Position ein und sind letzten Endes doch bedeutungslos.

7.2   Kultur- und sozialhistorische Methoden und Ansätze

Die volkskundliche Märchenforschung bezieht sich mehr auf reales, historisches Brauchtum als auf Nichtwirkliches.

> »*Sie* [die volkskundliche Märchenforschung, H. Z.] *fragt grundsätzlich nach der allgemein-menschlichen, der anthropologischen Disposition des Märchens. Hier besteht die Gefahr darin, voreilige Schlüsse von einzelnen Märchenelementen auf die Wirklichkeit zu ziehen*« (Ziesenis 1998, S. 541).

Röhrich zählt zum kultur- und sozialhistorischen Ansatz die Bemühungen um Geschichte und Alter des Märchens. Hierbei gewann als vergleichende Erzählforschung die sog. **geografisch-historische Methode** einen wichtigen Stellenwert. Bei dieser Methode »*werden alle Varianten eines bestimmten Erzähltyps Zug um Zug verglichen und aus der Analyse das Alter, Ursprungsland sowie die Wanderwege und Verbreitung des Stoffes erschlossen*« (Röhrich 2004, S. 7). Es konnten viele Varianten festgehalten und nach Verbreitung (geografisch) und geschichtlicher Tiefe (historisch) untersucht werden. Diese Beiträge sind für künftige Forschungen wertvoll.

Kritisch weist Röhrich (vgl. 2004) aber auch auf Defizite der Methode hin. Nur in günstigen Fällen könnten über Ort und Zeit des Ursprungs eines Erzähltyps genauere

Auskunft gegeben werden. Beiträge über Träger und Erzähler der Märchen seien ebenso ausgeblieben wie eine Auseinandersetzung mit der Überlieferungspsychologie und der Dynamik historisch-gesellschaftlicher Vorgänge. Die Methode kann demnach nicht vermitteln, durch wen und wie die Überliefungen des Erzählgutes vonstattengingen. Dies wird von anderer Seite geleistet.

Zum Ansatz der Volkskunde zählen gleichermaßen vergleichende **Erzählforschung und kulturgeschichtliche Fragestellungen,** beispielsweise Forschungen der Ethnologen zu Sitten und Bräuchen, zu Denkweisen, Glaube und Riten wie Initiationsriten, Jenseitsvorstellungen, Totenbräuchen, auch zu Traumerfahrungen primitiver Völker (vgl. Röhrich 1974/2001 und 2002; ebenso Lüthi 1976 und 1992).

Märchen können damit kulturhistorische Quellen sein. Neben der Erforschung von Alltäglichkeiten und Tatsächlichkeiten richtet sich das Interesse besonders auf alte, noch aufspürbare Glaubenswirklichkeit. Mit ihr können wir vom Jetzt und Heute aus eine Denkweise entdecken,

»die eine geistige Verbindungslinie von der Gegenwart bis zu einer archaisch-magischen Vorstufe unseres Weltbildes herzustellen scheint, wie sie kaum ein anderes Quellenzeugnis in ähnlicher Weise zu geben vermag: Das Märchen gehört zu unseren ältesten geistigen Altertümern, und über Länder und Völker hinweg zeigt es noch Vorstellungen einer Frühzeit auf« (Röhrich 1974/2001, S. 4).

Die soziologische Forschung befasst sich mit der Erforschung des Kontextes, hier mit der sog. **Märchenbiologie,** also mit Fragen nach der Funktion des Märchens in der Gemeinschaft. Die Forschung will vermitteln, wann, wo, wem und unter welchen Umständen (Situationen) Märchen erzählt wurden/werden, wer die Erzähler und Träger sind und wie der Erzähler mit der Erzählgemeinschaft bzw. Zuhörerschaft kommuniziert und interagiert.

Weitere Untersuchungen widmeten sich den **Ursprüngen und Verbreitungsweisen** von Märchen, da ähnliche Märchenmotive weltweit auftreten. Es gibt Überlegungen zu einer Märchenwanderung von Volk zu Volk (Wandertheorie), ebenso Theorien zu einer Herkunft aus gemeinsamem Erbe (arische Theorie) und – gegensätzlich angelegt – Überlegungen zu Ähnlichkeiten der Grundveranlagungen und Grundsituationen der Menschen auf der ganzen Welt, womit auch wieder psychologische und damit ahistorische Ansätze berührt werden. Alfred Bastian spricht von »Elementargedanken« oder »Völkergedanken«: Motive und ganze Erzählungen mit gleichen Abläufen können bei zeitlich und räumlich getrennt lebenden Völkern unabhängig voreinander entstehen (vgl. Lüthi 1976, S. 66ff.). Diese Theorie einer Polygenese des Märchens zählt zur anthropologischen Theorie und wird durch die Jungsche Psychologie gestützt.

Volkskundliche Elemente in Märchen halte ich aus pädagogischer Sicht für beachtenswert, da sie eine Brücke zur interkulturellen Bildung bilden.

Weiterführende Literatur

Vieles über die Geschichte des Märchens und die Erforschung seiner Herkunft, seiner Motive, seiner Biologie, seiner Existenzen in Mündlichkeit, Schriftlichkeit, in der Kunst und in anderen Medien kann man auch folgenden Werken entnehmen:

Woeller, W./Woeller, M. (1994): Es war einmal ... Illustrierte Geschichte des Märchens. Freiburg: Herder.
Karlinger, F. (1988): Geschichte des Märchens im deutschen Sprachraum. Darmstadt: Wissenschaftliche Buchgesellschaft.

7.3 Die im vorliegenden Werk vertretene Position und Folgerung

Die diesem Werk zugrunde liegende Position ist im Ansatz anthropologisch und ahistorisch angelegt und damit durch die Erschließung dessen, was sich in den Lebensbildern als einem Stückchen Lebensgeschichte der Heldinnen und Helden abspielt, entwicklungspsychologisch in Verbindung mit der Tiefenpsychologie orientiert. Zugleich werden aber auch historische Erkenntnisse aus Volks- und Völkerkunde und jeweilige soziokulturelle Hintergründe der Geschichten (vgl. historischer Ansatz) mitberücksichtigt, zumal diese gerade für ältere Schüler und Erwachsene interessant sein dürften.

Für diese Position bietet sich auch eine didaktische Konzeption an: Rezeptionsweisen auf subjektiver Ebene sollen sich mit kognitiv vermittelbarem Wissen verbinden können. Gesprächserschließungen bereiten auf Gestaltungsvorschläge in einem subjektiv-kreativen und handelnd-produktiven, gleichermaßen aber auch in einem kognitiv-analytischen Rahmen vor. Dabei können die Akzente unterschiedlich angesetzt werden: z.B. an der Sprache, an kognitiv vermittelbaren Inhalten oder auf einer psychologischen Ebene. Bei einer sinnerschließenden Projektgestaltung (mit entsprechender inhaltlicher Strukturierung) berühren sich die verschiedenen Akzente meist im Raum eines ästhetischen Lernens. Märchen mit ihrem hohen Potenzial an inhaltlicher und literarisch-ästhetischer Qualität können zur Fundgrube für Wissenserwerb, für eine Entwicklung von Kreativität, für ein Fremdverstehen und interkulturelle Offenheit werden.

8. Abgrenzungen

Da sich Märchen oft mit Nachbargattungen wie Sagen, Mythen oder Legenden über-
schneiden, werden am Ende nun noch einige Abgrenzungen skizziert.

8.1   Sage

Man unterscheidet drei Hauptgruppen: **Göttersagen** (die zum Mythos zählen), **Hel-
densagen,** die einzelne Persönlichkeiten herausstellen und Sagenkreise bilden, und
Volkssagen mit weiteren Untergruppierungen. Zwar fehlt noch eine verbindliche ty-
pologische Gliederung, aber eine Unterteilung der Volkssagen – orientiert an Entstehung und Funktion – nach Erlebnissagen, Ereignissagen und Erklärungssagen erweist
sich als günstig. Erlebnissagen fesseln durch ihre dämonischen und magischen Inhalte, die oft genug Grauen erzeugen und einen Einbruch des Jenseits ins Diesseits be-
schwören. Ereignissagen befassen sich mit historischen Personen und ihren Taten. Erklärungssagen erzählen als Naturätiologien von Phänomenen, z.B., wie etwas in der
Natur entstanden ist: besondere Steinformationen, ein düsterer See, eine unfruchtbare
Landschaft, oder als Kulturätiologie, wie es z.B. zur Entstehung eines bestimmten
Brauchtums, Kunstwerkes oder einer Redensart kam.

   Auch nach inhaltlichen und lokalen Gesichtspunkten wird eingeteilt: als Orts-,
Regional- und Wandersagen, in denen sich all die Riesen, Zwerge, Nixen, weißen
Frauen, Geister, Hexen, Wiedergänger oder Vampire tummeln (vgl. Freitag 1984,
S. 242–245). Überschneidungen in der Bestimmung lassen sich kaum vermeiden.

   Lutz Röhrich unterscheidet u.a. nach Memoraten, Toten-, Regional- und dämono-
logischen Sagen, ökotypischen (an bestimmte Standorte gebundene) Sonderentwick-
lungen, nach Erklärungssagen, historischen und christlichen Sagen (Exempel, Legenden) (Röhrich 1966).

   Sagen entstehen anonym, wurden ursprünglich mündlich tradiert, sind an Orte
oder Regionen gebunden, einsträngig und recht kunstlos gebaut und wollen mit ihrem Erzählkern trotz unrealistischer Züge ›irgendwie‹ geglaubt werden. Die Ereignisse
lassen sich nicht mit den üblichen Maßstäben erklären, ebenso wenig die Figuren der
außermenschlichen Bereiche. Durch Ortsangaben, Daten und Namen soll aber die
›Wirklichkeit‹ des Erzählten belegt werden. Das Unerklärliche und Ortsgebundene
der Sage vermittelt gegenüber dem klaren Märchen etwas Schweres, das zeitlich,
räumlich und ethisch gebunden ist und – durch den Einbruch eines Numinosen

(Göttlichen) – Grauen auslösen kann. Das Leben nach dem Tode ist deutlich vom irdischen Dasein abgegrenzt.

Märchen, die durch ihre Lebensbilder fesseln, integrieren schwerelos Jenseitserfahrungen in die Diesseitswelt und stellen ihre Heldinnen und Helden in einen ganzheitlichen, konstruktiven Lebensvollzug, während die Sage deutlich die alte, fest gefügte Ordnung und den vorherige Zustand wiederherstellt (Lüthi 1975).

Es gibt Überschneidungen als Sagenmärchen, z.B. »Die Bremer Stadtmusikanten« oder »Frau Holle«, bei denen jedoch das Märchenhafte dominiert.

8.2 Legende

Legenda heißt »das zu Lesende«. Sie bezeichnet eine religiöse Erzählung, die das irdische Leben und Wirken von Heiligen bzw. wunderbare Episoden aus ihrem Leben schildern. Schon im Mittelalter wurden Legenden als Volks-, Lehr- und Kinderliteratur gepflegt (Oberfeld 1984, S. 331–332). Heute sind Legenden fast nur noch in katholischer Tradition lebendig und drohen langsam vergessen zu werden, was letztendlich einen Verlust an Verständnis für Geschichte, Kunst und Brauchtum bedeutet. Gottes Wirken wird als Wunder auf übernatürliche Weise, aber von einem festen religiösen System aus gezeigt. Dieser ›erbauliche‹ didaktische Zug der Legende kann konstruktiv wirken, aber auch mit der Schilderung von Prüfungen und Folterungen der Märtyrer und Heiligen (in spe) aufwühlen. Solche Licht- und Schattenseiten finden wir gleichermaßen in Volks-, Kunst- und Heiligenlegenden (vgl. Keller 1987).

Legenden kommen in allen Religionen vor. Thematisiert werden Heilige, Märtyrer und Martyrium, Wunder, Tiere in Bezug auf Gott und Ätiologien; auch gibt es Anekdotisches, Legenden von der Gerechtigkeit, von denen im Dunkeln, mythisch-magische und zeitgenössische Legenden als gespiegelte und zugleich verfremdete Gegenwart (vgl. Haas 1986). Während nun die Heilsbotschaft der Legenden auf eine Erfüllung im Jenseits hinweist, rundet sich das Glück des Märchenhelden schon in dieser irdischen Welt – sind die Heldinnen und Helden doch Identifikationsfiguren, die mit ihren abenteuerlichen Wege-Erfahrungen vorleben, wie man am Ende sein irdisches Lebensglück trotz aller Widerstände erreichen kann.

Legenden wollen belehren, Märchen dagegen nicht. Legenden stellen einen Wirklichkeitsbezug durch Einweben eines Stückchens geschichtlicher Wirklichkeit dar (Jahreszahlen, Orte, Personen), und Diesseits und Jenseits werden deutlich geschieden. Legenden sind mit Sagen verwandt, doch gibt es auch Märchen mit legendenhaften Zügen, die mit Gott, Petrus oder dem Teufel oft heitere Züge annehmen, wobei das Märchenhafte dennoch dominiert.

Die Grimms haben ihrer KHM-Sammlung am Ende auch zehn Kinderlegenden angefügt, darunter so liebenswerte wie »Die zwölf Apostel«, »Muttergottesgläschen« oder »Die Haselrute«.

8.3   Schwank

Schwänke bezeichnen realistische, oft derb-drastische kürzere Geschichten. Ihr Ziel ist Unterhaltung, durchaus auch mit lehrhafter Tendenz und unbefangen gegenüber dem Derben und Obszönen. Schwänke sind eine alte Form der Volksdichtung und werden heute noch gerne in geselliger Runde erzählt. Im Spätmittelalter, besonders dann ab dem 16. Jahrhundert, wurden sie auch literarisch festgehalten. Ertappte Betrügereien, betrogene Betrüger, das Lächerlichmachen von Respektspersonen (Pfarrer, Lehrer), eheliche Untreue oder Dummheit sind beliebte Themen. Es gibt als Mischform Schwankmärchen, z.B. »Das junggeglühte Männlein« (KHM 147) oder »Der Frieder und das Catherlieschen« (KHM 59), die mit ihrer Boshaftigkeit und Tragik eher bestürzen als erheitern, wie denn im Gegensatz zum Zauber- und Wundermärchen der Schwank auch negativ enden kann und eine höchst fragwürdige Moral vertritt.

Schwänke verlaufen oft zweiteilig nach dem Prinzip »Wer zuletzt lacht, lacht am besten« (vgl. Fischer 1984, S. 230–232). Da das Grundmotiv des Schwanks die Verspottung menschlicher Schwächen und der durch sie bedingten Zustände ist, hat er mit den Herausforderungen und dem Optimismus des Zauber- und Wundermärchens im Allgemeinen wenig zu tun.

Nach 1970 legte man gerne bei der Bearbeitung von Märchen besonderen Wert auf schwankhafte Züge: Am bekanntesten sind die Bearbeitungen von Janosch (vgl. Janosch erzählt Grimms Märchen 2006), doch haben die echten Volksmärchen auch diese Änderungsversuche unbeschadet überlebt.

8.4   Fabel

Bei der Fabel handelt es sich um eine Didaktik als epische Kurzform, in der eine praktische Lebensweisheit des Volkes verpackt ist. Ein moralischer Lehrsatz wird als anschauliche Kleingeschichte gestaltet, oft hierbei als Erzählung aus der Tierwelt. Fabel meint in diesem Zusammenhang eine Art verhüllter Rede und ist begrifflich von der Fabel im Sinne eines ›Plots‹, einer ›Story‹ als einem rekonstruierbaren Geschehen in einem Roman, in einer Erzählung o.Ä. zu trennen.

Die Fabel bedient sich einer anschaulichen, gleichnishaften Rede, und das Verstehen einer Fabel erfordert Einlassung auf Anspielungen, um die Kritik, z.B. an politischer Ungerechtigkeit oder gesellschaftlichen Konflikten, zu erkennen. Diese Botschaften müssen aus einer für Fabeln (und Parabeln) typischen anschaulichen Bildersprache abstrahiert werden (vgl. Eich 1984, S. 365–368). In der Regel wird in einer ersten zielgerichteten Handlung jemand benachteiligt. Es folgt eine Gegenhandlung mit anschließender Pointe und Erkenntnis (›Lehre‹). Dieser Aufbau unterscheidet sich von dem des Märchens. Gemeinsam sind Fabeln und Märchen aber Eindimensionalität, Flächenhaftigkeit, Allverbundenheit bzw. freie Kombinierbarkeit der Figuren und Polarisation.

Fabeln werden in so gut wie jeder Kultur erzählt. Der phrygische Sklave Äsop, vermutlich nur von literarischer Individualität und im 6. Jahrhundert vor Christus lebend, gilt als der »Erfinder« der Fabeln. Mischformen als Märchen mit Fabelzügen (z.B. »Der Löwe und die Maus«, ein altägyptisches Märchen) werden eher als nachdenkenswerte Tiergeschichten empfunden (Detaillierteres zu Fabeln z.B. in Diethmar 1978).

8.5 Ätiologien

Ätiologien (Erklärungsgeschichten) in mündlich tradierten Volkserzählungen versuchen, Beziehungen zwischen Erzählinhalten und äußerer Wirklichkeit herzustellen: Eine Dauererscheinung der Natur wird aus einem früheren, einmaligen Ereignis als angeblicher Ursache erklärt (sog. Naturätiologie), so z.B. das besondere Aussehen von Früchten, Dingen oder Tieren, Verhaltensweisen von Tieren und Menschen, Naturerscheinungen wie Sonne und Mond oder die Erklärung, wie der Tod in die Welt kam. Auch schildern z.B. (Kultur-)Ätiologien ein Ereignis als Ursache für Bräuche, Traditionen, soziale Gesetze (warum Lügen verpönt ist, warum man seinen ersten Fang teilen soll oder ein bestimmtes Fest feiert). Volks- und Völkerkunde beziehen ihre Stoffe u.a. aus solchen Motiven, und auch in Märchen kommen ätiologische Züge vor. Oft gibt es in Ätiologien ein ›schlechtes‹ Ende, wobei Mythen und Sagen eingreifen: Eine paradiesisch geordnete Welt verändert sich z.B. durch einen unglücklich verlaufenden Eingriff in den Urzustand (vgl. Röhrich 1974/2001, S. 27f., 53, 94f., 252f.), sodass sich das Leben der Menschen wandelt und dabei mühsamer wird.

8.6 Naturvölkergeschichten

Naturvölkergeschichten umfassen Elemente von Märchen, Mythen, Sagen, Ätiologien, Fabeln, anderen Tier- oder Belehrungsgeschichten mit verschiedenen Gewichtungen und sind noch nicht nach verschiedenen Textsorten aufgegliedert, wie man dies vom europäischen Kulturraum kennt. In ihnen spiegelt sich das Leben noch in seiner Ganzheit: mit seinen Beziehungen zu Jenseits und Diesseits, zu Ursprüngen von Natur- und Kulturerscheinungen, zu moralischen Wertungen und Unterweisungen, zu Traditionen oder gesellschaftlichen Positionen. In Naturvölkergeschichten finden sich Motive von geglaubter Wirklichkeit, die sich z.B. mit Jagdzauber, Knochenlegung zur Wiederbelebung, Geburtsvorstellungen, Heirats- und Kulturproben, Totenbräuchen (als Stoffe der Völkerkunde) befassen. Sie erzählen auch Geschichten mit schlechtem Ausgang und entsprechen selten dem Wesen der Zaubermärchen als Erzählungen mit optimistischem Grundton und Erzählungen der Glückserfüllung (vgl. Röhrich 1974/2001 und 2002).

8.7 Mythos, Mythologie

Mythologie bezeichnet die wissenschaftliche Erforschung, Darstellung und Begründung des Mythos. Mythos selber meint die Gesamtheit der Sagen und Geschichten von Göttern, götterähnlichen Wesen und entsprechenden Helden, von Weltschöpfern und Heilbringern. In bildhaft-anschaulicher Sprache werden altüberlieferte Erzählungen von urzeitlichen Ereignissen vergegenwärtigt, wobei der Mensch (besonders jener der Frühgeschichte, alter Hochkulturen und Naturvölker) sich selber, die Gemeinschaft und das Weltgeschehen sinnfällig-bildhaft zu deuten versucht.

> *»Die über das Individuum hinausgehende Bedeutung und allgemeingültige Aussage für Sippe, Stamm, Volk und Gemeinschaft dient der Weltdeutung und Lebensorientierung«* (Bellinger 2000, S. 345).

Eine der ursprünglichen Gemeinsamkeiten von Märchen und Mythen, die sinn- und wertgebende Vorbilder bieten, liegt vermutlich in der Ableitung von Initiations- und Übergangsriten oder im symbolischen Ausdruck hierfür. Die Völkerkunde kennt z.B. Bräuche der Primitiven wie Pubertätshütten, Werbungs-, Hochzeits- und Totenbräuche, die Erfüllung von Kulturaufgaben bei der Werbung (Feld bestellen, Hütte bauen, jagen) und Mutproben, um mannbar zu werden bzw. als reife Frau anerkannt zu werden. Wir können sie symbolisch im Märchen wiederfinden, beispielsweise in den schweren Rätseln oder Prüfungen, wenn der Held in einer Nacht säen, ernten, mahlen und Brot backen oder einen Wald pflanzen, abholzen und damit ein Haus bauen soll. Solche Motive weisen Bezüge zu Mythen und zur Völkerkunde auf. Dabei gestalten Mythen weniger das persönliche als das gemeinschaftliche Leben in seinen naturhaften, geschichtlichen, sozialen und kulturellen Zusammenhängen. Die Verbindung von Mythen mit geglaubter Wirklichkeit, Ätiologien und Naturvölkererzählungen ist eng.

Das Scheitern des Helden ist in Mythen möglich; so haben Mythen oft einen pessimistischen Grundzug. Märchenhelden dagegen – und im Unterschied zu Mythen sind im Märchen die Heldinnen und Helden immer Menschen – gewinnen am Ende, weil sie unter dem Schutz helfender Mächte stehen und angemessen zu handeln wissen (vgl. auch Röhrich 1974/2001 und 2002).

Nachdem bereits die Grimms das Märchen aus dem Mythos herleiteten, betont auch Friedrich von der Leyen: *»Das Märchen ist die verspielte Tochter des Mythus.«* Karl Justus Obenauer definiert: *»Ein Märchen in engerem Sinn liegt da vor, wo aus dem Schatzhaus halb mythischer, halb magischer Bilder unter den Gesetzen epischen Erzählens diese scheinbar so kunstlose Form entsteht«*, und Jan de Vries vermutet die Stelle seiner Entstehung überall da, wo eine mythische Kultur in eine rationale übergeht (vgl. Lüthi 1992, S. 104).

8.8   Kunstmärchen

Unter Kunstmärchen versteht man märchenhafte Geschichten mit fantastischen Elementen, wie sie Dichter der Romantik, z.B. Novalis, de La Motte Fouqué, Ludwig Tieck, Brentano oder E.T.A. Hoffmann, in der Mitte des 19. Jahrhunderts z.B. Mörike, Keller oder Storm geschrieben haben: Kunstmärchen sind von namentlich bekannten Autoren geschaffen, haben deshalb als künstlerisches Werk eine endgültige Gestalt und sind auch literarischen Strömungen unterworfen. Als individuelle literarische Kunstwerke kann man ihnen die Begriffe der Ästhetik und Poesie zuschreiben. Verfasser von Kunstmärchen verwenden Muster der Volksmärchen und greifen deren Motive auf, gestalten diese dann aber nach eigenen Vorstellungen dichterisch weiter.

Kunstmärchen verfügen nicht über den hohen Grad an Abstraktion, Flächenhaftigkeit und Eindimensionalität wie Volksmärchen. Jenseitiges und Diesseitiges wirken als Erlebniswelten wahrnehmbar voneinander geschieden. Dämonische Elemente und Motive wie der Wald, Wesen aus dem Wasser (Nixen, Undinen) oder Vermischungen von Realistik und Traum und insgesamt die Ansiedlung im Bereich des Wunderbaren kennzeichnen Kunstmärchen, ebenso räumliche und zeitliche Festlegungen. Die Sprache will i.d.R. nicht wie im verschrifteten Volksmärchen eine Illusion von Mündlichkeit erzeugen; sie ist bewusst künstlerisch ausgestaltet. Auch Kunstmärchen besitzen einen hohen Aufforderungscharakter für Auseinandersetzungen mit ihren Inhalten, für literarisches Lesen und zur Anregung von Fantasie (vgl. für Details z.B. Klotz 2002; Wührl 2003).

Im deutschen Sprachraum sind vornehmlich die Märchen des dänischen Dichters Hans Christian Andersen bekannt (z.B. »Das Feuerzeug«, »Der kleine und der große Klaus« oder »Die Prinzessin auf der Erbse«). Anfangs noch dem Volksmärchen eng verbunden, entwickelte Andersen bald eine eigene Erzählweise und schuf weitere Kunstmärchen wie z.B. »Die Nachtigall«, »Die Schneekönigin«, »Des Kaisers neue Kleider«, »Das kleine Mädchen mit den Schwefelhölzern« oder »Das hässliche junge Entlein«. Stil und Sprache sind bei ihm volkstümlich-wirklichkeitsnah. Seine Märchen werden gerne auch in andere Medien umgesetzt, ebenso wie die fantastischen Geschichten von Wilhelm Hauff, die sich ungebrochener Beliebtheit erfreuen, z.B. »Die Geschichte von dem kleinen Muck«, »Die Geschichte vom Kalif Storch«, »Zwerg Nase« oder »Das kalte Herz«. Hauffs Märchen gelten als die am meisten verbreiteten deutschen Kunstmärchen.

Im 20. Jahrhundert wurden Kunstmärchen unter neuen Akzenten aufgegriffen, z.B. mit gesellschaftlichen Gegenentwürfen, durch Einbezug der technischen Welt oder durch eine Betonung kreativer, sozialer, auch parodierender Ideen (vgl. Braak/Neubauer 1990, S. 218f.). Einen zeitlosen Stellenwert nimmt in der neueren Literatur gewiss »Der kleine Prinz« von Saint-Exupéry ein.

8.9   Zusammenfassende Aspekte

Die zitierten Erzählgattungen offenbaren auf je eigene Weise, wie sich der Mensch mit Welt und Wirklichkeit, mit dem Diesseits, Jenseits und dem magisch-mythischen Raum auseinandersetzt und darin sich selbst zu finden sucht. Im Gegensatz zu Sage oder Legende braucht das Märchen keine Bindung an die Wirklichkeit. Es individualisiert nicht wie Sagen mit Einzelschicksalen, es zwingt nicht und verbreitet keine dogmatischen Lehren. Es wirkt schwerelos und klar, da es abstrahiert, fordert jedoch mit seinen symbolischen Verdichtungen geistig heraus. Mit seinen Protagonisten als Typen wird offenbar eine ›innere Wirklichkeit‹ gezeigt.

Das Märchen kann jenseitige Welt nicht erklären, aber es zeigt deren sinnvolles Wirken, wenn von dort Wesen oder Ereignisse gerade im richtigen Moment in die Handlung eingreifen und wieder verschwinden, sobald sie nicht mehr gebraucht werden. Die Vorgänge haben damit bestimmte Funktionen, weshalb Heldinnen und Helden auch unbeschadet ins Totenreich und wieder heim gelangen, wenn abgeschlagene Körperteile sich ›einfach so‹ regenerieren und Wunder geschehen: Solche Vorgänge überwinden die logischen Gesetze unserer alltäglichen Realität und ›meinen‹ Tiefgründiges, das sich bildlich präsentiert.

Psychologisch besteht ein großer Unterschied zwischen Märchen und den anderen Textsorten: Das Märchen erzählt uns nicht vom Sieg über andere, sondern – symbolisch – über sich selbst. Der Rezipient bleibt dabei frei und kann durch Nachdenken eigene Positionen gewinnen. Auch dieser psychologische Aspekt kommt uns als Möglichkeit entgegen, Funktion und Bedeutung des Märchens zu verstehen, d.h. neben literatur- und medienwissenschaftlichen, soziologischen, mythen-, religions-, volks- und kulturkundlichen Komponenten auch eine entwicklungs- und tiefenpsychologische wahrzunehmen. Der Märchenmensch entwickelt sich im Diesseits und gewinnt hier Unabhängigkeit und inneres Glück. Solch optimistische Ausblicke bieten andere epischen Kleinformen selten: Helden der Mythen, Sagen und Legenden erleben nicht nur Erhebung und Unsterblichkeit, sondern auch Verdammung und Tod.

Märchen kann man als Geschichten verstehen, die in sprachlichen Bildern symbolisch eine Persönlichkeitsentwicklung und Ich-Integration beschreiben und sich – fantasieanregend – zum Nachdenken und Mutmachen eignen. Außerdem bilden sie: Sie bergen ein Wissen, das auch volks- und völkerkundliche Elemente, Geschichtliches, Kulturelles, Soziales und Rechtsfragen einschließt. Zauber- und Wundermärchen sind reine Dichtung. Ihre Ausgestaltung kann nur auf einer höheren Kulturstufe entstanden sein – zu einer Zeit, als der Mensch bereits zu Sublimation und Abstraktion fähig war (vgl. hierzu Lüthi 1992).

Teil II
Gestaltungsvorschläge

1. Allgemeine Vorbemerkungen

Die nachfolgenden, ganz unterschiedlichen Vorschläge für Märchengestaltungen sind als Denkanstöße gedacht. Das bedeutet, dass die entsprechenden Gestaltungsideen natürlich auch – sofern geeignet – auf andere Märchen (bzw. Geschichten) übertragbar sind. Die einzelnen Vorschläge wie Collagen, Inszenierungen, Textbilder, Fabulieren lassen sich ergänzen, austauschen, variieren und selbstredend auch an besondere Gruppierungen oder Lerngemeinschaften anpassen, beispielsweise an solche mit Körperbehinderten, an Interessengemeinschaften oder Kranke. Exemplarisch werden möglichst verschiedene Beispiele gezeigt, jeweils mit – auswechselbaren – Schwerpunkten.

Den Vorschlägen liegen Erfahrungen aus einem Zeitraum von gut dreißig Jahren mit verschiedenen Gruppen zugrunde: mit Vorschul- und Kindergartengruppen, Grundschulklassen, Spielgemeinschaften verschiedenen Alters, mit Haupt- und Realschülern, auch Gymnasiasten und intensiv mit Junglehrern und Lehramtsstudierenden im Tages- und Blockpraktikum.

Der pädagogisch-didaktische Rahmen wurde bereits vorgestellt. Als Pädagoge spürt man mit der Zeit, sofern man auf die Reaktionen der Zuhörerschaft achtet, welche Märchen gerade geeignet sind und ob man seine Akzente mehr auf Hören, Gespräche und Erzählen oder auf kognitives Lernen setzen möchte, ob auf künstlerisches und expressives Gestalten oder auf Selbsterfahrung.

Die Vorschläge lassen sich schwierigkeitsgestuft einsetzen. Pantomimen beispielsweise können bei Grundschülern inhaltliches Verstehen anbahnen, Ältere dagegen werden damit konkret inszenieren und auch Ambivalenz differenziert körpersprachlich ausdrücken. Oder: Jüngere thematisieren bei Gesprächen bereits eigene Einstellungen über als problematisch empfundene Märchenmotive (wie z.B. Aussetzung, Strafen), Ältere können hierbei auch Kenntnisse über alte Rechtsprechung, Brauchtum oder fremdartige Denkformen einbeziehen. Jüngere lesen und schreiben eher kürzere Texte, Ältere dagegen sind zunehmend in der Lage, sich bewusst poetisch, ironisch, wortschöpferisch auch in größeren Zusammenhängen auszudrücken.

Auseinandersetzungen mit Märchen können bei der Entwicklung von Lese- und Schreibkompetenz, sprachlichen Fähigkeiten, Empathiefähigkeit, sozialer Kompetenz, bei der Vorbereitung auf höhere Literatur und bei eigener Reflexionsfähigkeit einen beachtlichen Gewinn zeitigen. Erzwingen lässt sich dieser allerdings nicht: Der Spaß am Umgang mit Märchen bleibt am besten durch angemessenes Maßhalten bewahrt.

Die folgenden Märchenkapitel sind nach einem einheitlichen Schema aufgebaut:

- Märchentext (sofern es sich um ein weniger bekanntes Märchen handelt) und Anmerkungen dazu
- Interpretation des Märchens
- Spiel- und Gestaltungsvorschläge.

Die methodischen Hinweise zur *Einstimmung* sollen helfen, eine Atmosphäre der Ruhe und Aufnahmebereitschaft herzustellen, und sind vor allem für die Arbeit mit jüngeren Kindern (Kindergarten- und Grundschulalter) gedacht.

2. Märchen

2.1 Hänsel und Gretel

Zielgruppe: Ab etwa 5 Jahren, teilweise für Ältere.

Schwerpunkte: Sprechen und Erzählen, auch mit bildlicher Gedächtnisstütze · Assoziationsrunde und bildhaftes Gestalten · Rollenspiele für Jüngere · Lesevortrag durch ältere Schüler · Klangillustration und einfache Notation als Partitur · Bilderbuch mit Text für Schreibunkundige · Bilderbuch mit Text für Schreibkundige und weitere Tipps

2.1.1 Märchentext und Anmerkungen

»Hänsel und Gretel« ist ein sehr bekanntes Märchen, dessen Text in jeder Märchenausgabe enthalten ist. Er wird deshalb hier nicht abgedruckt. In den KHM findet sich das Märchen unter der Nummer 15, im Kleinen Typenverzeichnis unter AaTh/ATU 327 A (Röth 1998, S. 38f.) (vgl. Teil I, Kap. 1.1 und 1.2). Das Märchen kommt in Varianten im gesamten europäischen Raum vor, in verwandter Form sogar weltweit. Teilstücke finden sich bereits im »Erdkühlein« von Montanus (um 1560), »Nennillo und Nennilla« von Basile (1636), »Le petit poucet« von Perrault (1697), im Feenmärchen »Finette Cendron« von Madame d'Aulnoy (1698), »Das Brüderchen und das Schwesterchen« von J. u. W. Grimm (in der Urfassung von 1810), »Das Eierkuchenhäuslein« von August Stöber (1842) u.a. (vgl. auch Uther 1996, Bd. 4, S. 32–35 und Rölleke 1984, Bd. 3, S. 25, S. 448; Ranke 1977, Bd. 6, S. 498–509).

Didaktische Ansätze bieten auch Illustrationen von Ludwig Emil Grimm, Ludwig Richter, F. Pocci oder von modernen Künstlern, Bilderbögen des 19. Jahrhunderts, Reklamen, Parodien oder die Märchenoper von Engelbert Humperdinck (1893).

2.1.2 Interpretation (nach Bruno Bettelheim)

Die hier vorgestellte Interpretation nach Bruno Bettelheim ist ein Beispiel für psychoanalytische Deutung.

Im Märchen »Hänsel und Gretel« werden Probleme und Wege gezeigt, wie der Mensch durch die notwendige Begegnung mit der Welt ›draußen‹ zu einer selbstständigen Persönlichkeit gelangen kann. Meidet er aktive Auseinandersetzungen, so bewegt er sich auf einem Weg der Passivität und wird abhängig von anderen. Diesen Weg gehen Hänsel und Gretel, denn sie finden nach der ersten Aussetzung mithilfe der ausgestreuten Kieselsteine noch einmal aus dem finsteren Wald nach Hause. Hier wird eine frühkindliche Entwicklungsstufe angesprochen, in der orale Wünsche noch eine wesentliche Rolle spielen, die aber langsam abgebaut werden müssen, um reifen zu können. Bettelheim beschreibt die orale Situation dieser Kinder so:

»Das Märchen drückt in Worten und Handlungen aus, was sich im Kopf von Kindern abspielt. Gemäß der Hauptangst des Kindes glauben auch Hänsel und Gretel, daß ihre Eltern einen Plan aushecken, sie auszusetzen. Ein kleines Kind, das in dunkler Nacht hungrig aufwacht, hat schrecklich Angst, verschmäht und in Stich gelassen zu werden, was es als Angst zu verhungern erlebt. Hänsel und Gretel projizieren ihre Angst auf die Eltern, von denen sie fürchten, sie könnten sie verstoßen, und sie sind daher überzeugt, daß diese sie verhungern lassen werden. In Übereinstimmung mit diesen kindlichen Angstphantasien erzählt denn auch die Geschichte, daß die Eltern bis dahin in der Lage waren, ihre Kinder zu ernähren, daß aber jetzt magere Zeiten angebrochen sind. Die Mutter repräsentiert für die Kinder die Quelle der Nahrung, und dementsprechend erleben Hänsel und Gretel jetzt, daß die Mutter es ist, die sie gleichsam mitten im wilden Wald allein läßt. Es ist die Angst und tiefe Enttäuschung des Kindes, wenn die Mutter nicht länger bereit ist, orale Wünsche zu erfüllen, die es zu der Annahme verleitet, seine Mutter sei plötzlich lieblos, selbstsüchtig und ablehnend geworden« (Bettelheim 1977, S. 151).

Bei Hänsel und Gretel kann man jene orale Fixierung erkennen, zu der sie die Angst vor dem Verhungern treibt: Streut Hänsel beim ersten Mal noch weiße Kieselsteine, so verliert er in seiner Angst beim zweiten Mal bereits die Fähigkeit, klar zu überlegen: Offenbar denkt er nur noch an Essbares und sieht darin einen Ausweg, obwohl ja doch die Vögel das ausgestreute Brot aufpicken werden. Mit dieser Fixierung verliert Hänsel (und mit ihm Gretel) seine Initiative. Das aber ist – immer in der psychoanalytischen Sichtweise – der Weg in ein passives Verbleiben im Kleinkindhaften, in eine Regression. Hänsel und Gretel müssen noch lernen, mit Ängsten, Problemen und ebenso mit Lernaufgaben fertig zu werden und orale Wünsche zu sublimieren: Auch gegen seinen Willen wird das Kind von der Welt der Erwachsenen, vorab von den Eltern, dazu gezwungen.

Diese inneren Erfahrungen in den ersten Lebensjahren werden vorrangig mit der nahrungsspendenden Mutter und weniger mit dem Vater gemacht: Sie ist es zumeist, die stillt, umsorgt, nährt. Die unterschiedliche Rolle von Mutter und Vater kommt im Märchen von Hänsel und Gretel symbolisch zum Ausdruck. Der Vater erscheint eher kraftlos, die Mutter dagegen tritt ihren Kindern sehr ambivalent entgegen: Als die zuerst Spendende, Liebevolle, dann als Selbstsüchtige und Gefühllose, schließlich gar als mörderische Hexe.

Das Irren im Wald zeigt symbolisch die Suche der Kinder nach ihrem Ich. Am Ziel steht jedoch vorläufig ein Rückfall in die orale Regression, denn das Lebkuchenhaus stellt ein genusssüchtiges Leben auf der Stufe einfachster Befriedigung dar: Nehmen, Schlingen, Habenwollen, zumal die Kinder bei der Hexe zuerst denken, sie wären wie im Himmel. Mit ihrer Gier zerstören sie aber letztlich das, was sie doch beschützen sollte, und mit der Zerstörung des Häuschens droht symbolisch auch die Zerstörung der eigenen Persönlichkeit. Die Ansprüche der Kinder wirken für sie selbst und ihre Umgebung auszehrend.

Das Haus, insbesondere ein Lebkuchenhaus, kann als Symbol der lebens- und nahrungsspendenden Mutter gesehen werden. Trotz der warnenden Stimme aus diesem Haus: »Knusper, knusper, kneischen« (das nach außen gerichtete Gewissen) geben sich Hänsel und Gretel bedenkenlos dem Genuss hin, ohne der Folgen zu achten. Essen und gefressen werden: Wer so unbeherrscht vom ›Häuschen‹ zehrt, sich so hemmungslos den Impulsen des Es hingibt, der gerät in die Gefahr, von einer ›Hexe‹ als »*Personifikation der destruktiven Aspekte der Oralität*« (Bettelheim 1977, S. 153) zerstört zu werden.

Kindern wird auf einer weiteren Ebene im Märchen symbolisch bewusst gemacht, dass Erwachsene ihre Gelüste mehr beherrschen müssen als unerfahrene Kinder wie Hänsel und Gretel. Kinder dürfen noch Fehler machen. Deshalb stirbt am Ende auch die Hexe (das Böse wird überwunden), während sich die Kinder retten können: Aus der akuten Gefahr heraus, von der Hexe verschlungen zu werden, erkennen Hänsel und Gretel, dass sie nur entkommen können, wenn sie aktiv planen; wenn sie also anfangen, dem Ich gemäß und kritisch zu denken. Und so finden sie einen Weg in die Freiheit: mit List (das Knöchlein als Finger) und durch Überrumpelung der Hexe (mit Gretels vorgetäuschter Unwissenheit).

Nachdem die Märchenkinder nun (symbolisch) durch ihre eigene Initiative auf ein höheres Entwicklungsstadium gelangt sind, machen sie eine neue Mutterentdeckung: Hinter der Hexe als der destruktiven Seite des Mutterbildes wird wieder die ›gute‹ Mutter sichtbar. Objektivierung hierfür sind (nach Bettelheim) die Edelsteine der Hexe. Durch diese Schätze, die als Sinnbild wertvoller seelischer Gaben auf die Kinder übergehen, können sie mit ihren Eltern endlich ein sorgloses Leben führen, denn mit der Befreiung von der Hexe, dem (von den Kindern subjektiv empfundenen) bösen Mutteraspekt, finden sie kraft der Schätze einen neuen, gereiften Zugang zu den Eltern.

Bettelheim setzt sich mit weiteren Motiven auseinander. Weiße Vögel spielen im Märchen eine bedeutsame Rolle: Sie verkörpern symbolisch Intuitionen, Ideen, Geist (vgl. weiße Tauben in der christlichen Symbolik und Friedenstaube). Die Vögel bei Hänsel und Gretel verhindern durch das Aufpicken der Brotkrumen eine Rückkehr aus dem Wald. Ein weißes Vöglein führt sie dann zum Hexenhäuschen und damit zur großen Auseinandersetzung, und die weiße Ente (in einer anderen Version ein weißer Schwan) trägt sie auf dem Heimweg übers Wasser. In Ludwig Bechsteins Fassung warnt ein weißes Waldvöglein sogar vor den bösen Absichten der Hexe und wirft später zusammen mit anderen Vögeln aus seinem Nest auf dem Dach des Häuschens bunte Steine und Perlen in Gretels Schürze. In Grimms Märchen liegen die Schätze in Kästen versteckt.

Zuhörende Kinder bemerken durchaus, dass die Vögel auf ihre Weise einen bestimmten Zweck verfolgen und die Märchenkinder mit Absicht erst zur Hexe und dann wieder heimführen. Dabei warnen, lenken, beschenken und helfen sie – sie sind ein die Entwicklung vorwärtstreibendes Moment. Sie weisen symbolisch den Weg zur Auseinandersetzung und damit zur Selbstständigkeit.

Das Elternhaus ›vor dem großen Wald‹ und das Hexenhaus im tiefen Wald vertreten im Unbewussten die beiden Aspekte des Elternhauses: hier das Haus, das eine liebevolle, gebende Mutter birgt, und dort dasjenige, das plötzlich Enttäuschung und Angst erregt. Symbolisch mag das bedeuten, dass die Kinder ihre Konflikte altersbedingt nun auf einmal an einer Mutter erleben, die nicht mehr allzeit zugegen sein wird. Mit ambivalenten Gefühlen empfinden sie sie plötzlich auch als enttäuschend; symbolisch als Hexe. Die getrennten Aspekte im Eltern- und Hexenhaus stellen im Grunde eine Gesamterfahrung dar, wie sie jedes Kind erlebt und wie das auch im Märchen verstanden werden kann.

Auf dem Heimweg gibt es noch ein Hindernis: Das große Wasser, von dem auf dem Hinweg nicht die Rede war. Dieses Hindernis deutet symbolisch einen Übergang und Neubeginn auf einer gehobenen Existenz an (vgl. Symbolik ›Wasser‹ und Taufe). Dass sich die Kinder für die Überfahrt einzeln vom Schwan (der Ente) hinübertragen lassen, zeigt nicht nur Rücksicht auf das Tier an, sondern auch, dass sie nun selbstständig vorgehen und ihr Leben als eigen empfinden (in der kindlichen Entwicklung entspricht dies dem Übergang ins Schulalter). Damit haben sie sich von ihrer ›oralen Fixierung‹ befreit. Mit ihren Schätzen sind sie sogar zu einer wichtigen Stütze in der Familie geworden, wobei die Schätze symbolisch ihr Selbstvertrauen und ihre neu erworbene Unabhängigkeit im Denken und Handeln verkörpern. Ganz allgemein ist solches gegenseitiges Vertrauen und Hilfsbereitschaft ohne Unterschied des Geschlechts bei heranwachsenden Kindern nötig.

Das Märchen endet mit einem Elternhaus in neuer Sicherheit – nicht mit einem Glück in weiter Ferne: Letzteres entspräche einer älteren Reifestufe. Kleine Kinder müssen ihre oralen und ödipalen Probleme bewältigen, solange sie von den Eltern abhängig sind. Nur in einer guten Eltern-Kind-Beziehung ist es möglich, im richtigen Maße und mit dem nötigen Rückhalt in die Adoleszenz zu reifen. Im Laufe des Prozesses von der Abhängigkeit zur Ablösung gelingt es, auf höhere Ebenen des psychologischen und intellektuellen Seins zu gelangen – so Bruno Bettelheim.

Das Märchen von Hänsel und Gretel macht Kindern Mut, sich mit Problemen auseinanderzusetzen und sich den Fantasieprodukten der eigenen Angst zu stellen, auch wenn Ängste bis zur Vorstellung einer grausam wirkenden Hexenbegegnung mutieren. Ängste, die objektiviert werden, können bewältigt werden; sie erhalten konkrete Gestalt und werden dadurch ›greifbar‹, ›fassbar‹. Die neu gewonnene Selbstständigkeit verweist schließlich auf eine neue innere Einstellung zu Eltern und Umwelt. Die Kinder fühlen sich nicht mehr in Stich gelassen und brauchen auch nicht mehr vom ›Lebkuchenhaus‹ zu zehren. Sie müssen keine Hexe mehr fürchten, stattdessen können sie nun Mut durch gegenseitige Unterstützung finden – die alleinige, kleinkindhafte Abhängigkeit von den Eltern ist überwunden.

Bettelheims treffender Schlussabschnitt sei hier zitiert:

»Eine Hexe, die aus den Angstphantasien eines Kindes geboren ist, wird es verfolgen; aber eine Hexe, die man in ihren eigenen Ofen stoßen und verbrennen kann, ist eine Hexe, von der das Kind sich befreit glauben darf. Solange Kinder an Hexen glauben –

wie sie es immer getan haben und immer tun werden, bis sie so alt geworden sind, dass sie sich nicht mehr gezwungen sehen, ihren gestaltlosen Ängsten eine menschenähnliche Gestalt zu geben – sollte man ihnen Geschichten erzählen, in denen gescheite Kinder es fertigbringen, sich von solchen Verfolgerfiguren ihrer Phantasie zu befreien. Wenn ihnen das gelingt, haben sie davon – genau wie Hänsel und Gretel – einen ungeheuren Gewinn« (Bettelheim 1977, S. 157).

2.1.3 Spiel- und Gestaltungsvorschläge

Einstimmung: Die Zuhörer setzen sich bequem im Erzählkreis zurecht. Man gibt einen runden Schmeichelstein o.Ä. an den rechten Nachbarn. Der nimmt ihn mit der linken Hand entgegen, legt ihn sich in seine rechte Hand, umschließt ihn, reicht ihn dann in die linke Hand des rechten Nachbarn weiter usw. Wer den Stein erhalten und weitergegeben hat, ist im Märchenland und spricht nicht mehr. Nach der gesamten Runde sind alle leise und zuhörbereit.

Sprechen und Erzählen, auch mit bildlicher Gedächtnisstütze

Gesprächseröffnung

Die folgenden Hinweise gelten für alle Märchen und alle Altersgruppen.

Nach dem ersten Erzählen oder Vorlesen des Märchens bleiben bei Kindern starke Eindrücke zurück. Sie brauchen deshalb eine Chance, sich äußern zu dürfen. Ein kleines oder intensiveres Nachgespräch kann hier auffangen, was Kinder beschäftigt oder beunruhigt. Pädagogen sollten aber anfangs keine direkten Fragen stellen und keine Gefühle oder Meinungen abfragen: Hörer können zwar mit den Bildern aus ihrer eigenen Vorstellungswelt leben, auch mit den grausamen. Schwer ist es aber, damit verbundene Assoziationen, Erinnerungen und persönliche Gefühle gleich zu verbalisieren und anderen – als ein Stückchen Privatheit – weiterzusagen. Hörer – egal welchen Alters – bewegen sich zuerst wie in einem Schutzraum ihrer eigenen Bilder und Emotionen, die im Übrigen anfänglich oft auch eher ungenau und als etwas global ›Gemeintes‹ im Geiste auftauchen. Deshalb laufen erste Gespräche nach Erfahrung vieler Lehrkräfte am Beginn häufig so scheinbar zäh.

Diesem sensiblen Zustand kann man als Pädagoge – neben der nötigen Geduld und Zeit für solche Gespräche – dadurch gerecht werden, dass man eigene Gefühle und Fragen als Impulse an den Anfang stellt, etwa: »*Was haben sich die Eltern da bloß gedacht! Ich glaube, heute käme so etwas nicht mehr vor!*« Oder: »*Also, eigentlich war die Hexe doch am Anfang richtig freundlich!*« Oder: »*Dass der Vogel die Kinder ausgerechnet zur Hexe geführt hat, finde ich sonderbar.*« Bei solchen Impulsen können Kinder Stellung beziehen: was sie meinen oder gehört haben; dass die Hexe doch nur scheinheilig tat o.Ä. Nun kann man nachhaken – das Gespräch kommt in Gang.

Auch bei Älteren, hier mit anderen Märchen, ist es oft nicht einfach, erste Scheu oder Ratlosigkeit zu überwinden. Sie sind aber offen, wenn man z.B. mit der Erläuterung alten Brauchtums oder früherer Rechtsprechung einsetzt, u.a. mit dem alten ›Recht‹ zur Kindesaussetzung durch den Vater (vgl. z.B. Laeverenz 2001). Insgesamt vollziehen Ältere das Märchen bereits auf symbolischer Ebene nach, Grundschüler teils real und teils auch schon mit Vergleichen oder einem ersten symbolischen Verstehen. Kindergartenkinder brauchen noch die schützende Vorstellung, dass die Geschichte so nur im Märchen vorkommt und (ihnen) nicht wirklich passiert.

Bildliche Gedächtnisstützen

Die Schlüsselszenen werden in einfachen Zeichnungen (Format: etwa 25 cm × 25 cm) festgehalten: entweder als Bildleiste, die man für alle sichtbar aufstellt und deren Handlungsfolge beim Nacherzählen, Inszenieren oder Verklanglichen erinnerlich wird. Oder: Man fertigt Einzelbilder an, die man im Erzählkreis nach und nach auslegt und auch als Einzelbilder in Arbeitsgruppen gibt: gleichsam als Arbeitsauftrag, der den Umfang der Szene umreißt. Grundschüler lernen bei dieser Technik, dass Handlungen auf wenige Zeichen oder Symbole verdichtet werden können und dass Symbole für etwas Gemeintes stehen.

Abb. 1 Bilderfolge zu Hänsel und Gretel

Der Vorteil bei Schlüsselbildern ist, dass der Inhalt über das Bildgedächtnis wachgerufen wird und dafür eigene Wörter und Satzkonstruktionen gefunden werden müssen. Beide Hirnseiten werden so zur Zusammenarbeit angeregt, und Kinder lernen, freier über ihre Sprache zu verfügen. Da Märchen einprägsame Sprachmodelle liefern, wird dieses Erzählen nach Bildern zu einem lernintensiven Ereignis, bei dem Wortschatz, Satzbau und Erzählfluss gewinnen.

Assoziationsrunde

Die Assoziationsrunde soll Mut zu eigener Vorstellungskraft und Fantasie machen: Man setzt sich in einen Kreis. Der Pädagoge beginnt (als Beispielgeber), mit ein bis zwei Sätzen (nicht mehr!) seine Vorstellung z.B. über Hänsel zu beschreiben. Dann darf jeder entsprechend kurz sagen, wie er sich z.B. Hänsel, später das Schwesterchen, die Mutter oder Hexe vorstellt. Anfangs zögerlich, weil keiner etwas Falsches sagen will, werden Kinder erfahrungsgemäß rasch mutig und übertreffen sich bald an Vorschlägen: Hänsel ist dann groß oder klein, trägt Jeans oder Shorts und ein buntes, einfarbiges, zerrissenes, langes oder kurzes Hemd, hat braune, blaue, graue Augen, blonde, dunkle, lockige, struppige Haare, läuft in Stiefeln, Sandalen, Socken. Ähnlich Gretel. Der Gewinn dabei: Jede Vorstellung gilt, denn jeder hat seinen eigenen Hänsel, seine eigene Gretel im Kopf. Wer sie nach *seiner* Vorstellung malt, hat es auf jeden Fall richtig gemacht. Dieses Verfahren eignet sich für alle Märchenfiguren, z.B. Prinzen oder Feen.

Mit solchen Assoziationen lösen sich Kinder und Jugendliche von Bildklischees aus Büchern, Comics und Filmen ab. Beim Streiflicht auf die Hexe sprudeln bereits eigene Ideen nur so über, nicht minder beim Hexenhaus, an dem alle Lieblingsspeisen hängen.

Bildhaftes Gestalten

Für die bildhafte Gestaltung ist jedwede Technik möglich, wobei Wachsmalstifte für Kleinkinderhände besonders geeignet sind. Das Motiv dürfen die Kinder selber wählen. Beim Malen werden die Inhalte erneut bewusst gemacht und an den persönlich eindrucksvollsten Stellen vertieft. Das Märchen wird wiederholt, wenn man mit den Kindern gemeinsam die Bilder in ihrer Handlungsfolge aufhängt.

Vorschläge für gemeinsame Aktionen:
- **Bunte Hexenhäuser als Einzelarbeit.** Jeder Winkel des eigenen Bildes soll mit Essbarem ausgefüllt werden. Kleinere Kinder bleiben hierfür i.d.R. auf der realistischen Ebene, ältere gehen auch zu einem ornamentalen Stil über. Zusammengestellt entsteht eine wunderbare Hexenhausstadt.
- **Gemeinschaftsarbeit Hexenhaus.** Jeder malt für sich essbare Artikel, schneidet sie aus und klebt sie auf die Fläche innerhalb einer großen, vorgezeichneten Hauskontur.
- **Die Hexe.** Jeder malt nach eigener Fantasie. Man kann die Hexe über eine Assoziationsrunde zu jeweils individueller Ausgestaltung führen, kann Hexenbeschreibungen nachlesen (die in Märchen in Wirklichkeit nicht sehr ergiebig sind) und Bilder ansehen (es gibt auch Fastnachtshexen!). Jeder darf sagen, was ihm bei einer

Hexe das Wichtigste ist. Am Ende werden die Bilder für ein großes Hexentreffen dekorativ zusammengestellt.

- **Hexencollage als Gemeinschaftsarbeit.** In einer großen Kontur werden für die Kleider Stoffreste, für die Haut Rupfen, raue Tapete oder Schmirgelpapier, für die Haare Stroh oder Wolle geklebt; für die Gesichtsteile, Finger und Füße Trockenmaterial wie Blätter, Zapfenschuppen, Blüten, halbierte Eicheln, Hagebutten o.Ä. Auch Knöpfe, Luftnoppen oder Reißnägel sind geeignet. Jeder übernimmt einen Teil und stimmt sich mit den Mitarbeitern im Nachbarfeld wegen der Übergänge ab.
- **Gesamtbild als Gemeinschaftsarbeit.** Auf einer großen Fläche werden Zonen für den großen, dichten Wald, für das Elternhaus außerhalb und das Hexenhaus im Wald, dazu das Wasser vom Heimweg angedeutet und dann von jedem mit Collageteilen (Papier, Stoff) ausgeklebt. Der Wald soll hierbei möglichst unterschiedliche Bäume und Pflanzen enthalten.
- **Wörterhexe.** Ältere Schüler (ab ca. 9 Jahre) können alle Flächen einer konturierten Hexe mit magischen Formeln, Gedanken, Zeichen usw. in verschiedenen Farben, Schriftarten und -größen ausfüllen.
- **Stimmungsbild in Farben und Formen** (ab ca. 10 Jahre). In horizontalen und vertikalen Linien werden Vorgänge und Gemütsbewegungen abstrakt farbig dargestellt, beginnend mit anfänglicher Geborgenheit über wachsende Unruhe, mit den Bedrohungen im Wald, dem Herumirren und der Angst bei der Hexenbegegnung, dann der Wut, Befreiung und Freude bis zur Beruhigung und Heimkehr. Es eignen sich u.a. ruhige, blaue Linien, dann unruhige, orange Zeichen, hart abgesetzte Braun-, Grün- und Lilatöne in Balken und Kreisen, durchzogen von nervösen Linien und Zeichen. Dem folgen z.B. gelbe, orange und rote Wellen, Spiralen und Zacken, wilde Wogen, Blitze, Zickzacklinien in Schwarz, Rot, Orange, Braun, Lila; schließlich der Übergang in helle Schwünge, Kreise und tänzerische Linien in Pastelltönen.

Rollenspiele für Jüngere und Ältere

Rollenwahl

Wichtig bei einem Märchen mit solch starken Motiven ist eine freie Rollenwahl der Kinder. Allzu gerne spielen sie eine richtig böse Hexe, auf die sie genüsslich negative Eigenschaften projizieren können, die sie aufblähen und furchterregend erscheinen lassen, um sie dann spielerisch in eine ohnmächtige Figur zusammensacken zu lassen und damit Macht über sie (und ihre Ängste) zu gewinnen. An den Hänsel- und Gretelrollen kann man Gefühle wie Ängste und Ratlosigkeit, Cleverness und Tapferkeit ausspielen. Mit den Elternrollen tun sich Kinder schwerer. Notfalls übernimmt der Pädagoge anfangs erzählend die Rolle. Kinder, die bereits eine Hexe oder andere Rollen gespielt haben, kann man bitten, Elternrollen zu übernehmen. Hier variieren sie gerne, um das unbegreifliche Tun der Eltern zu entschärfen.

Das Spiel

Die Kinder spielen sich einfach in die ersten Szenen hinein, benützen spielend den ganzen Raum, legen fest, wo Elternhaus und Wald sein müssten, stoßen dann auf das Hexenhaus, später auf das Wasser. Nach diesem ersten Anspiel nimmt man einen Rollentausch vor; die Spieler bewegen sich nun schon sicherer im Raum. Die Szenen ergeben sich kraft der klaren Handlungsstruktur von alleine. Zu einem späteren Zeitpunkt kann man ein Hexenhaus (Spielhütte im Zimmer oder Konstruktion aus Pappkarton) herstellen, das mit Bildern, Bonbonketten o.Ä. geschmückt wird. Auch das Elternhaus mit getrenntem Schlafraum der Kinder und Elternraum muss geplant werden. Das ›Baumaterial‹ sind z.B. Möbel und Decken, Stühle und Matratzen aus der Kuschel- oder Leseecke. Bei Geräuschkulissen können alle mit Körper- oder Umweltinstrumenten mitwirken: mit der Stimme für das Rauschen der Bäume oder Vogelstimmen, mit Handknöcheln für die Schritte, mit knisterndem Papier für Feuerprasseln, mit Wasserplätschern. Und viele Kinder beteiligen sich am Wald: Sie stehen dicht zusammen, recken die Arme und verwirren ihre Äste ineinander, sodass Hänsel und Gretel nur mit Mühe hindurchkommen.

Das nächste Spiel wird bereits konkreter. Die Kinder sollen ihre Rollen frei sprechen; den Schüchternen gibt man allerdings kleine Einstiegsformulierungen. So werden sie sprachlich sicherer. Rufe, Reime und magische Sprüche werden wörtlich wiedergegeben. Verkleidungsmaterial stellt man in einer Kiste für jedwede Spielmöglichkeiten zur Verfügung. Das Spiel endet mit einem Familienfest, an dem alle mitwirken: die Eltern und Kinder des Spiels, die Hexe, die nach dem Verbrennen ganz brav geworden ist und mitfeiert, die Bäume und Vögel, die den Tisch umringen. Dieses Spiel entwickelt sich zwanglos von selbst und könnte doch am Ende auch vorgeführt werden.

Variation · »Hänsel und Gretel« eignet sich sehr gut für ein Spiel im Freien, z.B. im Wald. Das wirkt allerdings für manche Kinder recht aufregend.

Im Freispiel arbeiten die Kinder erfahrungsgemäß das Märchen neu auf und ändern die Handlung bedürfnis- und wunschorientiert. Sie reden dann gerne im Konjunktiv: »*Ich tät jetzt Steine holen und der Vater merkt wieder nichts!*« – »*Du bist die Hexe und ich tät dich fangen. Und dann sind wir Freunde, damit du mich nicht essen musst.*« – »*Wir suchen jetzt nicht lange. Ich tät jetzt Bäume fällen und dann bleiben wir einfach im Wald und jagen da.*« – »*Los, wir fangen die Hexe und dann müssen wir sie in den Stall sperren. Und dann täten wir sie zähmen.*« (Originalton von Kindergartenkindern)

Lesevortrag durch ältere Schüler (ab ca. Klasse 3 bis 6)

Obwohl »Hänsel und Gretel« ein anspruchsvolles Märchen ist, lehnen ältere Grundschüler es eher ab: Das Märchen sei nur für kleine Kinder, meinen sie. Solche Meinung ist schade wegen der Symbolkraft, Dramatik und Lebensnähe dieser Geschichte.

Hier mögen folgende Tipps weiterhelfen, die auch exemplarisch als Zugehensweise auf andere Märchen verstanden werden können:

- **Ansatz und erste Erschließung.** Man klebt beispielsweise in eine Zeitung mit »Weltnachrichten« einige Schlagzeilen ein und liest sie vor: »*Alte Frau in Waldhütte verbrannt. – Junge und Mädchen verirrten sich beim Holzsuchen im Wald. – Zwei Kinder von ihren Eltern im Wald ausgesetzt. – Kinder beschädigten mutwillig eine Waldhütte. – Unheimliche Vorkommnisse im Wald.*« Kann so etwas vorkommen? Manch einer weiß hier wohl etwas zu berichten. Man lenkt von hier auf Märchen. Die Schüler kennen i.d.R. »Hänsel und Gretel«. In welcher Reihenfolge müssten die Schlagzeilen eigentlich stehen (erste Rekonstruktion der Märchenabfolge)? Warum handelten die Eltern so? Und was passierte beim Märchen im Wald und in der Waldhütte tatsächlich (weitere Rekonstruktionen)? Kennt jemand das Märchen von Anfang an (gemeinsames Nacherzählen)?

- **Lesen des Märchens.** Man gibt den Text aus und liest ihn gemeinsam. Es folgen Verständnisfragen, die man durch Nachlesen im Text präzisieren kann (zur Erleichterung alle fünf Zeilen eine Zeilennummer setzen): Welche Ausreden hat Hänsel denn beim Streuen der Steine und Brotkrumen bei seinen Eltern? Was spielt sich beim ersten, zweiten und dritten Mal im Wald genau ab? Welche Rolle spielen die Vögel? Wie finden die Kinder den Weg zum Hexenhaus? Wie wird die Hexe dieses Märchens beschrieben? Und welchen Weg nehmen die Kinder auf dem Heimweg? Zur Beantwortung muss man immer wieder im Text nachlesen.

- **Gespräch.** Die anfallenden Fragen, Probleme und Denkwürdigkeiten werden gemeinsam diskutiert. In diesem Alter gehen Kinder kritisch wertend und realitätsorientiert vor, akzeptieren aber auch zunehmend Bildvergleiche, Metaphern und Symbole als Deutungshilfe: Wie kommen Eltern zu solch feiger Tat? Kamen Kindesaussetzungen früher vor? Haben die verschiedenen Vögel eine Funktion? Gibt oder gab es Hexen? Wenn man der Hexe steckbrieflich Eigenschaften zuschreibt, was könnte sie dann symbolisch verkörpern? Begingen die Kinder Notwehr oder Mord? War das Einsammeln der Schätze nicht Diebstahl? Was geht in einem wohl vor, wenn man hungrig und ausweglos im Wald umherirrt oder der Weg an einem großen Wasser endet? Im Gespräch berührt man immer wieder die symbolische Ebene und kann Linien zwischen realistisch möglichem Vorkommen und symbolischer Aussagekraft ziehen. Damit wird das Verständnis für fiktionale Literatur erweitert.

- **Leseübung.** Die Schüler sind jetzt durch prüfendes Nachlesen und Reden über die Motive so vertraut mit dem Text, dass sie ihn eigentlich durch die Antizipationsmöglichkeit schon recht gut lesen können. Man verteilt als Nächstes die Textabschnitte. Jeder markiert sich, wie er seinen Abschnitt lesen würde. Er setzt z.B. Zeichen (Vorsicht, nicht zu viele!): da, wo die Stimme vorwärtsdrängen oder lauter werden soll, wo man wie ein Erzähler über Punkt oder Komma hinweglesen und wo man an Stellen ohne Satzzeichen dennoch kurz anhalten möchte. Der Lesetext bekommt so wieder einen Erzählton. In kleinen Arbeitsgruppen lesen sich die

Schüler gegenseitig ihren Abschnitt vor, begründen ihre Entscheidungen oder korrigieren sich, wo nötig.

- **Präsentation.** Es folgt ein durchgehender Textvortrag. Etwa jeweils vier Schüler stehen vor der Klasse. Der erste liest, hält sein Textblatt möglichst nur mit einer Hand und benützt die freie Hand für Gestik. Wenn er mit dem Text gut vertraut ist, kann er auch Blickkontakte mit den Zuhörern aufnehmen. Nahtlos schließt der zweite mit Lesen an, dann der dritte – inzwischen sind die ersten Schüler leise an ihren Platz zurückgekehrt, dafür haben sich der fünfte, sechste, siebte Leser leise nachrückend nach vorne in die Reihe begeben. Diese Geschichte kann man, begleitet von einer Bild- und/oder Klangkulisse, z.B. anderen Klassen, Kindergartenkindern oder beim Schulfest vorlesen.

Klangillustration

Eine Umsetzung des Märchens in Klänge und Geräusche sollte sich besonders bei jüngeren Kindern auf Klangillustrationen beschränken; gezielte Verklanglichungen sind i.d.R. zu schwierig. Ältere Schüler können anspruchsvolle Klangexperimente wagen und Stimme, Stimmung, Klänge, Töne und Geräusche differenziert zusammenführen.

- **Planung.** Am besten entwickelt man die Geräusche und Klänge gemeinsam mit den Kindern. Man geht die Möglichkeiten szenenweise durch, versucht und kontrolliert sie mit einer Tonaufnahme. Es handelt sich 1. um handlungsbegleitende Geräusche; (wie klingt ein Laufen, zögerliches Gehen, Vogelgezwitscher, Abbrechen von Lebkuchen und Zuckerscheiben, das Quietschen der Stalltüre, Jammern der Hexe ...), und 2. um Klänge, die auch Stimmungen widerspiegeln (Sorge, Ratlosigkeit, nervöse Eile, Mut, Angst, Freude ...).
- **Instrumente.** Benützt werden *Körperinstrumente*: Klatschen, Patschen, Stampfen, Pfeifen, Seufzen, Stöhnen, Zwitschern, Mit-Handknöcheln-Klopfen usw., *Umweltinstrumente*: Tischplatten, Kochlöffel und Kochtopf, nagelgefüllte Gläser, knisterndes Papier, Wasser ..., dazu *Orff- und andere gut einsetzbare Instrumente* wie Tamburin, Klangstäbe, Klangplatten oder Xylofon, Melodika, Triangel, Zimbel, Gong, Heulrohr usw.
- **Erprobung.** Gemeinsam wird differenzierend ausprobiert, wie wohl eine Hexe klingt, wenn sie schmeichelt oder schreit, wie es klingt, wenn die Mutter schimpft, die Kinder sich trösten, der Wald stürmisch wird ... Und wie klingt es, wenn der Vater zögert und die Mutter ärgerlich wird? Wenn die Gefahr beim Anschleichen der Hexe steigt? Wenn Gretels Angst wächst oder die Kinder sich immer mehr freuen, weil sie in der Ferne ihr Elternhaus erkennen? Hier werden Stimmungen gespiegelt und zugleich Hörbrücken geschaffen. Bei den Versuchen verwendet man *vereinbarte Handzeichen* für die Einsätze, für Forte und Piano, Anschwellen

und Abklingen, gehackte, weiche, lang gezogene oder ausschwingende Töne und für das Abschlusszeichen.

- **Zuordnungen.** Für Hänsel und Gretel z.B. höher und tiefer klingende Klangstäbe, für Mutter und Vater höher und tiefer klingende Tamburine oder Oktavräume auf der Melodika, für die Hexe eine Triangel, Gong, Kastagnetten, Fahrradklingel, Nägel in Blechdose, Schlüsselbundgeklapper, Heulrohr u.Ä., für das Feuer knisterndes Pergamentpapier, für den Wind ein Wischen über Klangplatten oder ein Heulrohr, Schritte mit dem Tamburin usw.

- **Anlegen einer einfachen Partitur.** Man wählt einfache Zeichen, z.B. gelbe und schwarze Farben, druckzarte und druckschwache Ausführungen für helle, dunkle, leise und laute Töne bzw. Geräusche. Die Verklanglichung wird szenisch schrittweise gemeinsam mit den Kindern notiert, damit sie den unmittelbaren Bezug zwischen Klängen und Notation erkennen. So verstehen sie auch bald, wie man ruhige, wilde, kurze, ausschwingende oder anschwellende Zeichen umsetzt. Beim Spielen braucht der Pädagoge nur noch auf die Zeichen zu zeigen und mit den vereinbarten Handzeichen z.B. schwingend, abgehackt, kräftig, »ganz klein« zu dirigieren. Es wird also nichts ›abgespielt‹, die Notation erinnert nur daran, *welches* Instrument *wie* eingesetzt werden soll. Die Kinder lernen mit der Partitur, Zeichen und Farben umzudeuten und inhaltsbezogen klanglich umzusetzen. Zur Kontrolle wird die Darbietung aufgenommen, korrigiert und am Ende z.B. auf CD gebrannt. Bei erneutem Abspielen erzählen die Kinder dazu.

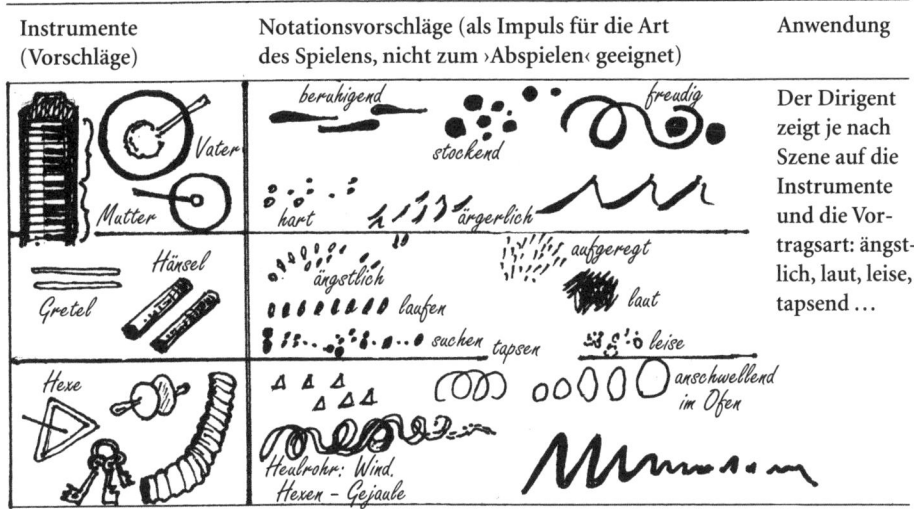

Abb. 2 Partitur für »Hänsel und Gretel«

Bilderbuch mit Text für schreibunkundige Kinder

Dieser Gestaltungsvorschlag eignet sich für die 1. Klasse der Grundschule, die Grundschulförderklasse oder den letzten Kindergartenjahrgang. An ihm realisiert sich, wie bei vielen Projekten, *ganzheitliches Lernen.* Es umfasst – dies ist gültig auch für alle weiteren Vorschläge und Projekte – das Vertrautmachen mit dem Inhalt auf verschiedenen Sinnesebenen: hörend und hinhorchend, sehend und anschauend, empfindend und mitfühlend, handelnd und sprechend, riechend und schmeckend; und dies alles beim Zuhören im Erzählkreis, beim Gespräch und der Beachtung anderer, beim freien oder gebundenen Rollenspiel, beim Verkleiden, Malen, Kommentieren und Fabulieren, Ältere auch beim Lesen und Texten. Ganzheitliches Lernen vollzieht sich bei Klangillustrationen und rhythmischen Erfahrungen, beim Bauen und Schmücken, Anrichten des Festessens, beim Planen und Begründen. Beide Hirnseiten, das ganze Stammhirn und der Körper werden aktiviert, die Sinneswahrnehmungen arbeiten vernetzt, und fächerübergreifend werden verschiedene Perspektiven eingenommen.

Im folgenden Vorschlag werden gezielt kognitives und soziales Lernen angeregt: durch gemeinschaftliches Arbeiten und das Umsetzen von Bildeindrücken in grammatikalisch korrekte Sätze für zusammenhängende Textabschnitte. Dies vollzieht sich anhand zweier Leitfäden: zum einen anhand des bekannten Märchens und zum anderen entlang der zuvor gemalten Bilder mit den ganz subjektiven Vorstellungen darin. Bei der Planung sollte man sich Zeit lassen. Jedes Kind ist körperlich, geistig und seelisch anders disponiert und braucht seine Zeit, um das Gehörte in eigene Denk- und Vorstellungsmuster zu überführen.

Ablauf

Die Kinder haben durch Gespräche, Malen und Spielerlebnisse das Märchen bereits emotional bearbeitet. Sie malen nun – jeder für sich – ihre Lieblingsszene. Als Technik eignet sich z.B. Wachsfarbe auf farbigem Tonpapier, wobei die Farbe zur helleren oder dunkleren Stimmung der Szene passend ausgewählt werden kann. Diese Bilder werden am Ende mit einem Lappen ›poliert‹, sodass ein weicher Glanzton entsteht, der das Bild geschlossener wirken lässt. Wichtig ist: Die ganze Fläche muss ausgemalt sein – dies ist für kleine Kinder nicht leicht!

Die Bilder werden in Handlungsfolge ausgelegt. Die Kinder erzählen an ihnen das Märchen. Sie entdecken, dass manche Szenen mehrfach vorkommen, andere aber fehlen. Es gibt fast immer Freiwillige, die solche Lücken mit einem weiteren Bild füllen. Sie entdecken auch, dass sie öfter mehr oder anderes als im Märchen vorkommend gemalt haben. In dieser Beobachtung werden sie positiv bestärkt – jeder hat sich ein eigenes (inneres) Bild gemacht! Die Geschichte ist in eigene Vorstellungsmuster gewandert. Zudem objektivieren die ästhetischen Produkte allerlei Erfahrungen aus dem alltäglichen Kinderleben. Insgesamt ist inzwischen eine gewisse Distanz zum Märchen entstanden, die schützend wirkt und Freiraum für eigene Gedanken, Vorstellungen und kreative Bearbeitungsmöglichkeiten lässt: Diese Anverwandlung macht das Märchen sozusagen ›benutzergerecht‹.

Jeweils zwei bis vier Kinder, darunter immer auch der ›Maler‹, sehen sich nun ein ausgewähltes Bild an und diktieren der Lehrkraft die entsprechende Märchenszene. Erstaunlicherweise texten sie oft fast wortgenau wie im Märchen, das dadurch als Sprachmodell wirkt. Wenn sich etwas ändert, sind sie herausgefordert: Auf manchen Bildern sind persönliche Ideen der Maler festgehalten, oder sie unterstreichen emotional bewegende Stellen mit zusätzlichen Worten. Die Lehrkraft schreibt, liest den Satz zur Kontrolle vor, holt Zustimmung oder Änderungswünsche der Kinder ein. Lediglich beim Einhalten einer einheitlichen Vergangenheitsform (im Imperfekt) und der Glättung nicht salonfähiger Ausdrücke greift sie ein, außerdem hilft sie, wenn nötig, beim Suchen angemessener Ausdrucksformen. Dann folgt die nächste Seite mit anderen Kindern.

Wenn Szenen nicht gemalt wurden, werden sie einfach als Text aufgenommen. So lernen Kinder zugleich die Funktion eines Wechselspiels von Text und Bild in Bilderbüchern oder illustrierten Texten kennen.

Am Ende wird die Geschichte im Zusammenhang vorgelesen und werden letzte Änderungsvorschläge aufgenommen. Dann schreibt die Lehrkraft handschriftlich oder mit dem Computer den Text auf. Die passenden Texte (z.B. als linke Seite) und Bilder (als rechte Seite) werden zugeordnet und zum Buch gebunden: Das Binden erfolgt beispielsweise mit Heißleim oder mit Kordel.

Das Buch wird so aufbewahrt, dass jeder darauf Zugriff haben kann. Es ist augenfällig zum gemalten und sprachlich weitergestalteten Wissen geworden und erzählt, was den Kindern wesentlich und wichtig ist.

Kostproben, wie Kinder eines Schulkindergartens (etwa 6 J.) individuelle Bilder geschaffen und danach den Text verfasst haben

Die ersten fünf Seiten waren nach Gedächtnis knapp und dem Originaltext angelehnt formuliert: Kinder haben ein gutes Gedächtnis! Sie nennen alles Wesentliche, dazu direkte Reden. Allerdings formulieren sie im vorliegenden Fall auch nach der ersten Rückkehr der Märchenkinder gleich Schuldzuweisungen: »Die Gretel sagte: ›Ihr habt uns alleingelassen!‹ Der Vater sagte: ›Die Mutter war da schuld!‹ Er freute sich, dass die Kinder daheim waren. Die Mutter tat auch so, war aber nicht froh.«

Später heißt es, und hier schwingt ein bekanntes Lied mit: »Am 3.Tag kamen sie an ein Häuschen, von Pfefferkuchen fein. Ein weißes Vöglein hatte sie hingeführt. Der schwarze Rabe sagte zur Hexe: ›Jetzt hast du deine Kinder. Hol sie doch!‹« (Anmerkung: Ein Kind hatte einen weißen und einen schwarzen Vogel gemalt. Danach wurde getextet und offenbar wusste ein Kind über die Symbolik eines schwarzen Raben als Unglücksboten Bescheid.)

Später: »Die Kinder aßen Knödel, Kartoffeln, Milch, Kaba, Pfannkuchen, Soße und noch viel mehr.« Diese Lieblingsspeisen sind im Bild!

Auf S. 16 zum Stallbild: »Am nächsten Morgen sperrte die Hexe den Hänsel in den Hühnerstall. ›Schrei nur, so laut du willst. Ich mäste dich und fresse dich.‹ Dann suchte sie Gretel und schrie sie an: ›Aufstehen, du Faulenzerin! Trag Wasser, dein Bruder sitzt im Hühnerstall *und soll dick und rund werden. Du sollst für ihn kochen!‹* Gretel weinte. Die Hexe sagte: ›Hör nur auf, du Plärrsuse, du Heulsuse, es hilft dir alles nichts!‹«

Auf S. 20: »*Die Hexe schaute in den Ofen. Da gab Gretel ihr einen Schubs mit Schwung. Die Hexe sauste in den Backofen. Sie schrie und verbrannte zu Asche und lebte nie mehr. Gretel sagte: ›Schrei nur, soviel du willst, es hilft dir alles nichts!‹«* Hier bekräftigen die Kinder heftig, wie gründlich die Hexe als Verkörperung des Bösen verbrennt, und Gretel benützt hämisch die Worte der Hexe: »*Es hilft dir alles nichts!*«

Später benennen die Kinder alle Schätze, die aufgemalt wurden, auch Orden (vom Opa aus dem Krieg), Perlmuttknöpfe (am neuen Kleid), Kronen und Armbänder (Geburtstagsgeschenk eines der Kinder).

Und auf S. 24: »*Sie rannten schnell heim, bis sie an einen Fluss kamen. Eine Ente trug sie einen nach dem andern rüber. Bald sahen sie das Elternhaus. Eine kleine Spitze vom Hexenhäuschen sahen sie auch noch, wenn sie sich umdrehten.*« Schöner kann man kaum ausdrücken, wie die Kinder ihr Schreckerlebnis noch an einer Dachspitze wahrnehmen, sich aber bereits sicher fühlen.

Da für Kinder die Welt aber nur mit Vater und Mutter in Ordnung ist, breiten sie bildlich und textlich noch auf sechs Seiten aus, wie der Vater eine neue Frau heiratet: »*Die wurde bald die Mutter von Hänsel und Gretel.*« In Orientierung an den Bildern wird nun Hochzeit gefeiert: mit Kirche, Kronen, Brautkleid, Spitzenkragen. »*Sie tranken ein Glas Wein, weil sie geheiratet haben und weil sie jetzt für immer zusammen sind.*« Auch die Kinder tragen Kronen, »*weil sie sich wie Könige fühlen*«, und am Pullover sind Orden aus dem Hexenhaus befestigt, »*weil sie so tapfer waren*«. Auch wird beschrieben, wie dick Hänsel noch nach dem vielen Essen war und wie platt und dürr dagegen die ausgehungerte Gretel. Goldtaler hängen üppig an der Wand, und die Katze und der weiße Vogel teilen das familiäre Glück »*und sie lebten glücklich bis an ihr Ende*«.

Solche Produktionen machen Mut. Die Märchenmodelle wirken sprachlich positiv, ohne eigene Fantasien einzuzwängen. Und manche Kinder identifizieren sich so stark mit ihren Figuren, dass sie beim Texten in eine Ich-Form fallen!

Bilderbuch mit Text für schreibkundige Schüler und weitere Tipps

Mit älteren Grundschülern kann man ähnlich verfahren. Sie schreiben ihre Texte selber, erkennen und füllen Bildlücken und sorgen auch für geschmeidige Übergänge von einer Seite auf die andere. Schüler der Sekundarstufe I und II können Bilder malen, die auch eine Aktualisierung des Problems enthalten. Hier muss man sich vorher auf ein Thema einigen, bevor dazu getextet wird und eine neue Fassung entsteht. Schüler der Sekundarstufe II können sich an sprachlichen und inhaltlichen Vergleichen versuchen, z.B. eine Synopse von »Hänsel und Gretel« mit der Urfassung der Grimms, hier noch »Das Brüderchen und das Schwesterchen« (1810) genannt, oder sie befassen sich mit Varianten von Zingerle, Basile, Perrault (vgl. Kap. II/2.1.1).

Abb. 3 Zu Hause bei Hänsel und Gretel

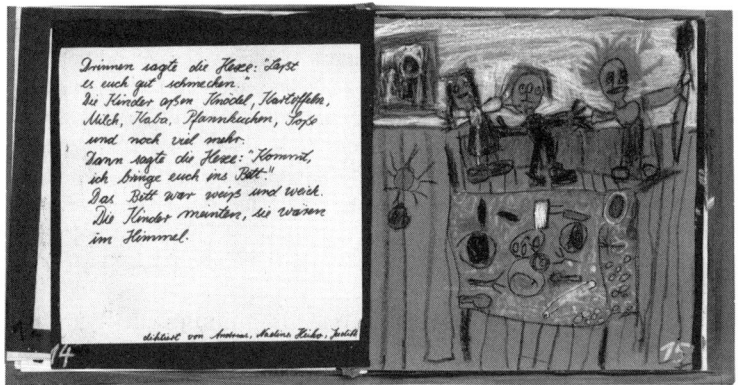

Abb. 4 Bei der Hexe – der Esstisch mit allen Speisen, die Kinder so gern mögen

Abb. 5 Weitertextungen mit von den Kindern gewünschtem gutem Ende

2.2   Dümmling

Zielgruppe: Ab etwa 9 bis 10 Jahren.
Schwerpunkte: Gespräch über das Märchen und Ertrag · Sachwissen über die Kröte und Zeichnen · Symbolik und Transferleistung: Die Kröte – sich versenken · Bildhaftes Gestalten: Das Schloss (versch. Techniken) · Abstraktion: Hans und Kröte · Herstellung und Spiel: Leporello mit Diesseits und der Anderswelt · Texten: Dümmlings Zukunftsgestaltung

2.2.1   Der Märchentext und Anmerkungen (W. Grimm)

Dümmling

Es war einmal ein Hans, der war so unerhört dumm, daß ihn sein Vater in die weite Welt jagte. Er rennt vor sich hin, bis er ans Meeresufer kommt; da setzt er sich hin und hungert. Da kommt eine häßliche Kröte auf ihn zu und quackt: »umschling mich und versenk dich!« So kommt sie zweimal, er weigert sich; wie sie aber zum drittenmal kommt, folgt er ihr. Er sinkt unter und kommt in ein schönes Schloß unter dem Meer. Hier dient er der Kröte. Endlich heißt sie ihn mit ihr zu ringen, und er ringt, und die häßliche Kröte wird zu einem schönen Mädchen, und das Schloß mit all seinen Gärten steht auf der Erde. Hans wird gescheidt, geht zu seinem Vater und erbt sein Reich.

Der Text entspricht der Urschrift der grimmschen Märchensammlung, hier dem Band »Grimms Märchen in ursprünglicher Gestalt. Nach der Ölenberger Handschrift von 1810« (Leffz/Lemmer 1964) entnommen. Die Rechtschreibung entspricht dem Originaltext.

   Die Grimms liehen ihre erste Märchensammlung als handschriftliche Urfassung 1810 an Clemens Brentano aus. Glücklicherweise hatten sie vorher eine Zweitschrift angelegt, denn Brentano gab diese Sammlung nie zurück – er verbummelte sie. Sie gelangte aus seinem Nachlass in das Trappistenkloster Ölenberg im Oberelsass und wurde dort Anfang des 20. Jahrhunderts wiederentdeckt. Durch diese »Ölenberger Handschrift« hat die Nachwelt Kenntnis von der Art dieser Urfassung, in der man – neben Erkenntnissen über die grimmsche Art ihrer späteren Märchenbearbeitungen – auch reizvolles Material für den heutigen Gebrauch findet, darunter den »Dümmling«, gesammelt von Wilhelm Grimm. Unter den von Jacob Grimm aufgezeichneten Märchen finden sich zwei ähnliche Titel: »Dummling« mit einem nicht weiter bearbeiteten Inhalt, und »Dümmling«, dem die Grimms später die vollendete Fassung als »Bienenkönigin« verliehen.

   »Dümmling« lässt sich teilweise in AaTh/ATU 402 »Tierbraut« einordnen, zeichnet sich aber in seiner Ursprünglichkeit doch durch Eigenwilligkeiten aus: Die Handlung ist auf die Begegnung von Hans mit der Kröte ohne konkurrierende Brüder verkürzt. Unter »Bemerkungen« für AaTh/ATU 402 steht, dass die Passivität der Helden auffallend sei und zur Erlösung ein Eheversprechen oder auch Enthauptung oder ein Erleiden von Qualnächten genüge. Bei »Dümmling« fällt durchaus eine anfängliche Passivität und Verweigerungshaltung auf. Diese löst sich aber auf, da Hans ausdrücklich dienen und am Ende mit der Kröte ringen muss – zu deren Erlösung ebenso wie zu seiner eigenen Persönlichkeitsentwicklung.

Didaktischer Hinweis: Für Ältere eignen sich einige der zitierten Urfassungen für Synopsen mit Märchenfassungen der KHM-Ausgabe letzter Hand. Außerdem bieten fragmentarische Stücke den Stoff zum Weitertexten, am besten in Märchenstruktur.

2.2.2 Interpretation

Ein Beispiel aus der Praxis beschreibt, wie die Interpretation des Märchens mit Kindern erarbeitet werden kann.

Gespräch über das Märchen

Die folgenden Ausführungen wollen zeigen, wie ertragreich Gespräche mit Schülern über Märchen sein können. Da Tagespraktikantinnen der Pädagogischen Hochschule Weingarten im Unterricht die Beiträge mitschrieben, konnten viele Aussagen gewonnen werden, aus denen hier eine Auswahl getroffen wird (vgl. auch Zitzlsperger 2005, S. 125ff.):

Dieses kurze Märchen regt mit seiner Verbindung von Bilddichte, Symbolik, knapper Sprache und rhythmisch angelegtem Handlungsverlauf – wie alle Märchen dieser Art – zu einer ausgewogenen Beanspruchung beider Hirnseiten an. Damit erhält es Aufmerksamkeit und Vorstellungskraft des Zuhörers und fördert das Lernen. Eine Reflexion über die sprachlichen Bilder leitet zu einem Verständnis von Symbolen und Metaphern an, bewegt mit seinen Motiven von sozialer Vereinsamung, Verweigerung und neuer Bindung und fordert eine veränderte Ich- und Du-Wahrnehmung eindringlich heraus.

Grundschüler entdeckten in mehreren Fällen im Gespräch schneller als Erwachsene, dass es sich trotz aller Kürze um ein Märchen handelt: Hans stehe in einer schlechten Ausgangssituation, da er vom eigenen Vater verjagt werde; am Ende gehe aber alles bestens aus. Es gebe Wunder, Verwandlung und Erlösung. Dreimal verlange die Kröte, sie zu umschlingen, einmal, mit ihr zu ringen.

Nach einer Behandlung mit Dritt-, dann Viertklässlern und mit Lehramtsstudierenden erwiesen sich zwei ›Ungereimtheiten‹ als Herausforderung: Wie kann eine Kröte so groß und dazu ein Mädchen sein? Und warum muss sich Hans mit ihr ins Meer hinunterversenken, wo er offenbar nicht ertrinkt? Beide Fragen führen in symbolisches Verstehen. Im Folgenden seien einige Gesprächsbeiträge der Grundschüler (9 bis 11 Jahre) aufgeführt.

Nachdem ich die Geschichte erzählt hatte, herrschte in allen Gruppen zuerst betroffenes Schweigen. Ein Junge fragte schließlich: »*Kann man denn so dumm sein?*«, und eine Viertklässlerin meinte: »*Mein Vater findet mich auch ganz dumm. Der glaubt nicht, dass ich irgendetwas kann!*« Nachdem die Lehrerin versucht hatte, diesen Vorwurf zu entschärfen, hielten aber gleich sechs weitere Schüler dagegen, dass es ihnen genauso ergehe.

Wir erschlossen Einzelheiten szenisch: »*Er rennt vor sich hin, bis er ans Meeresufer kommt*«: Wechselnd machten in beiden Klassen Schüler das vor: Kopf vorgebeugt, Blick auf den Boden – so liefen sie durch die Bankreihen und hielten dann an der Tür oder am Erzählkreis hechelnd an. »*Wie hast du dich beim Laufen gefühlt? Hast du nebenbei etwas gedacht?*«, waren die Fragen an sie. Sie meinten: »*Man läuft nur noch vor sich hin und denkt nicht nach.*« »*Ich war wie ein Automat.*« Oder: »*Ich hab gedacht, nur weit weg!*«

In solch ratlosem Zustand kommt Hans ans Ufer. Hier geht es einfach nicht weiter. Er ist an seiner Grenze, am Tiefpunkt angelangt, nicht ahnend, dass ein solcher Punkt auch Wende und Neubeginn bedeuten kann. »*Da setzt er sich hin und hungert*«, rezitierte ich. In diese Situation konnten sich die Kinder gut einfühlen. Auch sie hatten schon beschlossen, ihre Eltern dadurch zu bestrafen, dass sie nichts mehr essen oder umgekehrt alles aus dem Kühlschrank aufessen wollten, damit die Eltern nichts mehr hatten. Und: »*Hans war eben sehr traurig. Da kann man nichts essen*«, kommentierten sie. Auch die Redensart »*Dem ist der Appetit vergangen*« fand sinnvollen Ausdruck. Ein Junge meinte kritisch: »*Der hat doch nichts und versucht gar nicht erst, etwas zum Essen zu finden, weil er so dumm ist. Da muss er ja hungern.*«

Auf den Impuls, dass Hans vielleicht gar nicht so »unerhört dumm« war, meinte einer: »*Doch, das merkt man daran, dass er der Kröte nicht schon beim ersten Mal gefolgt hat.*« Dem widersprach ein Mädchen: Gerade, weil er sich zuerst geweigert habe, eine eklige Kröte zu umarmen, hätte Hans doch gezeigt, dass er nachdenken könne. Das leuchtete ein, und dann wurde überlegt, wie es weiterging. Tauchte Hans nun unter? Nein, es heißt wörtlich: »*Umschling mich und versenk dich.*« Das klang für die Kinder so, als ob sich Hans doch freiwillig herunterziehen lassen sollte. Während es im späteren Gespräch für die Studierenden leicht war, im »*versenk dich*« einen meditativen Aspekt zu erkennen, hielten sich die Schüler noch am konkreten Vorstellungsbild fest. Der Hinweis, dass er sich vielleicht wie in einen Traum versenkt, half ihnen. Und sitzt man nicht auch manchmal ganz in Gedanken versunken da? Wohin sinkt man dann? In Gedanken, Erinnerungen … Und was dachte Hans wohl dabei? Vorschläge kamen wie: »*Mir ist kalt.*« »*Komisch, was die Kröte da macht.*« »*Mal sehen, was jetzt passiert.*« »*Na ja, schlimmer kann es ja nicht werden.*« »*Da würde mein Vater sich aber wundern!*«

Exkurs über erweiterte Dimensionen des Erlebens

Märchen schenken dem Denken einen ungewöhnlichen Freiraum, denn Grenzen werden auf der Lebensreise der Helden aufgehoben: Die Dimensionen des Erlebens führen nicht nur in alle Himmelsrichtungen, sondern auch in die Höhe, zu Sonne, Mond, den Sternen und den Winden. Sie führen in Räume, die keinem konventionellen Zeiterleben unterliegen, und lo-

cken in die Tiefe, symbolisch ins eigene Innere. Menschen erkennen, wenn ihnen alle Wege rechts und links, nach vorne oder zurück verbaut sind, dass man sich (meditativ oder durch Reflexion) auch nach innen wenden kann. In solchen (geistig-seelischen) Innenräumen finden sich unentdeckte Möglichkeiten. Märchen beschreiben das bildlich: So springt Goldmarie in den Brunnen hinunter (»Frau Holle«, KHM 24); so steigen Königstöchter jede Nacht durch eine Öffnung unterm Bett zu ihren Liebsten in eine wundersame, prächtige Unterwelt (»Die zertanzten Schuhe«, KHM 133); so steigt der Dummling in »Die drei Federn« (KHM 63) durch eine Falltüre im Erdboden zur hilfreichen Itsche hinab, und Hans versenkt sich in die Tiefen des Meeres, wo er bereichernde Erfahrungen im Schloss macht. Meeresgrund und Wasser als Bilder für das Es, für Seelentiefe und Tiefenbewusstsein: Ältere Schüler verstehen diese psychologische Ebene bereits; Grundschülern kann man diese Selbsterlebnisform vermitteln, indem man auf Träume eingeht; darauf, dass man sich in sich selber versenkt, z.B. im Gebet oder durch ein Nachsinnen, ein Versunkensein, indem man die Umwelt vergisst und ganz in sich lebt, grübelt, Fantasien ausspinnt. Und fast alle Kinder haben bereits an Formen von Fantasiereisen o.Ä. teilgenommen.
Resümee: Es bleibt der Weg nach innen, in eigene schöpferische Tiefen, die bisher noch gar nicht recht entdeckt worden waren. Auch Hans macht dort seine Entdeckungen.

Nun aber die Kröte! Nach Beschreibung der Kinder war sie hässlich, riesig, sonst könnte man sie nicht umschlingen, und sicher hatte sie Glotzaugen und Warzen. Und das sollte ein schönes Mädchen werden? Die Kinder kannten Redeweisen (regional bedingt) wie: »Sie war krottenhässlich«, oder: »Das ist eine ganz süße Krott« (ein niedliches kleines Mädchen). Könnte das zur Kröte passen? Ein Junge vermutete, dass das schöne Mädchen früher einmal hässlich war; dass es vielleicht Pickel hatte und dick war. Das stieß bei den Mädchen, die vor der Pubertät standen, auf Zustimmung: Andere sähen schön aus, selber fände man sich aber oft hässlich.

An solchen Stellen kann man den Begriff des Symbols einführen, zumal Kinder schon einiges wissen, z.B. die Bedeutung von Krone, Ring, Kreuz, weißer Taube: Das ist ein Zeichen für … Und die Kröte war für sie nun ein Zeichen für ein Mädchen, das sich hässlich vorkam (unbesehen tieferer Symbolik). Damit war ganz allgemein ein Schritt zum Verständnis von Bildvergleichen, Symbolen und Metaphern gewonnen.

Ein Mädchen stellte sich vor, wie Hans beim Umschlingen gemerkt habe, dass die Kröte vielleicht gar nicht so hässlich war, und so hätte es ihn schon weniger gegraust. Und einem Jungen half der Gedanke, dass Hans vielleicht schon im Spiegelbild im Wasser gesehen habe, dass die Kröte in Wirklichkeit schön war! Bei diesem Gespräch verlegten die Kinder den Beginn des Verwandlungsprozesses mit der Vorstellung vom Spiegelbild und den guten Gefühlen beim Umarmen etwas nach vorne: Das Spiegelbild als ›wahre Gestalt‹, wie das in anderen Märchen vorkommt (vgl. z.B. »Die Kristallkugel« KHM 197), war für sie eine Hilfe, um symbolische Verwandlung zu verstehen, wie sie sich denn überhaupt mehr auf etwas Prozesshaftes, Vorbereitendes als auf schlagartige Verwandlung einstellen konnten und wollten.

Das Schloss erschien ihnen märchengerecht. Das war eben wie im Traum und wie man sich etwas Schönes vorstellt. Sie überlegten: Das Schloss gehörte der Kröte, oder war es das Haus des Vaters, und er bemerkte erst jetzt, wie schön es war? Hatte dann die Kröte auch dort gelebt? Diese Fragen blieben offen.

Und nun muss Hans dienen. Die Schüler zählten neben dem Bedienen der Kröte allerlei Haus- und Gartenarbeiten auf. Die Jungen betonten mehr körperliche Arbeiten, die Mädchen fanden, dass man zum Kochen auch gescheit sein müsse: Man müsse mindestens lesen können. Und planen. Und Rezepte schreiben. Etwas von Kräutern und Gewürzen verstehen. Kurzum: Hans konnte ja viel mehr, als er gedacht hatte! Wenn das sein Vater wüsste! Die Kinder waren zornig auf diesen Vater. Warum kannte er seinen Sohn so schlecht?

Ich rezitierte: »*Endlich heißt sie ihn mit ihr zu ringen, und er ringt*«, und provozierte mit der Frage, ob man sich das wie einen Boxkampf vorstellen könne. In beiden Klassen lehnten die Kinder diese grobe Vorstellung ab. Nein, das sei wie bei den Sumoringern(!). Viele konnten für diesen Ringsport auch die Regeln beschreiben. Für Hans und Kröte verlief das Ringen so (einige Schüler machten das mit ihren Freunden vor): Sie hatten sich fest im Arm und waren beide gleich stark. Keiner konnte den anderen besiegen und aus dem Ring drücken. Keiner wurde verletzt. Und beide waren Sieger: Die Kröte wurde ein schönes Mädchen und Hans wurde gescheit. Sie brauchten sich gegenseitig!

Um Resilienzfaktoren zu erkennen, fragte ich, wie es denn komme, dass der dumme Hans trotz seines Unglücks nun gescheit sei und sogar Vaters Reich erben konnte. Im Rückwärtswickeln der Geschichte erkannten die Schüler: Weil er gedient und gearbeitet habe. Hans habe gemerkt, dass er in Wirklichkeit gar nicht dumm sei – nur sein Vater habe eine solch schlechte Meinung von ihm gehabt. Die Kröte half ihm, schon deshalb, weil sie den Hans zu ihrer Erlösung brauchte. Ja, und er habe die Kröte angefasst und sich versenkt. Überhaupt: Eigentlich schaffte er es, weil er von daheim weggelaufen sei. Aber sein Vater hat ihn doch in die Welt gejagt! Ja, schon, aber er ist weit gerannt und hat sich nicht nur daheim versteckt!

Ein Mädchen aus der 4. Klasse schlug vor, man könne ein Bild malen, auf dem beide miteinander ringen, und darunter solle man schreiben: »*Gemeinsam sind wir stark.*« Und am Ende meinte ein Mädchen, eigentlich habe Hans Glück gehabt, dass ihn sein Vater verjagt habe, sonst wäre er ewig dumm und das Mädchen ewig hässlich geblieben. Damit war die inhaltliche Erschließung auf jener Ebene angelangt, auf der Märchen erzählen, dass jeder sein Zuhause verlassen muss, freiwillig oder erzwungen, um erwachsen zu werden. Aber eine solche Erläuterung ist erst Stoff für ältere Schüler.

Ein Gespräch mit Erwachsenen trug noch andere Akzente: Unter einem ganzheitlichen Aspekt sahen sie die Kröte als (weiblichen? schöpferischen?) Teil von Hans, den er erst entdecken musste. Von da gelangten sie zum Sprachbild: »*Eine Kröte schlucken.*« Danach wird alles besser.

Ertrag des Gespräches

Das kognitiv gesteuerte Gespräch verdeutlichte, dass ästhetisches Gestalten auf einer Ebene sinnvoll wäre, in der das Symbolische und die Erfahrung einer Anderswelt neben der Alltagswelt nachvollziehbar werden. Das soziale Problem könnte im Weiterfabulieren und Texten Ausdruck finden: Was wird Hans tun, nachdem er das Reich geerbt hat? Wie begegnet er seinem Vater? Auf kognitiver Ebene könnte man sich mit der Kröte als Tier und Symbol befassen. Das Gespräch hat hier bereits entsprechendes Verstehen angebahnt. Das schwer verständliche Handeln des Vaters und die Verzweiflung von Hans greifen außerdem in die psychologische und soziale Ebene. Am Ende kann man Hans mit eigenen Zukunftsvisionen zu Wort kommen lassen: Sprachlich (kognitiv) auf mündliche und schriftliche Weise; emotional, indem man eigene Gefühle und Visionen zum Ausdruck kommen lässt, und psychobiologisch, indem eigene Wahrnehmungen der Geschichte auch persönlichen, anerkannten Ausdruck finden dürfen, wobei das Märchen als sprachliches Modell anregt.

Entschlüsselung des Krötenmotivs

Sachwissen

Um mehr Verständnis für das Krötenmotiv zu erreichen, ist ein verbessertes Sachwissen über diese Tiere und ihre Symbolik angezeigt.

Kröten gehören zur Familie der Froschlurche. Ihre Größe liegt bei den meisten Arten bei etwa 10 bis 12 cm. Zähne haben sie keine, und ihr Körperbau ist rundlich, wobei sie sich nur behäbig bewegen und keine großen Sprünge wie die Frösche machen. Ihre Haut stößt viele Menschen ab, da sie warzig und reich an Drüsen ist, mit denen die Kröten ein scharfes Sekret absondern, das Giftstoffe enthält (mit digitalisähnlicher Wirkung). Als geschickte Grabtiere sind Kröten vor allem nachts aktiv, aber sicher hat sie jeder auch schon tags auf dem Krötenlaichzug z.B. nahe den Krötenzäunen und Auffangeimern beobachten können.

Kröten und Frösche gibt es in aller Welt und in über 100 Arten. Je nach Art bevölkern sie wassernahe Gebiete, Laubwälder, Flachland, Geröllhalden und Mittelgebirge. Im mittleren Europa lebt vor allem die sogenannte *Gemeine* oder *Erdkröte*, die sich als Vertilgerin von Insekten und Schnecken besonders in Gemüsegärten nützlich macht. Nahe verwandt sind die Wechsel- und Kreuzkröte, während die Geburtshelferkröte zur engeren Familie der Unke gehört, die auch in Märchen vorkommt. Zu weiteren Verwandten zählen Ochsen-, Horn- und Pfeiffrosch.

Ihre Füße tragen fünf Zehen bei ausgeprägt langem Mittelzeh. An den Hinterfüßen reichen die Schwimmhäute bis zu den Zehenspitzen und an den Finger- und Zehenspitzen befinden sich Haftballen.

Es lohnt sich, Kröten und Frösche im Detail anzusehen, da sie interessante und hübsche Details zu bieten haben. Wasser- und Teichfrösche sind z.B. an der Hinterseite der Oberschenkel gelb und schwarzbraun marmoriert, und ihre Schallblasen schimmern bläulich weiß. Die Färbungen anderer Frösche und Kröten wechseln von einem Gelb über Hellgrün und Dunkelgrün, Grün auf Hellbraun bis Braun mit Schattierungen und blaugrauen Tönen. Die Warzen darauf entpuppen sich als attraktive, Muster bildende Erhebungen verschiedener Formen und Größen, die zur Tarnung beitragen und die sich in Flecken oder Zeilen auf Rücken, Beinen und Armen verteilen – mal in symmetrischen Anordnungen, mal eher unregelmäßig verteilt. Oft ist die Bauchseite heller. Bei manchen zieht sich über Kopf und Rücken eine helle Mittellinie, und ein weiterer Längsstreifen ziert den Übergang vom Rücken zu den Flanken. Prächtig sehen auch gelb- und rotbäuchige Kröten und Frösche aus.

In den vorstehenden Augen verlaufen bei manchen die Pupillen waagrecht, bei manchen senkrecht. Die Iris kann grünlich, gold- oder kupferfarben leuchten. Faszinierend ist die Veränderung vom Froschlaich über das Stadium der Kaulquappe bis zu deren Wandlung in Kröte bzw. Frosch. Ihren Laich legen sie in Schnüren ab, wobei die Geburtshelferkröte sogar Brutpflege betreibt. Kröten und Frösche fühlen sich wechselnd in Luft und Wasser wohl, brauchen aber genug Feuchtigkeit, um nicht auszutrocknen. Sie tragen zum ökologischen Gleichgewicht bei, wobei sie auch selber Teil der Nahrungskette sind.

Das bisher Gesagte mag – als Schritt ins ästhetische Gestalten – dazu beitragen, alte Vorbehalte abzubauen: Kröten sind schön, fruchtbar, durchaus wehrhaft, interessant und nützlich – und passen in die Märchenwelt.

Symbolik der Kröte

Kröte und Frosch weisen in der Symbolik teilweise verwandte Merkmale auf. Das Bild der Kröte stellt bei den alten Ägyptern *Hiqit,* die Göttin der Auferstehung, dar – möglicherweise wegen der Metamorphose der Kaulquappe zu einem vollständigen Tier. Öllampen in Krötengestalt, später auch mit christlichen Elementen, tragen z.B. Inschriften wie *»Ich bin Auferstehung«,* dazu Kreuzeszeichen auf dem Rücken. Diese positive Krötendarstellung ändert sich in der mittelalterlichen christlichen Kunst. Nun wird die Kröte z.B. mit dem Skelett, dem Symbol des Todes verbunden, ebenso mit Hochmut und Wollust; den Frosch hingegen mit seinem Leben im Schlamm und seinem lärmenden Gequake machte man zum Bild des Teufels und der Häresie (vgl. Heinz-Mohr 1981, S. 112). Der mittelalterliche Volksglaube sah im Frosch ein Hexentier. Andererseits findet man krötenartige Figuren als Votivbild, besonders an bayrischen Gnadenaltären und Wallfahrtsorten. Sie sollen auf die Gebärmutter verweisen und damit eine Danksagung für Hilfe bei der Geburt sein (Heinz-Mohr 1981, S. 169).

In China verbindet sich die Kröte mit dem Prinzip Yin, mit dem Mond, mit Fruchtbarkeit und Reichtum (vgl. Becker 1978/2006, S. 95). Hier ist auch vermerkt, dass man der Kröte im Abendland einst eine ambivalente Einstellung zuwies: Sie galt als Schatzhüterin und guter Hausgeist (vgl. »Märchen von der Unke«, KHM 105) und als Geburtshelferin, aber eben auch als giftiges Hexentier.

In Märchen, die nicht christlichem Einfluss unterlagen, lässt sich die abendländische Kröte immer noch in alte, positive sinnbildliche Zusammenhänge bringen, so z.B. als *Itsche* in »Die drei Federn« *(KHM 63)* oder im »Eisenofen« *(KHM 127)*: Man kann ihr vertrauen; sie schenkt den Suchenden magische Dinge, die helfen, eine Frau bzw. den verlorenen Liebsten zu finden.

Die Kröte in »Dümmling« weist Züge der Auferstehung und Neugeburt als schönes Mädchen auf, zudem als Schenkerin, indem sie Hans zum Handeln anregt: Mit dem Umschlingen muss er sich ihr vertrauensvoll überlassen. Dann führt sie ihn dazu, dass er durch Dienen und Arbeiten seine Fähigkeiten entdeckt. Schließlich entledigt sie sich ihrer unvollkommenen Gestalt durch einen Kraftakt: Durch den engen Körperkontakt beim Ringen mit Hans wird sie ein schönes Mädchen. Während Hans geführt wird, Selbstvertrauen gewinnt und zum Erlöser wird, ist die Kröte zuerst eine, die mit Rat und Tat beisteht und dann erlöst wird. Die nützliche, wehrhafte, fruchtbare Kröte gewinnt hier symbolisch zusätzlich weibliche und mütterliche Züge.

2.2.3 Spiel- und Gestaltungsvorschläge

Einstimmung: Alle sitzen im Erzählkreis, in der Mitte steht eine Kerze. Man gibt einen schönen Kristall in die linke Hand des rechten Nachbarn. Der nimmt ihn auf der flachen Hand entgegen, greift ihn vorsichtig mit den Fingern der rechten Hand, berührt die Spitzen, sieht in das Schimmern des Kristalls (Amethyst, Bergkristall, Zitrin) und legt ihn dann in die flache linke Hand des rechten Nachbarn. Wer den Kristall weitergereicht hat, spricht nicht mehr – er ist ein Hörer im Märchenland.

Sachzeichnen

Man kann eine Kröte zeichnen, um etwas von ihrem Wesen zu erfassen:
1. Mit Bleistift und nach Vorlage, wobei man für die Muster und Schattierungen einen weichen Stift verwendet.
2. Farbig, mit angedeutetem Umfeld: Man informiert sich genau an Vorlagen und verwendet für die Farbdarstellung (vorwiegend weiche) Farbstifte oder aber Wasser- bzw. Aquarellfarben. Als Untertext kann man in die Zeichnungen bzw. Farbbilder kalligrafisch einen ›Steckbrief‹ der Kröte einfügen.

Sich versenken

Wie kann man sich versenken? Der Prozess lässt sich auf meditativer Ebene nachvollziehen. Dadurch kann Kindern und Jugendlichen einmal mehr der Transfer auf eine symbolische Ebene gelingen.

Wir gehen in uns hinein: Mit ruhiger Hintergrundmusik führt man die Kinder, die ganz bequem sitzen (z.B. Arme auf den Tisch und Kopf auf den Arm gelegt) in die Märchenwelt. Hier nur einige Stichworte als Hilfestellung:

Wir versinken im warmen Wasser – es fließt über unserem Kopf wieder zusammen – wir sinken – leise perlen Luftblasen um uns – wir schweben eine Weile, schaukeln immer tiefer – alles ist grünlich, blau – in der Tiefe erscheint das Schloss – das große Tor – Ranken wachsen um den Eingang herum – sie blühen langsam auf – wir beobachten sie dabei – nun schweben wir über Treppen – durch Säle – Fenster – in den Garten hinunter – wir stehen auf dem Boden – atmen tief durch – können atmen, ganz ruhig – alles wirkt glasig – bläulich, hellgrün – moosig grün – lila – Goldtupfer dazwischen – im Garten wehen Schlingpflanzen – dazwischen wiegen sich Blumen – wie sehen sie aus? Beobachte sie! – Wir treffen Hans und Kröte – sie plaudern miteinander – was reden sie? Hör ihnen zu! – Wir gehen ein Stück mit ihnen – wir überlegen, was man hier unten alles machen könnte – nun holen wir noch einmal tief Luft – schweben langsam nach oben …

Pädagogen sollten sich ihre Sätze, mit denen sie die Hörer leise führen, vorher aufschreiben und das ruhige Sprechen proben. Sprechpausen sind zur Entwicklung der inneren Bilder wichtig. Es handelt sich bei dem Vorschlag einfach darum, Kinder mit offenen Bildangeboten, die noch ganz mit eigener Fantasie ausgestaltet werden können, erleben zu lassen, wie man sich entspannt versenken und in seine Vorstellungswelt eintauchen kann, wie ein bildliches Erleben unter Wasser möglich ist, während man atmet. Auch Hans in seiner Traurigkeit ist vielleicht so tief in seine Gedanken eingetaucht.

Bildhaftes Gestalten

Das Schloss (verschiedene Techniken)

- Mit **Wasserfarben:** z.B. zart, perlend getupft, in verschwommenen Tönen.
- Mit **wasserlöslichen Holzmalstiften** malt man die Flächen zart aus und laviert dann mit Wasser die Farbübergänge.
- **Fenstertransparent:** Man schneidet geometrische Formen und dekorative Flächen (z.B. gewunden, blumig) aus Seidenpapier aus und kombiniert sie mit Überschneidungen zu einem Schloss und Gartenensemble. Die Teile werden an ihren Überschneidungen vorsichtig auf eine Overheadfolie o.Ä. geklebt. Dann dreht man das Bild um, sodass die Folie als glasiger Schimmer über der Collage liegt. So wird sie ans Fenster gehängt. Ein Ensemble aus mehreren Arbeiten an der Scheibe sieht gegen das Tageslicht märchenhaft aus!

Abstraktion des Märchenverlaufs

In sechs Phasen wird die ›Menschwerdung‹ von Hans und Kröte dargestellt (Abb. 6; im Original farbig):

- Oben, 1. Szene: Bedrohlicher Riesenvater und kleiner Hans. Hintergrund: beige. 2. Szene: Riesige grüne Kröte mit orangefarbenen Augen, Hintergrund: hellblau.
- Mitte, 3. Szene: Hans ist gewachsen. Hintergrund: hellblau. 4. Szene: Hans wird aktiv, er steht mit der Kröte auf gleicher Augenhöhe.
- Unten, 5. Szene: Hans und Kröte, beide gleich groß, beginnen zu ringen. Hintergrund: grün. 6. Szene: Die Verwandlung. Hintergrund: sonniges Gelb, Mädchen rot gewandet, Hans blau. (Die Farbangaben sind variierbar.)

Abb. 6 Abstrahierter Verlauf des Märchens. Die Konfrontation von Hans und Vater, Ebenbürtigkeit von Hans und Kröte, Partnerschaft zwischen Hans und dem (Kröten-)Mädchen

Texten: Hans und seine Zukunftsgestaltung

Wie geht es wohl mit Hans weiter, nachdem er heimgekehrt und seinem Vater begegnet ist? Ich zitiere als Beispiel aus Texten von Dritt- und Viertklässlern (ca. 50 Aufsätze), die zeigen, wie sehr die Kinder vom Thema berührt waren. Im Grundtenor (bei vielen Varianten) kam heraus: Hans heiratet das Mädchen. Sie bekommen viele Kinder, zu denen sie aber gerecht sind, auch wenn ihre Kinder ungeschickt oder in der Schule schlecht sind. Hans stellt seinen Vater zur Rede und macht ihm Vorwürfe. Die Mutter hat Hans immer geliebt, obwohl er so dumm war. Sie konnte aber nichts gegen den Vater ausrichten. Hans wird ein gerechter König, und als er hört, dass im Nachbarreich ein böser König herrscht, zieht er gegen diesen ins Feld, nimmt das Land ein, herrscht auch dort gerecht und schützt alle Menschen. Es ist Hans egal, wie diese Menschen aussehen und ob sie dumm oder gescheit sind. Er wird Tierarzt, liebt Tiere, gründet einen Tierhof für schlecht behandelte Tiere. Immer wieder verhält er sich ausgesprochen sozial: Er baut eine Sonderschule für Kinder auf, von denen man sagt, sie seien dumm. Er hält Vorträge über Menschen und Kinder, die anders sind, als ihre Eltern es wünschen. Er gründet ein Waisenhaus. Er zeigt seinen Kindern, was Tierliebe ist, auch wenn es Kröten oder Schlangen sind.

Leporello mit Diesseits- und Anderswelt

Dieser Gestaltungsvorschlag ist auch für die Sekundarstufe I und II geeignet und grundsätzlich auf andere Märchen übertragbar.

Abb. 7 Leporello

Die Schüler malen Bilder zu allgemeinen, also mehrfach verwendbaren Märchenszenerien. Man beklebt Karton auf der Vorder- und Rückseite mit diesen Bildern, schneidet den Karton dann an den Oberkanten in Rund- und Wellenformen, um die statische Grundform aufzulockern und collagiert die Bildseiten zusätzlich (vorsichtig) mit Federn, buntem Flitter, Silber- und Goldbändern, Spitzen, Stoff, Sternen o.Ä. Es werden Durchbrüche geschnitten: Schloss- und Stadttore, Brunnen, Lücken im Wald, Löcher im Felsen, die auf die andere Seite führen: von außen nach innen, vom Diesseits nach dem Jenseits, in die andere Welt. Damit erledigt sich das Oben-unten-Problem. Die Seiten werden mit Klebeband verbunden.

Das Leporello auf dem Foto (Abb. 6) enthält fünf miteinander verbundene Doppelseiten.

Nr. der Doppelseite	Vorderseite	Rückseite
1	Schnee- und Eislandschaft. Durchbruch mit blauem Stoff verhängt.	Wundergarten mit wuchernden Blüten und Bäumen. Durchbruch mit dunkler Spitze auf dem blauen Stoff.
2	Stadttor mit langem Mauergang, am Ende das Schloss. Durchbruch als Tor mit verschließbaren Türflügeln.	Thronsaal, Durchbruch als silberne Türe, verschließbar.
3	Landschaft mit Wiesen, Hügeln, vorne ein Weiher mit Insel. Aufklappbarer Durchbruch an der Insel möglich.	Wald mit Häuschen, Turm und Felsengruppe. Aufklappbarer Durchbruch an einem Felsenteil.
4	Stadt mit verschiedenen Gebäuden. Durchbruch: offenes Tor.	Großes Feuer vor Mauerwerk. Verwendung als Schmiede, Brand oder Hölle. Durchbruch: offenes Tor.
5	Wiese und großer Brunnentrog, aufklappbarer Durchbruch im Wasser, offener Durchbruch in einer Ecke der Wiese.	Himmlisches Gelände (etwa wie Frau Holles Reich): blau, grün, mit Federn, Glitzerblumen. Aufklappbarer, silbergerahmter Durchbruch auf der Wiese, offener Durchbruch in der Ecke.

Die Abbildungen 7 und 8 zeigen, wie sich Leporellos modifizieren und im Spiel verwenden lassen. Sie können z.B. mit Abzweigungen versehen oder zu übergreifenden Gruppen zusammengestellt werden und sind so sehr attraktiv zu bespielen.

Das Leporello wird locker gewinkelt auf eine Tischfläche gestellt. Man dekoriert es mit für das Spiel benötigten Dingen, z.B. Tüchern, Hölzern, Steinen, Blüten, und erweitert die Szene mit dieser räumlichen Ausstattung. Mehrere Kinder können sich frei um das Leporello herum bewegen und mit kleinen Figuren das Stück spielen. Es ist ein Spiel für die Spieler selber, doch können auch Zuschauer außen herum stehen. Eine größere Anlage lässt sich auch auf dem Boden aufstellen. Die Spieler bewegen sich darüberstehend und führen in dieser Position ihre Figuren, z.B. große Schafwollfiguren, selbst stehende Puppen in der Art der ›Eglipuppen‹, einfache Marionetten o.Ä. durch das Spiel.

Abb. 8 Leporello mit Abzweigungen und Dekoration

Abb. 9 Arrangement mehrerer Leporellos

2.3 Xandi und das Ungeheuer (von Tilde Michels)

Zielgruppe: Kindergartenkinder und Grundschüler
Schwerpunkte: Unterbrechendes Lesen und Mitmachgeschichte · Klangillustration zur Geschichte · Kreativer Umgang: Wachsgraffito, Kleisterarbeit, Rollenspiele · Pantomimen und Spiele in kleinen Szenen · Schattenspiel, mit und ohne Erzähler

2.3.1 Märchentext und Anmerkungen

Da das Bilderbuch von Tilde Michels inzwischen leider vergriffen ist, folgt hier der Textabdruck.

Xandi war ein furchtsamer Junge. Er fürchtete sich, allein in den dunklen Keller zu gehen. Er fürchtete sich, durchs kalte Wasser zu schwimmen. Er fürchtete sich, über Gräben zu springen. Er fürchtete sich, auf Bäume zu klettern. Am meisten fürchtete er sich vor dem Ungeheuer, das im Berg wohnte.

Die ganze Stadt wusste, dass das Ungeheuer im Berg war, aber niemand außer Xandi machte sich etwas daraus. Denn das Ungeheuer ließ sich nie blicken; es schlief seit vielen Jahren. Man hörte es nur manchmal schnarchen. CHRR CHRR CHRR CHRR CHRR. Deshalb taten die Leute recht mutig und sagten: »Es soll nur aufwachen, das Ungeheuer. Mit dem werden wir leicht fertig.«

Als das Ungeheuer aber eines Tages wirklich aufwachte, als es aus dem Berg herauskam – riesengroß –, als es in die Stadt stapfte – TAPP TAPP TAPP –, da vergaßen die Leute, wie mutig sie geredet hatten. Da rissen sie vor ihm aus und versteckten sich. Der furchtsame Xandi versteckte sich natürlich als Erster. Er kroch in sein Bett und zog die Decke fest über den Kopf. Sein Herz klopfte laut und wild: TOCKTOCKTOCKTOCKTOCKTOCKTOCK.

Das Ungeheuer hörte das Tocken durch alle Mauern hindurch. Es schnüffelte umher, bis es das Haus gefunden hatte, in dem das Herz so ängstlich klopfte. TAPP TAPP TAPP – TOCKTOCKTOCKTOCKTOCKTOCKTOCK.

Es zwängte sich durch die Tür, tappte die Treppe hinauf, und dann entdeckte es den Xandi unter der Bettdecke. »Komm raus!«, brüllte es. »Wenn du dich vor mir versteckst, dann fress ich dich!« Da schlug Xandi schnell die Bettdecke zurück. Böse blickte ihn das Ungeheuer an. »Ich habe lange nichts gegessen«, knurrte es. »Ich habe Lust auf Wein und Wurst und saure Gurken. Schaff mir das sofort her, sonst fress ich dich!«

Der Xandi wusste, dass im Keller viele Weinflaschen waren und Büchsen mit Wurst und Gläser mit Gurken. »Lieber in den dunklen Keller gehen als gefressen werden«, dachte er. Dann holte er tief Luft, stieg in den Keller und brachte herauf, was das Ungeheuer verlangt hatte.

Das Ungeheuer schluckte alles gierig hinunter mitsamt Flaschen, Blechbüchsen und Gläsern. Als es fertig war, schüttelte es sich, rülpste und sagte: »Komm mit!« Es stapfte die Treppe hinab, zum Haus hinaus, durch die menschenleeren Straßen: TAPP TAPP TAPP TAPP. Xandi hinterher mit ängstlichem Herzen: TOCKTOCKTOCKTOCKTOCKTOCKTOCK.

Vor dem Fluss hielt das Ungeheuer an. »Ich brauche ein Bad«, sagte es und stürzte sich kopfüber ins Wasser. Es plantschte, prustete und befahl: »Schwimm hinter mir her!« Xandi wollte ausreißen, aber das Ungeheuer schrie: »Halt! Du sollst schwimmen, sonst fress ich dich!« Da entschied Xandi: »Lieber ins kalte Wasser gehen als gefressen werden.« Und so schwamm er hinter dem Ungeheuer her quer durch den Fluss und zurück.

Als sie wieder am Ufer waren, erklärte das Ungeheuer: »Jetzt muss ich mich bewegen, damit ich warm werde. Los, mach mit!« Und es hopste mit mächtigen Sprüngen über einen Graben, immer herüber und hinüber. Aber Xandi wehrte sich. Er wollte nicht springen. Da wurde das Ungeheuer wütend. Es schnaubte: »Spring, sonst fress ich dich!« »Wenn's sein muss«, dachte Xandi. »Lieber über den Graben springen als gefressen werden.« Er nahm einen Anlauf, sprang – und war drüben. Dann hüpften alle beide so lange hin und her, bis das Ungeheuer außer Atem war.

Obwohl es noch sehr schnaufte vom Springen, überlegte sich das Ungeheuer schon wieder, mit was es Xandi Angst machen könnte. »Pass auf!«, schrie es. »Jetzt kommt was Neues.«

Aber Xandi spürte mit einem Mal, dass sein Herz nicht mehr so wild klopfte. Er trat vor und rief: »Du hast genug bestimmt. Jetzt bin ich dran.« Er suchte einen hohen Baum aus uns kletterte – erst vorsichtig, dann immer geschickter – bis in den Wipfel hinauf. »Los!«, befahl er dem Ungeheuer. »Klettere mir nach!«

Das Ungeheuer lachte gewaltig. »Dir werde ich's zeigen!« Es rannte gegen den Baum und schüttelte ihn, dass sich die Äste bogen. Aber Xandi hatte Mut bekommen. Hoch oben im Wipfel hielt er sich mit aller Kraft fest und rief: »Komm herauf, sonst fress ich dich!« Das Ungeheuer brüllte noch einmal: »Dir werde ich's zeigen!« Dann sprang es auf den Baum und stieg von Ast zu Ast, höher und höher.

Aber da – als es den Xandi fast erreicht hatte – da knackte es. Die Zweige krachten und barsten, und das Ungeheuer plumpste auf den Boden. PLUMPS – PLATSCH – BLAMM! Sein dicker Kopf tat ihm weh, sein Bauch tat ihm weh, die Beine taten ihm weh und es sah nicht mehr aus wie ein gefährliches Ungeheuer. Beschämt schlich es in seinen Berg zurück, kroch tief hinein und legte sich schlafen.

Als es verschwunden war, wagten sich die Menschen wieder aus ihren Häusern und bald ging das Leben in der Stadt weiter wie immer. Nur wenn man das Ungeheuer im Berg schnarchen hörte, blickten sich die Leute besorgt an und flüsterten: »Es wird doch nicht wieder herauskommen?« Da lachte Xandi und sagte: »Das weiß man bei einem Ungeheuer nie genau.«

(aus: Tilde Michels/Amrei Fechner, Xandi und das Ungeheuer. Annette Betz Verlag im Verlag Carl Ueberreuter GmbH, Wien)

2.3.2 Interpretation

Die **Struktur** von »Xandi und das Ungeheuer« entspricht der eines einfachen (modernen) Märchens. Wortschatz und Satzbau sind altersangemessen und zugleich anspruchsvoll. In der Exposition wird ein allen Leuten gegenwärtiges, für Xandi aber beängstigendes Problem aufgebaut. Es folgen drei Konfrontationen mit dem Ungeheuer und entsprechende Mutproben. Höhepunkt bildet die vierte Mutprobe, die Xandi aber nicht nur – in einer Wende der Handlung – selbst auswählt und meistert; vielmehr besiegt er nun bei Rollenumkehr das Ungeheuer und schlägt es in die Flucht. Das Abenteuer geht für Xandi gut aus, wobei er auch geistig reifer wird, da er gelernt hat, mit einer latenten Gefahr umzugehen.

Zum Kerninhalt: So gut wie jedes Kind wird von irgendwelchen Ängsten geplagt. Manchmal kennt man die Ursachen: Schreckerlebnisse, ein angriffswütiger Hund, unberechenbare Menschen, der Arzt. Solche Angst ist durch konkrete Erlebnisse wie bei einem Unfall, einem hilflosen Versinken im Wasser, einer Krankheit entstanden. Man bezeichnet sie als Realangst und sie kommt von außen, ist begreifbar; das Kind kann ihr durch Flucht oder Angriff begegnen, besonders, wenn ihm verständige Erzieher behilflich zur Seite stehen.

Viele Ängste erscheinen aber auch – vordergründig! – grundlos und nicht selten wird das verängstigte Kind von den Erwachsenen für sein Verhalten gescholten oder gar für ›dumm‹ gehalten. Solche Ablehnung kann am Ende die Ängste sogar noch vertiefen, denn Drohungen oder Bestrafungen für das ›dumme Benehmen‹ werden sich im Kind als Liebesentzug eingraben; dies aber steigert wieder dessen Gefühle von Verlassensein und Angst. Es begreift nicht, was mit ihm geschieht, kann es doch eigene diffuse Angstgefühle und die Reaktionen der Umwelt darauf nicht in eine vernünftige Beziehung setzen.

Grundlos mag es erscheinen, wenn sich das Kind zum Beispiel plötzlich vor harmlosen Tieren fürchtet, wenn es wieder einnässt, bei Anforderungen zu weinen, zittern oder stottern beginnt oder immer wieder aus dem Schlaf schreckt. Ratlos stehen Eltern davor, handelt es sich doch um *irreale Ängste*, die aus dem Inneren des Kindes kommen – oft genug verdeckt und verdrängt, sodass es schwer ist, entsprechende Ursachen zu finden. Liebevolle Zuwendung, ein besonnenes Beobachten und das Einholen von Rat an kompetenter Stelle können hier Verständnis wecken und Hilfe bieten. In schweren Fällen ist der Besuch bei einem Kinderpsychologen oder einer Erziehungsberatungsstelle sinnvoll.

Ein Fortschritt ist schon, wenn ein Kind seine diffuse Angst vor dem Unbekannten, dem Dunklen, vor dem Alleinsein *objektivieren* kann. Es projiziert dann seine Angst bzw. Furcht auf eine bestimmte Figur. Gegen einen unsichtbaren Feind zu kämpfen ist schwer; gegen einen sichtbaren, objektivierten Feind aber kann man Maßnahmen ergreifen: Man kann ihn meiden, ablenken und ihm mit der Zeit vielleicht sogar begegnen oder ihn angreifen.

Objektbezogene, reale Angst gibt ein Gefühl von Rückenfreiheit, da sie eine bessere Konzentration auf die Angstbewältigung selber erlaubt. Da wäre es nun sehr ungeschickt, wenn Erwachsene das konkrete Angstobjekt eines Kindes als Unsinn abtun oder gar Angst machende Drohungen als ›Erziehungsmaßnahme‹ einsetzen würden, um eine Begegnung mit dem Objekt zu forcieren, z.B. dadurch, dass das Kind den gefürchteten Hund streicheln muss, dass es gezwungen wird, in den Keller ohne Licht zu steigen, dass es ins dunkle Zimmer eingesperrt wird und dergleichen unpädagogischer Dummheiten mehr.

Auch Xandi wird von allerlei häufig vorkommenden Ängsten geplagt. Als furchtsames Kind hat er Angst vor dem dunklen Keller – immerhin könnten dort Ratten oder böse Geister oder sonst was hausen. Er fürchtet sich vor dem kalten Wasser: Der Kälteschock graust ihn; auch könnte er ertrinken! Er wagt nicht, über Gräben zu springen: Das wäre doch lebensgefährlich! Und wenn er auf Bäume klettert, dann könnte er ja abstürzen: Der Gedanke ist doch unheimlich, den festen Boden zu verlassen und ganz allein aus schwankender Höhe in die Tiefe zu sehen.

Furcht und Angst vor Dunkelheit und Unbekanntem, vor dem Unsicheren, vor Verletzungen, Schmerzen und letztlich vor dem Tod binden Xandis Kräfte. Dabei gilt seine Hauptangst dem Ungeheuer im Berg. Dieses Ungeheuer ist nun jene personifizierte Angst, auf die er alle unguten Gefühle projizieren kann. Xandi hat sich also bereits eine Teilentlastung geschaffen: Die große Bedrohung kommt eindeutig vom Berg! Als gescheiter Junge kann er dem Ungeheuer als Verursacher seiner Ängste die Schuld geben, wenn er sich vor etwas fürchtet. Gleichzeitig kann er mit seiner im Berg objektivierten Hauptangst umgehen: Vermutlich meidet er den Berg, fordert ihn in keiner Weise heraus durch Herumspielen, Beklettern, Höhlengraben, Steinesammeln oder was auch immer. Und: Xandi kann sein Wissen mit der ganzen Stadt teilen. Zwar haben die Großen keine Angst vor diesem Ungeheuer, aber: Sie wissen von der Gefahr und Xandi muss sich seiner Ungeheuer-Furcht nicht schämen.

Aber nun erwacht das Ungeheuer eines Tages. Für Xandi kommt die große Auseinandersetzung mit ihm – so, wie jeder Mensch sich irgendwann seiner Angst stellen muss. Alle, auch die ›furchtlosen‹ Erwachsenen, verstecken sich. Wie schön muss die Vorstellung für das Kind sein, dass auch die alles könnenden Großen von Angst und Panik ergriffen werden!

Xandis Herzklopfen – tocktocktock – verrät dem Ungeheuer, wo sich der furchtsame Junge versteckt hat. Es findet ihn, brüllt und droht grobschlächtig, ihn zu fressen, wenn er nicht tue, was das Ungeheuer befiehlt. Und nun kommt das Köstliche, das schon kleine Kinder beim Zuhören packt: Xandi will nicht gefressen werden und deshalb entscheidet er sich jeweils für die kleinere Angst: Er wagt es nun, in den dunklen Keller zu steigen oder im kalten Wasser zu schwimmen. Die Alternativen zu gerade dieser riesengroßen Ungeheuerangst lassen die alltäglichen kleinen Ängste auf einmal nur noch wie Mutproben erscheinen. Und mit der schrittweisen Bewältigung der kleinen Übel wächst Xandis Selbstbewusstsein (Das kann ich ja!), die kleinen Ängste verschwinden, sein wildes Herzklopfen, somatischer Ausdruck seiner Angst, hört auf und – er spricht das Ungeheuer an! Er verlangt umgekehrt vom Ungeheuer, auf den Baum zu klettern!

Mit roher Gewalt versucht dieses wohl, Xandi noch einmal zu entmutigen – es will ihn vom Baum schütteln. Doch Xandi dreht nun alle Regeln um und schreit als Angstmacher seinerseits: »Komm rauf, sonst fress ich dich!« Nun, das Ungeheuer entpuppt sich als roh und plump. Es stürzt vom Baum. Alles tut ihm weh und es tappt beschämt in seinen Berg zurück. Xandi hat mit wachsendem Mut, mit Geschicklichkeit und Denken das ungeschlachte Angstwesen besiegt. Sein persönlicher Triumph wird noch dadurch erhöht, dass er das Ungeheuer mit dessen eigenen »ungeheuerlichen« Mitteln in die Flucht geschlagen hat und dass er es nun ›von hinten‹ sieht, während es in den Berg zurückkriecht.

Sein seelisches Wohlbefinden steigert er auch dadurch, dass die Leute in der Stadt jetzt von Angst befallen sind, während Xandi lachend meint, dass man nie genau wisse, ob das Ungeheuer wieder einmal herauskomme. Wer die Gefahr kennt und besiegt hat, braucht keine diffuse Angst mehr zu haben; er weiß ja mit seiner Angst umzugehen. Wer kleine Nöte besiegt, schafft auch größere.

So gut wie jedes Kind schleppt irgendein ›Ungeheuer‹ mit sich herum, das jedoch besiegt werden kann. Nur: Die Erwachsenen sollten dieses Ungeheuer auch ein bisschen ernst nehmen – dann wird für das Kind vieles leichter.

2.3.3 Spiel- und Gestaltungsvorschläge

Einstimmung: Alle sitzen leise im Zuhörkreis und reichen sich die Hände. Der Pädagoge drückt zur Begrüßung stumm die linke Hand des rechten Nachbarn. Der bleibt still, gibt den Druck aber begrüßend an den Nächsten weiter, und so geht es weiter, bis der Druck wieder beim Pädagogen ankommt (das kann natürlich auch links herum laufen). In dieser Ruhe kann man mit dem Erzählen beginnen.

Unterbrechendes Vorlesen/Erzählen mit Hörerbeteiligung

Erstes Vorlesen mit Unterbrechungen

Beim Vorlesen bzw. Erzählen dieses Märchens ist der unmittelbare Kontakt zu den Kindern nahe beim Pädagogen unerlässlich, da mit dem Angsthaben ein emotionales Thema berührt wird.

1. **Unterbrechung:** Der Text wird das erste Mal unterbrochen, wenn von Xandis Angst die Rede ist, etwa bei »*Am meisten fürchtete er sich vor dem Ungeheuer, das im Berg wohnte*«. Man kann die Kinder fragen, ob sie auch manchmal solche Angst hätten: vor dem dunklen Keller oder dem kalten Wasser. Erfahrungsgemäß erklären die Kinder aber vorerst, dass sie nie so ängstlich wie Xandi wären!
   Erfahrungsaustausch: Warum hat Xandi wohl Angst im Keller? Kinder sind recht realistisch: Warum knipst Xandi das Licht nicht an? Aber vielleicht sitzt dort ein Einbrecher! Auch Bedenken werden laut: Vielleicht gibt es giftige Spinnen, Kellerasseln, Ratten (lauter Realängste!). Vom kalten Wasser bekommt man Gänsehaut und Grippe. Fische oder Frösche fühlen sich so glitschig an. Und Schlingpflanzen ziehen einen runter. In den tiefen Graben könnte man stürzen, auf dem hohen Baum wird einem schwindlig, da fällt man runter. Ein Transfer zum ängstlichen Versagen durch Anforderungen oder Unheimliches kann und soll verbal hier noch nicht vollzogen werden. Kinder wähnen sich einfach furchtlos und eine Identifikation mit Xandi ist noch nicht erfolgt.
2. **Unterbrechung:** An der Textstelle »Es soll nur aufwachen, das Ungeheuer. Mit dem werden wir leicht fertig" erfolgt die nächste Unterbrechung. Hier tauchen Fragen auf: Was ist denn das für ein Ungeheuer? Warum schnarcht es? Manche akzeptieren das Ungeheuer einfach; sie erspüren da etwas Unheimliches, das bedrohen

kann. Andere überlegen aber: Vielleicht ist ein Vulkan darin? Ein Erdbeben rumpelt, Höhlen stürzen innen ein; Tiere leben dort, die hört man, die könnten einen beißen. Realistisches und magisch-animistisches Denken vermischen sich. Die Vermutungen werden nicht bewertet, sondern bleiben einfach verschiedene Möglichkeiten. Außerdem verraten sie ein oft erfreuliches Sachwissen der Kinder.

Im Weiteren geht es darum, anhand von Xandis Ängsten, die im Ungeheuer objektiviert sind, das Thema Angst aufzubrechen, sodass die Kinder miterleben können, *wie* Xandi seine Angst bewältigt. Zunehmend sprechen sich Kinder dabei frei und können als wohltuend empfinden, dass andere auch Angst haben und dass man mit Angst fertig werden kann.

Weitere Unterbrechungen gehen nun erfahrungsgemäß von Kindern aus. Sie erzählen plötzlich auch von erlebter Angst. Das wirkt ermutigend auf andere – und auf einmal ist es gar nicht mehr schwer, zuzugeben, dass man vor bestimmten Dingen Angst haben kann oder »einmal ganz arg erschrocken ist«. Daraus ergeben sich kleine Gespräche, denen man sich ruhevoll zuwenden sollte, damit sich alle, die das Bedürfnis haben, aussprechen können. Das (gelenkte) Gespräch der Kinder wird so zum Bestandteil des kleinen Märchens.

Und nun wollen wir sehen, wie es dem Xandi weiter ergeht: Bald spüren die Kinder mit Wonne den Rhythmus des Märchens heraus. Sie flüstern »*tocktocktock*« und sprechen monoton wie der Vorleser/Erzähler: »*Tapp tapp tapp*«. Sie brüllen mit dem Ungeheuer: »*Sonst fress ich dich!*«, und murmeln wie Xandi vor sich hin: »*Lieber in den … als gefressen werden!*«

Zweites Vorlesen/Erzählen mit Einlagen: eine Mitmachgeschichte

Man hält beim Vorlesen an den Stellen knapp inne, an denen die Kinder bereits Gedanken formuliert haben: Zum Stichwort »Keller« z.B. zählen die Kinder – durcheinander und nach Belieben kurz hingeworfen – auf, was Xandi ängstigen könnte, z.B.: »Ratten, Spinnen, Einbrecher«, zum »Fluss«: »Ertrinken, Schlingpflanzen, Frösche, Kälte«, zum »Graben«: »Abstürzen, Fuß brechen«, zum »Baum«: »Ast bricht ab, runterfallen, Schmerzen«, und beim Ungeheuer: »Aua!«, »Das tut weh!«, »Schweinerei, der Xandi ist schuld!«. Dazu kommen das gemeinsam gesprochene Herzklopfen und Tappen und ein genüssliches »Plumps – Platsch – Blamm!«. Nach jeder Einlage liest bzw. erzählt man quasi nahtlos weiter. Auf diese Weise entsteht eine lebendige Mitmachgeschichte, in der die Sprachmodelle so wirken, dass die Kinder bald die ganze Geschichte mitsprechen können.

Anderntags kann man zur Wiederholung das gleiche Verfahren einsetzen.

Klangillustration

Bei einem neuen Treffen wird die Geschichte wiederholt. Nach eigenen Vorstellungen malen die Kinder einen Berg, in dem ein Ungeheuer als Angstmacher wohnt. Holz- und Wachsstifte sind am besten geeignet. Die Bilder werden aufgehängt und jedes Kind stellt sein Ungeheuer vor.

Für diese Ungeheuer machen wir nun Musik – Klangerprobungen mit bereitgestellten Orff-, Rhythmik-, Körper und Umweltinstrumenten:

- **Tappen des Ungeheuers** – z.B.: mit den Füßen treten, Fäuste auf den Tisch schlagen, Trommel- oder Tamburinschläge, auf eine Waschkartontrommel schlagen
- **Herzklopfen** – leise, gleichmäßige Schläge mit Tamburin oder Klanghölzern, leise Zungenschläge, dann wildes, unregelmäßiges Klopfen
- **Brüllendes Ungeheuer** – Beckenschläge, laute Rasseln, Kochlöffel auf den Topfboden schlagen, laute Stimme, Schellenkranz, Trampeln
- **Weitere Klangerzeuger** – Wasserplätschern, über ein Xylofon wischen, Türknallen, rumpelndes Steinerollen.

Die Klangerprobungen bieten Einsichten, wie Material (Holz, Metall, Karton), Größe und Gestalt der Klangkörper wirken und was man aus ihnen herausholen kann: durch Klopfen, Streichen, Wischen, Schaben, Kratzen, Schütteln; mit Handballen, Fingern, Schlägern, Füßen oder Gegenständen. Man erzählt die Geschichte und gibt Handzeichen für die entsprechenden Einsätze der Instrumente. Die Klangillustration bedarf einer genauen Abstimmung der Instrumente und des Aufeinanderhörens: Wer spielt, wie lange, laut oder leise, an- oder abschwellend, immer lauter, immer leiser, stockend und gehackt oder weich.

Malen, Basteln, Spielen

Wachsgraffito

- **Das Ungeheuer im Berg.** Den Untergrund des Malpapiers füllt man satt mit Wachsmalstiften mehrfarbig aus. Darüber wird mit schwarzer Wachsfarbe eine dichte zweite Farbschicht gelegt. Mit einem spitzen Gegenstand (Schaber, Schere) schabt man dann die Konturen eines Ungeheuers mit Augen, Nase und Maul ein, dazu alles innerhalb dieser Gestalt, wovor man Angst haben könnte: Wasser, Schlangen, Spritze, Medizin, Pistole, Feuer, Blitz, Symbole für Tod oder Gift. Die ausgeschabten Figuren erscheinen nun in den bunten Farben des Untergrundes. Man ordnet die Bilder auf großem Packpapier an. Diese Bildfläche eignet sich auch als Spielkulisse.
- **Tütenmasken.** An den Stellen für Augen und Mund werden in einer breiten Papiertüte Einschnitte angebracht, dann malt man das Gesicht aus, dazu Haare (mit dicker Wolle oder Schnur, Watte, Schafwolle). Mit der Maske kann man alleine oder als Gruppenmonster spielen.

- **Kleistermonster aus geleimtem Zeitungspapier.** Geknülltes Zeitungspapier mit Leim einkleistern, weiteres Papier darüber modellieren, neu einkleistern und dabei eine runde, eckige, längliche oder unregelmäßige Kopfform herausbilden. Im ersten Arbeitsgang wird der »Kern« hergestellt. Nach der Trocknung (nach einigen Tagen) folgen der zweite, dann dritte Arbeitsgang. Für abstehende Teile wie Ohren, Hörner oder Nase werden an entsprechenden Stellen Löcher in die einigermaßen trockene Kugel gebohrt, länglich gerollte Zeitungsstücke eingesteckt und diese mit Leim anmodelliert. Nach der Trocknung bekommt das Ungeheuer ein Gesicht, in das alle Fantasie gesteckt werden darf. Zum Bemalen eignen sich Tempera, Deckfarben, Dispersionsfarben o.Ä.

Abb. 10 Kleisterarbeit

Mit dieser Technik lassen sich für andere Spiele und Geschichten auch Hasen, Enten, Kröten und dergleichen herstellen. Für Masken (z.B. Geißen, der Wolf) modelliert man über der einen Hälfte eines aufgeblasenen Luftballons, lässt die Masse trocknen und entfernt dann den Luftballon. Diese Maske kann mit Farben, Zierrat und Halteband weiter bearbeitet werden.

Rollenspiel

Im Rollenspiel kann das Ungeheuer sowohl von mehreren Kindern als auch nur von einem einzelnen Kind verkörpert werden. Darüber hinaus werden Xandi mit Hut und Tamburin, eine Instrumentalgruppe und ein Erzähler benötigt.

Für die Verkleidung des Ungeheuers gibt es verschiedene Möglichkeiten:
- Über eine Kindergruppe wird ein großes Tuch (altes Leintuch, alter Vorhang) gebreitet. Man schneidet genügend große Löcher für Augen und das Maul hinein.
- Die Kinder tragen ihre Tütenmasken. Dann stellen sie sich zusammen und ein Netz wird über sie geworfen.
- Eine große Folie wird zuerst in der Mitte gefaltet und an einer Seite mit dem Tacker geklammert. Gemeinsam malen die Kinder mit kräftigen Dispersionsfarben ein großes Ungeheuergesicht darauf. Zum Spiel stehen sie unter dieser Folie.

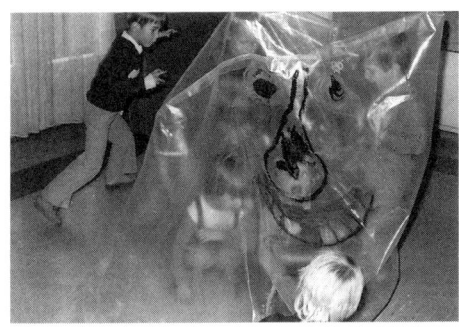

Abb. 11 Xandi umkreist das Ungeheuer

Der Erzähler erzählt oder liest vor; an den geeigneten Interaktionspunkten hält er an und lässt die entsprechende Szene spielen. Diese wird jeweils besprochen und evtl. verbessert, präzisiert, bevor die nächste Szene ›dran‹ ist. Dazu spielt die Instrumentalgruppe. Das Ungeheuer, das z.B. auf einem Tisch, Podest o.Ä. steht, bewegt sich tappend und trampelnd (d.h. alle Kinder gemeinsam) unter der Folie bzw. dem Netz. Erst am Ende fallen alle Ungeheuerkinder einzeln heraus und verstecken sich. Es bleibt quasi die ›Haut‹ (die Folie) übrig.

Das Spiel gelingt bei Kindergartenkindern und Grundschülern der 1. und 2. Klasse erst nach mehrmaligem Durchspiel. Sie merken dann, worauf es ankommt, gewinnen den Überblick und gestalten die Szenen mimisch, gestisch und klanglich zunehmend bewusst aus. Rollenwechsel ist angezeigt.

Variation · Hier spielt ein einzelnes Kind das Ungeheuer. Es schleppt im Sack (einer durchsichtigen Folie) die Zeitungs-Kleistermonster mit. Es drapiert den Sack als Vergrößerung seines Körpers auf dem Bauch oder Kopf, während es schnarcht oder herumtappt. Wenn es vom Baum stürzt (vom Tisch springt), geht der Sack auf und alle Köpfe rollen heraus. Auch hier begleitet die Instrumentalgruppe und werden die Schlüsselsätze von den Spielern gesprochen.

Pantomime

Bei der Pantomime geht es um Ausdrucksbewegungen – je älter die Kinder sind, umso besser werden sie sich ausdrücken können.

Zunächst ist es sinnvoll, erste Pantomime-Übungen zu machen:

- Ungeheuer: erwachend, großspurig brüllend, ›ganz klein‹ werdend.
- Xandi: schüchtern, in Abwehrhaltung, zaudernd, zitternd, immer mutiger, dann in Siegerpose.
- Die Leute in der Stadt: angeberisch, gleichgültig, dann voller Angst.

Das Gestische und Mimische wird nun gemeinsam versucht: Augenausdruck, Mundstellung, Kopf- und Schulterhaltung, gerader oder gebeugter Rücken, schleppende,

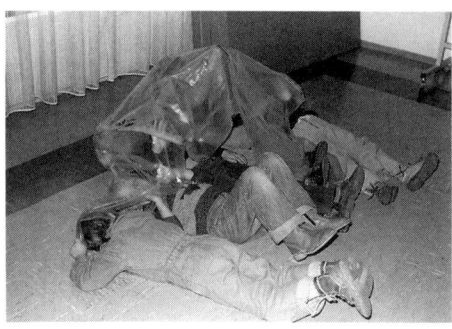

Abb. 12 Das Ungeheuer ist abgestürzt

tappende Beinbewegungen, Kletterbewegung; zusammengekrampfte oder übermütig ausgebreitete Arme. Gegenseitiges Vor- und Nachmachen unterstützt eine Sensibilisierung sowohl für eigene Ausdrucksfähigkeit als auch für das Einfühlen und Deuten der Ausdrucksbewegungen anderer.

- **Pantomimisches Ratespiel.** Einzelne Kinder führen eine Kurzszene vor, die anderen deuten: Was ist gerade geschehen? Wie fühlt sich Xandi hier? Wie das Ungeheuer?

  Oder die Leute in der Stadt?

- **Spiegelspiel-Pantomime.** Einer führt Bewegungen und mimisch-gestische Ausdrucksformen vor, die anderen ahmen wie ein Spiegel nach. Dabei werden kleine Szenen zusammengestellt, z.B.:

  – Das Ungeheuer betrachtet sich wohlgefällig, probiert furchterregende Grimassen aus und prüft seine Muskeln.

  – Xandi vergräbt sich unter der Bettdecke, schaut aber vorsichtig an der Seite heraus.

  – Xandi flattert vor Angst, starrt mit großen Augen in den Keller hinunter, sucht ein Versteck.

  – Xandi weicht vor dem Wasser zurück, prüft seine Kälte, schaudert. Dann hält er sich die Nase zu, nimmt Anlauf, stockt – und noch mal: Da springt er!

  – Xandi macht schüchterne Kletterversuche. Er wackelt auf dem Ast, aber dann wird er immer geschickter und sicherer.

  – Das Ungeheuer humpelt weg, prüft immer wieder, ob es Knochen gebrochen hat, wirft vorsichtige Blicke zurück.

Bei dieser Spielform werden Körperausdruck, Empathiefähigkeit und das Spielen in Zusammenhängen gestärkt. Auch finden unterschiedliche Identifikationen mit Xandi, aber auch mit dem starken Ungeheuer statt.

Schattentheater (für Projekte geeignet)

Die pantomimischen Übungen sind gute Voraussetzungen für ein Schattenspiel. Ein großes Leintuch wird zwischen (Karten-)Ständern aufgespannt. Der Unterbau ist so hoch, dass sich Kinder aufrecht hinter der Leinwand bewegen können, wobei Kopf und Oberkörper als Schatten sichtbar bleiben. So spielen und sprechen sie entspannt. Die Position der Lichtquelle hinter der Leinwand und den Spielern muss erprobt werden, um scharfe Schatten zu erreichen. Die Kinder lernen, nur das zu zeigen, was ausdruckssteigernd wirkt: Profile und Armbewegungen entlang der Leinwand. Und: Nur, was direkt an der Leinwand bewegt wird, erscheint scharf. Besonders wirken Bewegungen der Kopfhaltung, der Arme, Fäuste, Hände und einzelner Finger. Jeder darf seine Bewegungen versuchen und von den anderen korrigieren lassen: Für ein einfaches Spiel gibt es den Erzähler, der anhält, wenn eine Szene mit Schatten ausgespielt wird. Das Ungeheuer könnte eine grimassenartig zugeschnittene, große Maske sein, die sich riesenhaft von hinten nähert, bis sie an der Leinwand aufsitzt, scharf wird und sich vor Xandi aufbaut.

Älteren Schülern (ab 4. Kl.) gelingt auch ein ganzkörperliches Spiel als Schatten ohne Erzähler. Nötig sind hierfür: ein Drehbuch, in dem die Geschichte in Handlungen und Dialoge aufgelöst wird, und Übergänge von einer Szene zur anderen, sodass ein logisch aufgebauter Handlungsfluss entsteht.

Das Schattentheater lässt sich attraktiv mit Profilfiguren aus Pappe, die an Stöcken geführt werden, gestalten. Es bieten sich z.B. sechs Szenen an, die durch einen Erzähler verbunden werden oder parallel zum Vorlesen der Geschichte gespielt werden oder ganz in Handlung und Dialoge bzw. Monologe umgewandelt werden (frei gesprochen!), z.B.:

- 1. Szene: Xandi, Stadtkulisse, evtl. Leute und Ungeheuer in Bergkontur
- 2. Szene: Xandi, Ungeheuer, stilisierte Treppe, Kellerzubehör
- 3. Szene: Xandi, Ungeheuer, Wellen zwischen Ufern rechts und links
- 4. Szene: Xandi, Ungeheuer, welliger Boden mit tiefer, breiter Spalte darin
- 5. Szene: Xandi, Ungeheuer und Baum
- 6. Szene: Xandi, zerdrücktes Ungeheuer in Bergkontur, Stadt, evtl. Leute.

2.4 Rotkäppchen

Zielgruppe: Kindergartenkinder, Grundschüler, Schüler der Sekundarstufe I und II
Schwerpunkte: Bildhaftes Gestalten und Wiederholungstechniken · Bewegungsspiele, Rollenspiele, Hilfs- und Doppel-Ich · Gefühle und Körperrhythmen · Fenstertransparente mit geöltem Papier · Farbige Lichtbühne und besondere Dialoge (lesen u. sprechen, ab Kl. 3–4) · Elfchen verfassen (ab Kl. 4, besonders geeignet für Schüler der Sekundarstufe I) · Nestgeschichten (ab Kl. 3–4, Sekundarstufe I und II) · Für ältere Schüler (ab ca. 14 J.): Sinnerschließung über Sekundärliteratur zu Rotkäppchen und Umgang mit neuen Rotkäppchen-Texten.

2.4.1 Märchentext und Anmerkungen

Da das Märchen in jedem guten Märchenband steht, ist der Text hier nicht abgedruckt. In den KHM ist er unter der Nummer 26 erfasst.

»Rotkäppchen« findet man im »Kleinen Typenverzeichnis« (vgl. Röth 1998) in der Gruppe: »Übernatürlicher Gegner« unter der Nr. 333. Bei »Bemerkungen« heißt es da:

> »*In der Datenbank ist das weitgehend auf Frankreich, Italien, Deutschland beschränkte, nur spärlich belegte Märchen unzureichend vertreten. Der Verlauf bei AT entspricht einseitig KHM 26. Dieses geht indirekt auf Perraults ›Le petit chaperon rouge‹ von 1697 zurück, das die kannibalischen Züge der (älteren?) mündlichen Überlieferung nicht enthält und wie diese mit dem Tod Rotkäppchens endet. Wilhelm Grimm unterdrückte Erotisches und entnahm den versöhnlichen Schluss Tiecks eigenwilliger Versbearbeitung von 1800, die auf Perrault fußt, und glich ihn KHM 5 [Der Wolf und die 7 Geißlein, H.Z.] an. Er ist nur in deutschen, wohl Grimm-abhängigen Varianten belegt. Auch das rote Käppchen beruht auf Perrault. Übergangsformen, in denen die Überlistung des Verschlingedämons gelingt, berühren sich mit dem auf Italien begrenzten Mt 333A (Caterinella). Neben der Warnfunktion wurde auf Böses lustvoll provozierende Kinderspiele verwiesen. Das didaktische Anliegen hat dem Märchen (auch in Bechsteins Version) weiteste Verbreitung gesichert; zahlreiche Parodien haben die Rezeption ganz erheblich bestimmt*« (Röth 1998, S. 48).

Weiterführende Literatur

Vgl. dazu auch:
Anmerkungen in Ranke (1977)
Zum Wolfsthema: Der Wolf und die sieben jungen Geißlein (KHM 5).
Ludwig Tieck (1800): »Leben und Tod des kleinen Rotkäppchens« (Märchendrama).

Charles Perrault (1628–1703), Rechtsanwalt, seit 1664 Oberaufseher der königlichen Bauten und seit 1671 Mitglied der Akademie, wurde besonders durch seine »Feenmärchen aus alter Zeit« berühmt. Sie erschienen zuerst unter dem Namen seines Sohnes Pierre. Seine Stoffe wählte er aus überliefertem Volksgut. Zu den acht bekanntesten Märchen zählen »Die Schöne, die im Walde schlief« (dieses Märchen entspricht in Grundzügen »Dornröschen«), »Rotkäppchen« (bei dem das Kind gefressen bleibt), »Blaubart«, »Meister Hinz oder Der gestiefelte Kater« (das manche der grimmschen Fassung vorziehen), »Die Feen« (entspricht in Grundzügen »Frau Holle«), »Aschenbrödel oder Das gläserne Pantöffelchen«, »Riquet mit dem Schopfe« und »Der kleine Däumling«, dessen Beginn »Hänsel und Gretel« ähnlich ist.

In den KHM verweisen die Grimms auf weitere Fassungen, u.a. auf eine blutrünstige schwedische Volksliedfassung (Rölleke 1984, Bd. 3, S. 59; dazu weitere Hinweise S. 454). Uther geht auch auf die zweite Rotkäppchenfassung ein, die den KHM gleich angeschlossen ist (1996, Bd. 4, S. 55–59). Hier ist Rotkäppchen ein selbstständig handelndes Wesen – gleichsam als Demonstration und Lehrstück, wie gut Rotkäppchen aus seiner ersten Begegnung mit dem Wolf gelernt hat (Uther 1996, Bd. 4, S. 56).

»Rotkäppchen« ist ein überaus beliebtes Thema für Theater, Funk und Fernsehen, Film und Trickfilm, für Buchillustrationen und als Comic oder Cartoon. Neue Perspektiven werden sich durch computeranimierte Filme mit den Möglichkeiten für Spezialeffekte ergeben, bei denen sich die Grenzen zwischen Animation und Realfilm auflösen lassen.

Weiterführende Literatur

Mit älteren Schülern kann man ideenreich an Rotkäppchen-Versionen arbeiten. Hierzu zählt auch die Beschäftigung mit Literatur wie von:

Ritz, H. (2000): Die Geschichte vom Rotkäppchen. Ursprünge, Analyse, Parodien eines Märchens. 13. Aufl. Göttingen: Muri.
Kühleborn, H. (1982): Rotkäppchen und die Wölfe. Von Märchenfälschern und Landschaftszerstörern. Frankfurt/M.: Fischer Taschenbuch.
Günther, J.-M. (1990): Der Fall Rotkäppchen. Juristische Gutachten über die Umtriebe der sittenlosen Helden der Brüder Grimm zur Warnung für Eltern und Pädagogen. Frankfurt/M.: Eichborn.
Zipes, J. (1985): Rotkäppchens Lust und Leid. Frankfurt/M./Berlin/Wien: Ullstein.

2.4.2 Interpretation (nach Bruno Bettelheim)

Hier noch einmal eine psychoanalytisch orientierte Interpretation: *Rotkäppchen* ist kein individueller Mädchenname, sondern verfasst nach einem Kleidungsstück, das von einer verwöhnenden Großmutter geschenkt wurde. Der Nachdruck im Namen liegt auf der roten Farbe. Mit dieser werden nach Bettelheim starke Emotionen, besonders sexueller Art, symbolisiert. Rotkäppchens Schicksal bewegt alle Kinder stark, denn die Hinterlist des gefräßigen Wolfes lässt ja nichts an Deutlichkeit vermissen.

Bettelheim weist auf Elemente aus früherer Zeit bis in die Mythologie hin, besonders aber auf Perraults Rotkäppchen (»Le petit chaperon rouge«), das mit dem Sieg des Wolfes, des Bösen, endet: dies als Abschreckung für Kinder, verbunden mit einer Moral. Ein Märchen im Stil der Grimms endet allerdings mit dem Sieg des Guten, und so finden wir auch die grimmsche Version mit der Überwindung des Wolfes märchengerechter. In ihr wird die Fantasie des Kindes aktiviert; es kann dem Inhalt persönliche Bedeutung beimessen.

Das zentrale Thema dieses Märchen ist, verschlungen zu werden.

Es »*greift einige entscheidende Probleme auf, die das Schulmädchen zu lösen hat, wenn seine ödipalen Bindungen im Unbewußten verhaftet bleiben, was dazu führen kann, dass es sich auf gefährliche Weise der Möglichkeit aussetzt, verführt zu werden*« (Bettelheim 1977, S. 161).

Großmutters Waldhaus und Rotkäppchens Elternhaus entsprechen dem gleichen Ort, der aber unterschiedlich erlebt wird, da sich die psychologische Situation ändert: Rotkäppchen bewältigt Pubertätsprobleme im Elternhaus ganz gut. In einer veränderten Situation aber, bei der kranken Großmutter, kann es sich nicht gegen die Folgen der Begegnung mit dem Wolf wehren, da ihm noch die nötige Reife fehlt. Über orale Fixierungen des kleinen Kindes ist die Heldin allerdings bereits hinaus: Gerne teilt sie den Überfluss, in dem sie lebt, mit der Großmutter. Sie fürchtet sich nicht vor dem ›Draußen‹. Allerdings ermahnt sie die Mutter, nicht vom rechten Wege abzugehen.

Rotkäppchen empfindet die Welt draußen als schön, und da es von seinen Eltern scheinbar realitätsgerecht erzogen wurde (Mahnungen, Zuwendung), ist es zugleich der Gefahr ausgesetzt, in dieser reizvollen Außenwelt dem Lustprinzip zu folgen, denn alles Verbotene oder Unbekannte reizt eben. Diese Entscheidung zwischen Lust- oder Realitätsprinzip wird hübsch herausgestellt: Mit Lust pflückt Rotkäppchen Blumen und lauscht dem Gesang der Vögel; und dies alles, weil der Wolf es darauf aufmerksam gemacht hat! Aber da schränkt doch auch die mütterliche Mahnung ein, nicht vom Weg abzugehen, die Großmutter ordentlich zu grüßen und nicht in alle Ecken zu gucken (d.h. nicht die Geheimnisse der Erwachsenen zu belauschen).

Rotkäppchen hat Ähnlichkeit mit einem Kind, das bereits in der Pubertät steckt, für die es aber emotional noch nicht reif ist, da es seine ödipalen Probleme noch nicht ganz bewältigt hat. Eine gewisse Reife zeigt sich zwar, da es nicht mehr naiv alles hinnimmt, sondern fragt und neugierig ist – es wundert sich ja über die seltsame Großmutter. Nur: Identifikationen mit beiden Elternteilen und eine Rolle zwischen ihnen sind noch nicht gelungen. Im Märchen werden Mutter und Großmutter (sie entsprechen hier *einer* Mutter) zudem zu schuldbeladenen Figuren, da sie mit dem roten Käppchen, dem Symbol offen getragener Sexualität, zu früh auf das Kind eine sexuelle Anziehungskraft übertragen. Dafür ist Rotkäppchen aber noch zu jung.

Die Ambivalenz des männlichen Prinzips wird symbolisch aufgetrennt: in den Wolf als einen gefährlichen Verführer und in den Jäger als eine verantwortungsbewusste, beherrschte Vaterfigur. Wolf und Jäger sind gegensätzliche Tendenzen, wie sie in jedem Menschen zwischen dem Es und Ich, dem Destruktiven und Sozialen bestehen, wobei der Jäger hier den besonnenen Beschützer vertritt. Rotkäppchen versucht nun offenbar, diese beiden Naturen des Mannes (zu früh) zu erforschen. Eine sichere Wertung fällt ihm mangels Erfahrung aber nicht leicht: Die liebenswürdige Seite des Wolfes im Wald wirkt durchaus verführerisch und die wölfische kennt es noch nicht.

Dass der Wolf eine Mutterfigur verschlingen kann, hat er der naiven Auskunftsfreude des Mädchens zu verdanken, das sich dadurch selbst in höchste Gefahr bringt. Das mag bedeuten: Rotkäppchen ist einer Begegnung mit dem ›Wolf‹ emotional noch nicht gewachsen. Es ist psychisch noch zu unreif für sexuelle Erlebnisse – in solchen Fällen werden nur primitive Gefühle geweckt, die jeden Menschen bisweilen zu ›verschlingen‹ drohen. Als Kernthema erzählt das Märchen also, dass Rotkäppchen mit seiner naiven, verfrühten Neugier durch die Wolfsgestalt eine Verführung erlebt, die auf das Kind animalisch wirkt und es beinahe vernichtet.

Das grausame Aufschneiden des Bauches wird damit gerechtfertigt, dass es einem sozialen Ziel dient: Zwei Menschenleben werden damit gerettet, und die Idee der Heldin, den Wolfsbauch mit Steinen zu füllen, verrät, dass sie sich aus ihrer Schwäche gegenüber dem wölfischen Verführer befreit hat. Rotkäppchens ›Wiedergeburt‹ wird durch das Bild mit dem aufgeschnittenen Bauch besonders sinnfällig. Es hat einen Reifungsprozess durchlebt und kann nun durch seine Muttergestalt weiterlernen und langsam erwachsen werden.

Rotkäppchen fühlte sich im Wolfsbauch sehr lebendig. Es erzählt später von seiner Angst vor der Dunkelheit da drinnen; sein seelischer Rückfall wird übertreibend symbolisch sogar bis in ein vorgeburtliches Stadium (im Bauch) geführt. Nun aber, nach seinem Erlebnis, wird es eine Begegnung mit dem Wolf nicht mehr fürchten. Rotkäppchens Erkenntnis: »*Du willst dein Lebtag nicht wieder allein vom Wege ab in den Wald laufen, wenn dir's die Mutter verboten hat*«, zeigt, dass es durchaus gewillt ist, den gleichen Weg durch den Wald wieder zu wagen und ein Treffen mit dem Wolf zu riskieren. Es zeigt auch, dass es Problemen nicht mehr ausweichen will, dass es aber auch ratsam ist, mütterliche Ermahnungen anzunehmen und sich auf den väterlichen Schutz zu verlassen – so Bruno Bettelheim.

Beim Vorlesen oder Erzählen des Märchens darf dem Kind keine Interpretation geliefert werden: Sexuelle Zusammenhänge bleiben vorbewusst. Aber es kann erkennen, dass es Dinge gibt, die es gerne tun würde, die aber von den Eltern nicht gestattet werden können. Vom Wege abzugehen, in harmloser Absicht eigenen Wünschen nachzugehen kann einen teuer zu stehen kommen. Rotkäppchen dient mit dieser Botschaft als Warn- und Schreckmärchen.

Interpretationen sind nie allgemein verbindlich, so auch nicht die von Bruno Bettelheim. Jeder entnimmt sich aus dem großen Spielraum, was seinen augenblicklichen Bedürfnissen entspricht, was sein Unbewusstes, aber auch sein bewusstes Nachdenken (bei Größeren) an Informationen bearbeiten und als bereichernd für das seelische Wachstum und Wohlbefinden akzeptieren können.

2.4.3 Spiel- und Gestaltungsvorschläge

Einstimmung: Man zündet leise und mit ruhigen Bewegungen vor der Sitzgruppe oder im Sitzkreis eine Kerze an, die von seidigen Tüchern oder feinem, schimmerndem Stoff umgeben ist. Die Zuhörer stellen sich auf die Stille ein.

Bildhaftes Gestalten und Wiederholungstechniken

Vorab steht das Erzählen oder Vorlesen. Man spricht erst, wenn alle Kinder still und zuhörbereit sind. Dabei ist es günstig, mit relativ leiser Stimme zu sprechen, Blickkontakte zu halten und während des Erzählens auch direkt in die Richtung unruhiger Kinder zu sprechen.

- **Malen.** Für Grundschüler ist Rotkäppchen ein beliebtes Malthema: Jeder bestimmt selber, welche Szene er am spannendsten findet. Am beliebtesten sind i.d.R. die Begegnung im Wald und die Szene mit dem Fressen. Entsprechend fallen die Größe des Wolfs, sein riesiges Maul und die gefährlichen Pranken auf. Das Untier fasziniert im Übrigen entschieden mehr als die Muttergestalten; Rotkäppchen erscheint in der Regel recht klein und brav.
- **Wiederholungstechnik.** Nach dem Malen oder am nächsten Tag legen die Kinder ihre Bilder im Zentrum des Sitzkreises auf dem Boden in der Handlungsfolge aus und erläutern, was da passiert ist. Dabei müssen sie zwangsläufig auch die nicht gemalten Szenen benennen, sodass der Gesamtablauf rekapituliert wird.
- **Variation.** Man legt im Kreiszentrum zum Märchen passende Gegenstände aus, z.B.: Blumen, Korb, Kekse, eine Flasche, Bild von einem Wolf und einer Hütte, Vogel (Spielzeug), Puppenbett oder kleines Kissen. Diese Gegenstände werden in die Reihenfolge der Märchenhandlung gebracht und begründet.
  Diese zwanglose Wiederholung eignet sich für alle Märchen.

Bewegungsspiele, Rollenspiele, Hilfs- und Doppel-Ich, Einzelszenen

Um die folgenden Rollenspiele überzeugender gestalten zu können, wird eine Erkundung des Wolfes vorangestellt:

- **Sachinformationen** sollen über das genauere Aussehen, über Vorkommen, Ernährung, Familien- und Rudelleben (soziale Ordnung) und Gewohnheiten Auskunft geben. Bilder aus einem Sachbuch unterstützen solche Informationen.

- **Körperorientierung.** Die Kinder gehen in Wolfsstellung und benennen umgedeutet Einzelteile – Vorder- und Hinterbeine, Pfoten, Rückenverlauf, Schnauze, Ohren, Schwanz, Fell. Bewegungsformen des Wolfes sind stehen, sich ducken, schleichen, sich aufrichten, lauschen, putzen, rangeln, jagen, kämpfen.
- **Gelenkigkeitsübung.** Die Kinder »putzen« sich die linke Pfote, das rechte Vorderbein, dann rechte Pfote, linkes Vorderbein, hinter den Ohren, Bauch, einzelne Hinterbeine. Diese Übung unterstützt auch Gleichgewicht und Raumorientierung.
- **Der Leitwolf befiehlt.** Jeder darf im Spiel mal Leitwolf sein und anderen befehlen, z.B. auf allen vieren über Stühle klettern, unter dem Tisch durchschleichen, etwas mit dem Maul packen, heulen, hochspringen, einen anderen Wolf begrüßen. Dieses Führen und Führenlassen hat eine soziale Funktion: Jeder darf mal anführen, soll sich aber auch in die Gruppe einordnen. Jeder darf eigene Ideen präsentieren und kann sich zugleich durch die Gefolgschaft der nachahmenden Gruppe bestätigt sehen.
- **Verteilung der Rollen zum Spiel.** Sie liegen mit den entsprechenden Figuren fest. **Requisiten:** Für Elternhaus und Haus im Wald eignen sich Spielhütten, Kartons, Bauelemente, die Kuschelecke, Raumteiler o.Ä. Bäume zwischen den beiden Häusern werden von Kindern oder Stühlen mit Zweigen oder grünen und bunten Tüchern darauf gebildet. Rotes Käppchen, Körbchen mit Kuchen (Keksen) und Wein (Saft) sollten echt sein, damit man am Ende richtig mit dem Jäger essen und trinken kann. Gemeinsam mit den Kindern überlegt man auch, wo Großmutters Bett steht, wie gefressen wird (z.B.: unter einer Decke auf dem Wolfsbauch verschwinden) und wie der Bauch mit Steinen gefüllt wird (z.B. mittels Jacke mit Reißverschluss). So werden im Umdeuten von Dingen Vorstellungskraft und symbolisches Denken entwickelt.
- **Spielverlauf.** Mit nur einem Durchspiel ist es nicht getan – der Ablauf sollte auf Rollenwechsel abgestimmt sein. Schon bei dem ersten Anspielen achte man auf Rollenwechsel, wobei die Zuschauer jeweils konstruktive Kritik und Veränderungsvorschläge einbringen. Wer im Moment keine Spielerrolle hat, kann Tiere des Waldes und die Vögel spielen, auch in erweiterter Form, z.B. unterhaltend oder warnend. Außerdem lassen sich für die Bäume weitere Kinder mit Instrumenten für Waldgeräusche einsetzen. Geeignet ist auch ein Spiel im Garten oder Wald.
- **Rhythmisch-musikalische Untermalung.** Handtrommel bzw. Tamburin eignen sich für Geräusche des Laufens, und leise angeschlagene Rasseln, Schellen, Xylofone, dazu Zwitschern, Pfeifen, Pusten stellen Waldgeräusche dar (Alle Vorschläge mit den Kindern auf Eignung überprüfen!). Wenn der Wolf kommt, flüstern alle Bäume z.B. rhythmisch und im Crescendo: »Vor-sicht-der-Wolf-kommt! Vorsicht-der-Wolf-kommt!« Wenn der Übeltäter zur Großmutter trabt: »Vor-sicht-der-Wolf-will-dich-fres-sen! Vorsicht-der-Wolf-will-dich-fressen!« Einsätze und Lautstärke regelt der Pädagoge mit vereinbarten Handzeichen. Solche rhythmischen Einlagen geben dem Spiel Struktur und Spannung.
- **Hilfs-Ich.** Beim Hilfs-Ich steht ein zweites, sprachgewandtes Kind hinter dem eigentlichen Spielkind, das evtl. schüchtern und gehemmt ist. Es flüstert ihm Stichworte ein oder hilft beim Sprechen selber mit.

- **Doppelgängermethode.** Man kann sie bei älteren Schülern als echte Rolle einfügen. Der Wolf wird durch zwei sich haltende Kinder gespielt. Der eine Wolf spricht laut, was er zu Rotkäppchen und der Großmutter sagt, der andere spricht leise, was der Wolf denkt bzw. nur zu sich selber sagt, z.B. sagt der eine Wolfsteil laut zu Rotkäppchen: »*Rotkäppchen, schau dir doch mal die vielen schönen Blumen an! Willst du dir nicht einen Strauß pflücken?*« Und der andere Wolfsteil murmelt: »*Na, die werde ich nachher fressen! Hmmm!*« Es ist für Kinder nicht einfach, sich mit *einer* Figur zu identifizieren und die Ambivalenz von Schmeichelei und Gier verbal auszudrücken. Anfangs fühlt sich das leise sprechende Kind bisweilen von der Aussage des laut sprechenden Teils verwirrt. Grundschüler spielen diese Widersprüchlichkeit aber zunehmend geschickt, ältere Schüler auch parodierend.
- **Einzelszenen für Ältere (3.–4. Klasse).** Hier spielen Mimik, Gestik und Tonfall eine Rolle. Wie sieht das (betreffend Augen-, Kopf- und Körperbewegung) aus, wenn der Wolf im Wald schmeichelt, aushorcht und Rotkäppchen dagegen ganz arglos und sogar dankbar für die Tipps zu Blumen und Vögeln ist? Im berühmten Dialog zwischen Wolf und Rotkäppchen werden vier Sinne vom Wolf angesprochen; sie können gestisch unterstrichen werden: Hören, Sehen, Fühlen/Bewegen, Schmecken. Rotkäppchens Mischung aus Verwunderung, Neugier, Misstrauen bis zur Angst muss vorher besprochen und erprobt werden und lässt sich gut inszenieren, auch bei einem Figuren- oder Schattenspiel. Eine eigene Szene ist die Befreiung aus dem Bauch: die Verwunderung des Jägers, seine überlegte Rettungsaktion, Rotkäppchens Bericht über seine Angst, dann Großmutters Bericht, wie es ihr zuvor ergangen war.

Gefühle und Körperrhythmen

- **Atemübungen.** Wir horchen liegend auf unseren Atem und spüren ihn bewusst mit den Händen, die auf dem Bauch ruhen. Im Stehen steigt und fällt die Hand – ganz ruhig – beim Ein- und Ausatmen. Wir atmen im Stehen tief ein und aus, schließen dabei die Augen und heben und senken das Gesicht mit der entsprechenden Atmung.
- **Grafische Spur.** Wie sieht solche Atembewegung als Bewegungsspur aus? Mit dem Stift zeichnet man während des Atmens das eigene regelmäßige Auf und Ab mit (Abb. 13).

Abb. 13 Regelmäßiger Atem

Rotkäppchen bekommt Angst. Wie lässt sich der unruhige Atem malen (Abb. 14)?

Abb. 14 Unruhiger Atem

Wie schlägt Rotkäppchens Herz in der Angst (Abb. 15)? Könnte man seinen Puls fühlen?

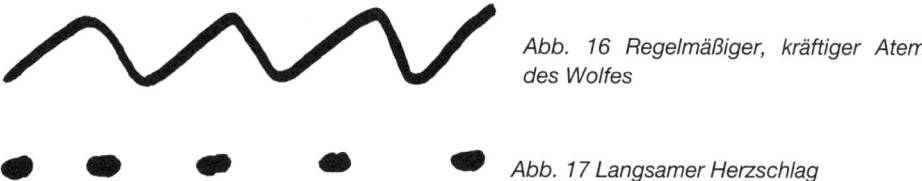

Abb. 15 Ängstlich schlagendes Herz

Der Wolf schnarcht; er atmet kräftig und tief (Abb. 16). Im Schlaf schlägt auch das Herz langsamer (Abb. 17)

Abb. 16 Regelmäßiger, kräftiger Atem des Wolfes

Abb. 17 Langsamer Herzschlag

Nachdem Rotkäppchen gefressen wurde, lebt es im Bauch weiter. Wie sieht wohl ein Ensemble von Herz und Atem beim Wolf zusammen mit Rotkäppchen aus (Abb. 18)?

Abb. 18 Atem und Herzschlag von Rotkäppchen und Wolf

Die Zeichen lassen sich nun ablesen, deuten. Dazu wird das Märchen erzählt. Ältere Schüler können mit solchen Notationen auch Grafiken von abstrakter Wirkung herstellen.

Fenstertransparente mit geöltem Papier

Dieser Gestaltungsvorschlag ist für Grundschüler geeignet. Kindergruppen stimmen sich miteinander ab, welche Szene sie malen wollen, sodass eine vollständige Bilderfolge vom Anfang bis zum abschließenden Essen mit dem Jäger und den geretteten Figuren entsteht. Einzelne Motive können ruhig auch mehrmals auftreten – die Kinder malen ja doch unterschiedlich.

Als Material eignen sich Wachsfarben oder leuchtende, weiche Holzstifte. Die Bildflächen sollten kräftig und ganzflächig bemalt werden. Anschließend werden beide Seiten mit Öl (Salatöl) bestrichen. Eventuell genügt es, nur eine Seite einzuölen. Nach der Trocknung (ca. zwei Tage) auf ausgelegtem Zeitungspapier erscheinen die Bilder glasig transparent wie ein buntes Glasfenster, nachdem man sie in Handlungsabfolge mit Klebstreifen an das Fenster geheftet hat.

Farbige Lichtbühne und besondere Dialoge

In den Gesprächen über Rotkäppchen kreisen die Gespräche immer wieder um die Dialoge zwischen Wolf und Rotkäppchen im Wald und im Haus der Großmutter. Sie sind Schlüsselszenen. Kann ein Kind wirklich so naiv sein? Im Wald verhält sich Rotkäppchen arglos, unbekümmert und bereit, seine Umwelt mit wachen Augen aufzunehmen. Zugleich ist es etwas zu geschwätzig, gibt es dem Wolf doch eine genaue Wegbeschreibung zur Großmutter. An Großmutters Bett aber ändern sich seine Gefühle dramatisch: Am Anfang zeigt sich Rotkäppchen neugierig – und hat die Mutter nicht gewarnt, nicht in alle Ecken zu schauen?! Dann beginnt es, sich zu verwundern; ein leise raunendes Misstrauen gegenüber der Gestalt im Bett schleicht sich ein. Dieser Zustand wandelt sich mit jedem weiteren Satz in Ängstlichkeit, Angst und dann nacktes Entsetzen, als das Kind – zu spät – die wahre Natur des Wolfes erkennt. Dieses Drama schreitet Satz um Satz zügig fort.

Arbeitsschritte: Vom intonierenden Lesen zur farbigen Lichtbühne

- **Lesen.** Zuerst werden die Textpassagen unter ihrem angemessenen emotionalen Aspekt besprochen. Die Schüler versuchen, beim Lesen mit entsprechender Stimmfärbung, Lautstärke und Tempo zu lesen.
- **Dialogisches Lesen.** Es folgt dialogisches Lesen mit der ausführlichen Ansprache der Mutter und Rotkäppchens Antwort, dann zwischen Rotkäppchen und Wolf im Wald und mit wachsender Dramatik in Großmutters Haus. Danach bezieht man auch den monologischen Teil des Jägers mit ein. Es ist nicht einfach, diese Texte auf eine natürlich wirkende Art zu lesen und Deklamieren zu vermeiden.
- **Lesen in verteilten Rollen.** Das ganze Märchen wird in verteilten Rollen (mit Erzähler und Personenrede) gelesen, wobei den direkten Redeteilen im Elternhaus, im Wald und am Bett besondere Aufmerksamkeit gilt. Nun kommt auch eine Beachtung der Gedanken von Wolf und Rotkäppchen dazu. Beim Üben erweist sich eine Tonaufnahme zur Kontrolle als hilfreich.
- **Schattentheater.** Für ein Schattentheater stellen die Schüler (Grundschüler, Sekundarstufe I) Pappfiguren her und üben das Spiel, indem sie den Text ausdrucksvoll und mit angemessenen, eingeplanten Pausen vortragen: Die Spielszenen verlaufen teils parallel zum Vorlesen, teils in den Sprechpausen. Übergänge der Handlungen werden durch Standszenen oder mit nur ruhig bewegten Figuren verbunden.
- **Farbige Lichtbühne.** Hierfür wird das technische Können von älteren Schülern (Sekundarstufe I und II) einbezogen: Hinter der Leinwand für Schattentheater baut man mehrere farbige (rote, gelbe, blaue, grüne) Dispersionsleuchten in ver-

schiedenen Positionen auf. Die Birnen werden z.B. mit hitzebeständiger farbiger Folie überzogen. Man verbindet die Leuchten so, dass sie von einer Schaltstelle aus steuerbar sind. Diese muss seitlich *vor* der Leinwand aufgebaut werden, da man nur von hier aus die farbige Wirkung mit den Schatten kontrollieren kann. Mit Dimmern lassen sich nun die Farben dämpfen, verstärken und so zusammenschalten, dass Einzelfarben oder mehrere Farben zugleich aufleuchten. Bei hohen gelben und orangefarbenen Werten treten Konturen dunkler und stärker hervor, während andere Farben entsprechend bunte Schatten, Doppelschatten und gleichsam Gloriolen um einen schmalen Kernschatten schaffen. Sie verleihen den Figuren im Bewegen weiche, fließende Effekte. In dieser Technik lassen sich, womöglich von Klangkörpern unterstützt, besonders günstig auch Stimmungen und Gefühle interpretieren.

- **Schattenfiguren.** Jüngere Schüler (Sekundarstufe I) führen ihre Schattenfiguren hinter der höher gestellten Leinwand an Stäben, wodurch die Spieler im Stehen unsichtbar bleiben.
- **Ganzkörperspiele.** Ältere Schüler (Sekundarstufe II) sollten versuchen, die farbige Lichtbühne durch Ganzkörperspiele zur Geltung bringen zu bringen. Hier ist die Leinwand etwa 3 m lang und 2 m hoch und wird ab Bodenhöhe bespielbar. Die Personen bewegen sich dicht hinter der Leinwand. Der Verfremdungseffekt ist hierbei hoch.

Neben Märchen eignen sich auch Lyrik und fantastische Geschichten sehr gut, da die gesteuerten Farbeffekte Stimmungen jeder Art, auch in langsamen Übergängen, erzeugen können – von heiter bis verträumt, von verwunschen bis unheimlich, und dabei immer auch die eigene Fantasie anregend.

Das Zusammenspiel von Bewegungskontrollen bei Hervorhebung von Kontur und Profil, dazu Diskussionen um Farbwerte und Körperausdruck, ebenso die Gestaltung der Sprechrollen oder Erzählungen bzw. Rezitation, der Klangillustrationen und der Bewältigung der Technik gelingen durch multisensorischen und multimedialen Einsatz und fordern künstlerisch und kognitiv heraus.

Nestgeschichten

Nestgeschichten sind für Schüler der Klassen 3–4, besonders aber der Sekundarstufe I und II geeignet. In einen Eimer als Sockel wird ein Besenstiel o.Ä. einbetoniert, auf dem oben ein Körbchen befestigt wird, das sich mit Reisig, Federn o.Ä. zum Nest ausgestalten lässt. Der Stiel wird als Stamm z.B. mit Sisalschnur, einem dicken Seil oder Rupfen umwunden. In dieses Nest können die Schüler im Laufe der nächsten Wochen andere Märchen, Geschichten, eigene Texte, Bilder oder Zeitungsnotizen legen, die einem gemeinsamen Thema unterliegen, hier mit Rotkäppchens bösen, aber lehrreichen Erfahrungen. Dazu zählen auch Berichte von Verführung, Gewalt – bis hin zu Rechtsfragen oder Gerichturteilen. Allgemeine Themen könnten sein: »Unheimliche Gefahren« oder »Gute und falsche Freunde«.

Immer wieder setzt man sich dann im Erzähl- bzw. Morgenkreis zusammen und liest aus diesen Geschichten vor, die von denen, die sie hineingelegt haben, oder von den Hörern kommentiert werden und als weiterer Gesprächsanlass dienen können. Ergiebig für solches Verfahren sind auch Märchen wie »Der Froschkönig« (KHM 1) oder »Der Wolf und die sieben jungen Geißlein« (KHM 5), für Ältere »Die sechs Schwäne« (KHM 49), »Rumpelstilzchen« (KHM 55), »Das Wasser des Lebens« (KHM 97) oder »Die Nixe im Teich« (KHM 181), eben Geschichten, in denen scheinbar freundliche Begegnungs- oder Helferfiguren plötzlich bedrängen und schaden. Geschichten aus dem interkulturellen Erzählschatz bereichern das Spektrum.

Am Ende klebt man die Beiträge auf DIN-A4-Bögen und bindet das Ganze thematisch geordnet zu einem Buch.

Abb. 19 Geschichten-Nest

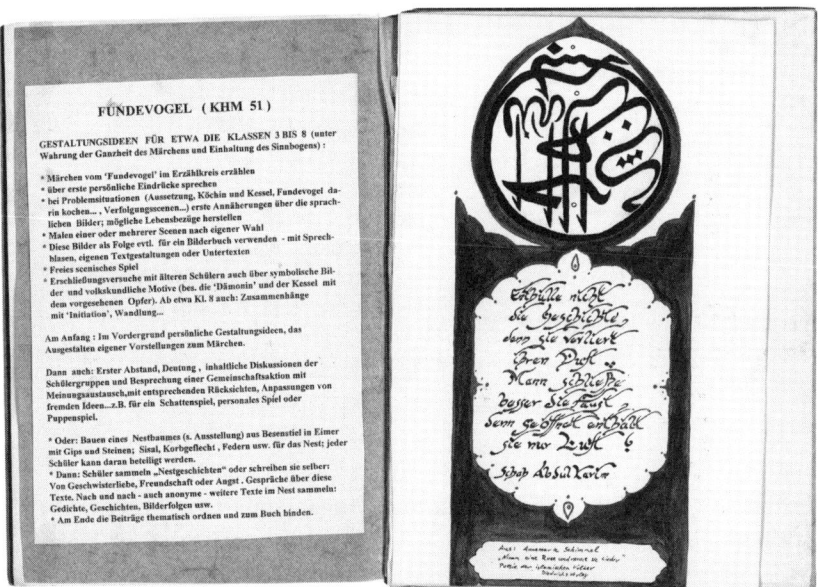

Abb. 20 Texte und Bilder aus dem Nest, zu einem Buch gebunden

Elfchen verfassen (GS ab 4. Kl., S I, SII)

Elfchen eignen sich für Schüler ab der 4. Grundschulklasse sowie der Sekundarstufe I und II.

Die Spielform ›Elfchen‹ heißt so, weil sie aus nur elf Wörtern besteht. Sie erhält ihre Struktur durch eine eigene Anordnung als reimloses Gedicht: In der ersten Zeile steht nur ein Wort. Es stellt den Leitgedanken vor. In der zweiten Zeile mit zwei, in der dritten Zeile mit drei und in der vierten Zeile mit vier Wörtern wird dieser Leitgedanke expliziert. Die strenge Struktur mit der zeilenweise erlaubten Anzahl von Wörtern verlangt, dass die wichtigsten Gedanken gleichsam stichwortartig komprimiert werden, sodass man auf ein Wesentliches einer Geschichte oder eines Gedankenganges stößt. In der fünften Zeile erscheint wieder nur ein Wort. Es fasst als Schlussgedanken das Ganze zusammen; es sammelt in sich das ein, worum die vorigen Wörter kreisen (Anregendes zu Gedichtformen z.B. in Schulz 1997).

Der Wolf

Rotschopf
bricht Blumen,
hört Vögeln zu.
Haarige Arme erwarten dich.
Komm!

Rotkäppchen

Ich
niedlich, liebreizend
möchte gerne wissen
was Große so Geheimnisvolles
verbergen.

Hunger!
Ich liebe
neugierige kleine Mädchen.
Fresse Haut und Haar,
verführe.

Sinnerschließung über Sekundärliteratur und Umgang mit neuen Texten über Rotkäppchen

Es gibt zahlreiche Texte in Varianten über Rotkäppchen, außerdem Illustrationen verschiedenster Stilarten und Bilderbögen aus dem 19. und 20. Jahrhundert in großer Zahl. Die Varianten reichen bis zu Parodien, Cartoons und Rollenumkehrungen. Aus diesem Repertoire lässt sich für ältere Schüler (ab etwa 14 J.) schöpfen.

Die Auseinandersetzung mit den Rollen von Wolf und Rotkäppchen evozieren immer wieder neue Identifikationen mit diesen Figuren, die man unterschiedlich besetzen kann: positiv (als Naturtrieb, Jagdlust, Stärke, Verführungskraft hier und Moral, Zurückhaltung, Anstand, Mut, Trickreichtum da) oder negativ (als Rücksichtslosigkeit, Gewalt, Falschheit hier und Koketterie, Neugier, Provokation da). Möglich ist jede Sichtweise. Seit Jahrhunderten sind zahlreiche Rotkäppchenfassungen verbreitet. Diese zeigen zugleich jene Entwicklung, in der die Frau ihre emanzipierte Rolle zunehmend verliert (!). Handeln frühere Versionen (z.B. im italienischen und französischem Raum) noch von einem selbstbewussten jungen Mädchen, das das Erlebnis mit dem Wolf (Mann) wagt und aus der Verführung Gewinn zieht, so wird es später zunehmend kindlich gehalten; es kommt zu keiner konstruktiven Begegnung mit dem Wolf, und Rotkäppchen kehrt als Kind in die behütende Abhängigkeit von Mutter und Vater (Jäger) zurück.

Kritische Gesprächsanlässe kann die Fassung von Charles Perrault geben. Er hat Rotkäppchen (1697) die rote Kappe verpasst, aber aus dem neugierigen Mädchen auf der Schwelle, eine Frau zu werden, wird ein Opfer: Der Wolf (Mann) frisst es. Auch Perraults angehängte ›Moral‹ verweist überdeutlich auf einen Akt der Vergewaltigung; den Mädchen wird zu großer Vorsicht vor solchen Wolfsmännern geraten. Zum Thema werden bei Perrault und älteren Fassungen: Aufklärung, (nicht) emanzipiertes Verhalten, Gewalt und Vergewaltigung, auch Liebe und Erotik im Gegensatz zu reinem Sex.

Die Brüder Grimm schenken (1812) mithilfe eines eingefügten Jägers dem unschuldigen Verführungsopfer noch einmal ein behütetes Kinderleben; viktorianische Prüderie des 19. Jahrhunderts wiederum lässt in anderen Versionen nicht einmal eine Berührung zwischen Kind und Wolf zu. Der Bogen von erotisch konstruktiver Auseinandersetzung und Wandlung vom Kind zur Frau über eine vernichtende Begegnung mit dem Wolf/Mann und über verklemmte Vermeidung bis zur Rückführung in das Behütetsein eines fast verführten Mädchens lässt aus psychologischer Perspektive ahnen, wie Entwicklungsprobleme der Pubertät kulturkreis- und zeitabhängig als Warngeschichten verarbeitet wurden und wie vielfältig man diese Thematik angehen kann.

Im Werk von Jack Zipes (1985) befinden sich auch zahlreiche Illustrationen aus dem 19. und 20. Jahrhundert samt Cartoons neuerer Zeit, die als Gesprächseinstiege dienen können. Zur Erschließung der Abbildungen empfehle ich Fragestellungen, wie sie im Theorieteil im Kap. 3.6 über Bildbetrachtungen aufgeführt sind.

Man kann mit Schülern, Jugendlichen und Erwachsenen aber auch mit den humorvollen, satirischen, verwirrenden, informativen und amüsanten Texten von Ritz, Kühleborn oder Günther u.a. beginnen und dann Vergleiche mit der Originalfassung suchen, kann das Kernthema verfolgen und auf synoptischer Basis beobachten, wie Einzelschritte unterschiedlich behandelt werden.

Gespräche, Wertungen, Bild- und Textanalysen, u.U. eigene Fassungen mit einem Transfer auf heutige Probleme zeitigen einen hohen Gewinn an kognitiven, aber auch sozial-emotionalen Erkenntnissen.

2.5 Fundevogel

Zielgruppe: Schüler ab Kl. 3–4, Sekundarstufe I und II
Schwerpunkte: Gespräche über das Märchen (Kl. 3 und 4) · Vorschläge entsprechend Gesprächsertrag · Sachbuch herstellen (für Ältere) · Gemeinschaftsbild als Kleisterarbeit · Herstellung von Schafwollfiguren · Tischbühne und Tischtheater mit Anspiel.

2.5.1 Märchentext und Anmerkungen

Das Märchen »Fundevogel« ist in den KHM unter der Nummer 51 erfasst. Da es sich in jeder guten Grimm-Ausgabe befindet, wird der Text hier nicht abgedruckt.

Das Märchen erschien bereits in der Urfassung (vgl. Lefftz/Lemmer 1964) von 1810. Der Titel lautete »Fündling«, und Fundevogel wurde noch Karl genannt (Diederichs 1995, S. 120). Es handelt sich hier wohl um einen Jungen, und das passt gut zur inneren Logik der konflikthaften Beziehung zwischen Köchin, Lenchen und Fundevogel.

Aufschlussreich für ein vertiefendes Verständnis ist das Typenverzeichnis AaTh/ATU, z.B. bei Röth 1998, S. 27f. Unter der Nr. 313, »Unterweltstochter als Helferin des Helden«, lässt sich Fundevogel einordnen, wobei aber nur der mittlere Teil des dort gefassten Handlungsverlaufs mit dem grimmschen Märchen übereinstimmt. Aus diesem Grund erhält Fundevogel als Variante die Zuordnung 313 A mit dem Hauptmotiv »magische Flucht«. Die Typenbenennung »Unterweltstochter als Helferin« entspricht dem besonderen Interesse, das in Gesprächen mit Grundschülern, Realschülern (10. Klasse) und Studierenden der rätselhaften Flucht mit den Verwandlungen und dem Lenchen, das das Vertrauen der Hexenköchin genießt und auch magische Kräfte besitzt, entgegengebracht wird.

Die grundlegenden Auseinandersetzungen laufen zwischen der Hexenköchin, Fundevogel und Lenchen ab. Entgegen anderen Darstellungen (vgl. Diederich 1995, 120f. und Scherf 1995, Bd. 1, S. 378f.) bin ich der Meinung, dass der Förster keine dämonischen Züge aufweist, sondern eher eine Vaterfigur ist. Allerdings: Zwar brachte er Fundevogel aus Fürsorge in die Familie, glänzte aber im weiteren Verlauf – märchentypisch gerade in der entscheidenden Phase der Auseinandersetzung auf Leben oder Tod – durch Abwesenheit. Demnach zielt das Märchen auf einen Urkonflikt zwischen Mutter und Sohn, auch zwischen Mutter und Tochter. Es dürfte um einen erzwungenen Ablösungskonflikt gehen, bei dem der Vater nur am Rande steht. Schüler und Studierende anerkannten den Förster als Vaterfigur und wunderten sich nur, warum er keinerlei Gefahr wahrnahm und kein Misstrauen gegenüber der Köchin hegte. Eine Ablösung aus diesem konkreten Denken führt auf die symbolische Ebene.

2.5.2 Interpretation

Einige aufschlussreiche Gesprächsergebnisse mit Grundschülern

Die Eingangsszene im Wald

Die Kinder und Jugendlichen verwunderten sich theorienreich, wie ein Vogel ein Baby auf einen Baum setzen könne. Essenziell erschien ihnen aber – ohne hier aus Platzgründen auf Details genauer einzugehen –, dass der Förster eigentlich Kindesentführung beging. Er hätte die Mutter wecken müssen. Und: Warum merkt die Mutter nichts? Will sie gar nichts bemerken? Hat sie etwa Probleme, selbst zurechtzukommen und für das Kind zu sorgen? An dieser Stelle unterstrich ich jeweils gestisch, um die bilddichte Sprache des Märchens einzubeziehen: Hier unten schläft die Mutter abgrundtief, und das Kind ist so weit weg, dass sie es nicht hören kann. Jüngere Schüler meinten: Sie hat ihr Kind vergessen. Ältere: Sie will das Kind nicht und träumt sich weg. Der Förster erkennt das und kümmert sich nun um das Kind, eigentlich wie der Vogel auch: Der hat das Kind mit seinem Schnabel ›genommen‹, nicht geraubt, und in die Höhe gesetzt, damit man es schreien hört.

Wenn Kinder ihre Lieblingsszene malten, kam das Motiv der Aussetzung und Rettung im Wald besonders oft vor.

Die Köchin

Auffallend war immer – und ich habe das Märchen im Laufe der Jahre oftmals behandelt –, dass die Köchin nicht wirklich beunruhigte. Beiläufig erwähnte einmal eines der Kinder den Begriff vom »Kinderkochen«. Ansonsten galt ihr Interesse immer der Frage nach den Absichten der Köchin: Warum tut sie das? Und warum erst jetzt, nachdem Fundevogel doch schon länger in der Familie gelebt hat? Vermutungen waren: Sie wurde eifersüchtig, weil Lenchen sich nur noch mit Fundevogel beschäftigte. Sie war ärgerlich, weil sie durch Fundevogel mehr arbeiten und kochen musste oder weil der Förster ungefragt das Kind mitgebracht hatte. Nun ist Fundevogel größer und stört.

Ein Junge sprach spontan von der »OmaKöchinHexe«. Das traf, trotz anfänglichen Protestes der Mitschüler, den Kern: Die Köchin ist zugleich fürsorglich und mörderisch. Die Schüler erspürten so die Ambivalenz der Hexenfigur.

Redensarten wie »Ich hab dich zum Fressen gern« oder »Ich könnte sie/ihn vor Liebe fressen« kannten sie teilweise, aber Verschlingungsfantasien aus Liebe – das mochten sie nicht gelten lassen. Lieber hielten sie sich – trotz weiterer fantasiereicher Überlegungen zur Identität der Köchin – daran auf, dass für die Köchin Fundevogel zum Störfaktor geworden war. Da fiel ihnen dann auch die Parallele mit der Mutter im Wald ein, die den Jungen auch schon los haben wollte. Und überhaupt: Hat der Vater denn nichts bemerkt und rechtzeitig die Köchin entlassen? Die Schüler meinten:

Eine Mutter zu haben ist wichtig, aber wenn sie schlecht ist, kann man auf sie verzichten. Der Vater könnte auch alleine für die Kinder sorgen! Hier regte das Gespräch lebensnah an, sich über Familie, Fürsorge und Verlässlichkeit Gedanken zu machen.

Lenchen und Fundevogel

Mit diesem Geschwisterpaar können sich alle gut identifizieren. Gerne verwendeten sie für die Intensität dieser Geschwisterliebe die poetischen Worte: »Sie hatten sich so lieb, nein so lieb, dass wenn eins das andere nicht sah, ward es traurig.« Und beim wiederholten Treueversprechen konnten sie gleich mitsprechen: »Verlässt du mich nicht, so verlass ich dich auch nicht«, dazu Fundevogels Antwort: »Nun und nimmermehr.«

Rasch erkannten sie auch, dass die beiden sich gegenseitig brauchten: Lenchen empfanden sie als stärker, wissender, aber es brauche den Fundevogel für immer als Freund – Lenchen sichert sich also irgendwie auch im eigenen Interesse ab. Hat es Angst vor dem Alleinsein? Interessant war in beiden Grundschulklassen folgender Gedankengang: Lenchen ist vielleicht eine gute Fee oder gute Hexe, da sie zaubern kann und am Ende sogar die Hexenköchin überwältigt. Sie lernte, schon bevor Fundevogel in die Familie kam, das Zaubern bei der Köchin; und diese hätte sicher nie gedacht, dass Lenchen einmal ihr Wissen gegen sie wenden und zu Fundevogel halten würde. Oder Lenchen hat heimlich aus den Büchern der Köchin gelernt.

Bei diesen Überlegungen kam die Ambivalenz der Hexe zum Bewusstsein – von den Kindern mehrfach selbst thematisiert! Sie konnte für die Familie sorgen, Lenchen lieben, und sie war sicher auch enttäuscht von Lenchens ›Verrat‹. Ein Mädchen (4. Klasse) stutzte und meinte dann: »Wenn Hexen gute und schlechte Seiten haben, dann gehören ja die Hexenköchin und Lenchen irgendwie zusammen!« Eben. Und irgendwie braucht der hilflose Fundevogel vorläufig eine solche erfahrene Frau um sich: wenn nicht die Köchin als Mutterersatz, dann seine kluge Schwester. Alleine würde er wohl verkümmern.

Die Absicht, Fundevogel zu kochen

Eigentümlicherweise löste dieser Teil nie nachhaltigen Schrecken aus. Die Kinder und Jugendlichen empfanden die hohe Gefahr, in der Fundevogel schwebte; sie polarisierten nach Gut und Böse, legten aber die Mordabsicht als wohl nicht vollziehbar beiseite. Jüngere dürfen annehmen, dass die Köchin eine Hexe mit bösen Absichten ist, der man Gott sei Dank entkommen kann. Für ältere Schüler kann man den Kessel mit Informationen über rituelle Menschenopfer verbinden: Sie sind offen für magisch-mythische Motive, die sich völkerkundlich nachweisen lassen. Im Lexikon heißt es zu »Kessel«:

»*Im Kessel werden – bes. im indoeuropäischen Raum – in Märchen, bei alchemistischen und rituellen Praktiken magische und mystische Verwandlungen vollzogen, er ist daher ein Symbol des Wandels, der Erneuerung, der Einweihung, der Auferstehung. Als Gefäß mit brodelndem, kochendem Inhalt kann er auch Symbol der Fülle und des Überflusses sein. In China ist er, wohl unter diesem Aspekt, häufig ein Symbol für Glück und Wohlstand*« (Oesterreicher-Mollwo 1978, S. 86).

Im Handwörterbuch des deutschen Aberglaubens (vgl. Bächtold-Stäubli 1927/1986–1987, Bd.4, Sp. 1255-1269) gibt es über Kessel religiöse und völkerkundliche Informationen, die sich mit Älteren (Schülern der Sekundarstufe I und II sowie Erwachsenen) bearbeiten lassen. Für Grundschüler kann die Information dienlich sein, im Kessel auch ein positives Symbol für Wandlung und Fülle zu sehen. So erkennen sie leichter, dass die Kochszene symbolisch zu verstehen ist und wohl mehr beinhaltet als primitive Menschenfresserei.

Beim Malen der Lieblingsszene tauchte unter ca. hundert Bildern der Grundschüler nie eine Kochszene auf (!), nur gelegentlich einmal die Köchin mit ein oder zwei Wassereimern.

Der Bruch eines gegebenen Versprechens

Für alle war es klar: Wenn das Geheimnis, das einem erzählt wurde und über das man schweigen soll, etwas Schlimmes ist, darf man es weitersagen, um zu helfen. Die Grundschüler führten vor allem Beispiele aus ihrem Umfeld, dem Schulhof und Spielkreis an, wobei sie konkret auf Schädigungen durch Schläge eingingen, auf Unehrlichkeit, Mobbing, üble Nachrede und Erpressung. Die Älteren abstrahierten von Einzelfällen und argumentierten auf moralischer Ebene, indem sie abwägten, ob Wortbruch oder Schaden schlimmer seien.

Kinder und Jugendliche sollen wissen, dass sie auf ihre eigenen Gefühle vertrauen dürfen und Körper und Persönlichkeitsrechte unantastbar sind. Dieser Bereich gehört zur Prävention sexuellen Missbrauchs, und ohne darauf begrifflich einzugehen, bot sich im Gespräch an, zu betonen, dass man ›schlechte Geheimnisse‹ wie das der Köchin weitersagen darf. Resümee: Wenn jemand etwas sagt oder tut, was in einem ein ungutes Gefühl hinterlässt, darf man dieses ›schlechte Geheimnis‹ weitersagen und sich Rat und Hilfe bei Vertrauenspersonen holen. In vielen Varianten artikulierten schon die Kinder – wie auch die Jugendlichen –, dass man Opfer warnen müsse. Lenchen hatte also alles Recht, Fundevogel vor der Köchin zu warnen. Nur will es eben Fundevogel als sicheren Freund wissen – Lenchen überlegt und lässt eine ganze Nacht vergehen, bis es Fundevogel sein Geheimnis verrät!

Die Verwandlungen und Tod der Hexe

Kinder vertreten mit Recht die Meinung, im Märchen sei alles möglich. Offenes Denken erweitert sich in den Räumen der Fantasie und eindimensionalen Märchenentwürfen, und analoges Verstehen führt zu weiterem bildsprachlichem und symbolischem Verstehen. Mit Lenchens Verwandlungskünsten suchten die Schüler unterschiedlich umzugehen, z.B.: Lenchen hat die Zauberkunst von der Köchin gelernt. Oder realistischer: Die Knechte hatten keine Lust, die Kinder zu suchen, sie schauten nicht recht nach. Oder: Wenn die Knechte wüssten, dass die Köchin eine Hexe ist, würden sie lieber den Kindern helfen. Vielleicht übersehen sie sie mit Absicht.

Durch ein kleines szenisches Spiel, bei dem sich die Grundschüler im Schulzimmer vor den anrückenden Knechten verbargen, entdeckten sie: »Die haben sich gut versteckt!« Das half den betont logisch-rational denkenden Kindern, doch leuchteten nun auch Redensarten ein wie: »Der hat sich einfach in Luft aufgelöst.« Oder: »Ich mache mich ganz unsichtbar«, »Ich bin gar nicht da. Ich spiele nur Mäuschen und höre zu«. Man kann sich so in einer Landschaft verbergen, dass man ein unauffälliger Teil von ihr wird und damit nicht erkennbar, also gleichsam unsichtbar ist.

Und vielleicht hilft ja auch, wenn man sich etwas ganz intensiv wünscht. Darin liegt eine Kraft für Veränderung und Wandel. Lenchen und Fundevogel ist das gelungen. Es bleibt jedem überlassen, anzunehmen, ob die Märchenkinder sich durch magische Praktik oder durch geschicktes Verstecken gerettet haben.

Den Tod der Dämonin nahmen alle mitleidlos zur Kenntnis. Ein Mädchen argumentierte sogar: »Das kann die Ente, weil ja die Kraft von Lenchen in ihr steckt.« Außerdem meinten alle zuversichtlich, dass das Gute im Märchen immer siege, darum müsse die Ente auf jeden Fall stärker als die Hexe sein.

Immer wieder war schon bei den Grundschülern die Bereitschaft sichtbar, einen Transfer der sprachlichen Bilder auf die symbolische Ebene herzustellen und damit innere Zusammenhänge besser wahrzunehmen. Als Lieblingsthema – neben der anfänglichen Waldszene – malten die Kinder die drei Verwandlungen, oft als Simultanbild.

Eine Resilienzfrage: Warum wurde Fundevogel gerettet, obwohl doch sein Leben zwei Mal heftig bedroht worden war? Die Schüler führten sehr engagiert das Verhalten des Försters ins Feld, das ›Wegschauen‹ der Knechte und die drei Verwandlungen (die ›Wunder‹), vor allem aber, dass Lenchen das schlechte Geheimnis verraten habe. Liebe – Freundschaft – zusammen waren sie stark – der Treueschwur half – solche Stichworte zeugen von einem vertieften Verstehen und zeigen, dass die Jüngeren neu und die Älteren vertiefend die ›Mär‹ erfasst hatten und ambivalentes Verhalten der Figuren, Sprachbilder, Vergleiche, Symbole und Metaphern in ihre Denkprozesse mehr oder weniger entwickelt einschlossen; und hier liegt der Keim zum Verstehen höhere Literatur.

2.5.3 Spiel- und Gestaltungsvorschläge

Einstimmung: Die Schüler stehen vor der Tür; ihre Sitze sind noch leer. Die Lehrkraft stellt sich an der Tür mit einem goldenen Reifen auf (ein großer, mit Goldfolie umwickelter Gymnastikreifen). Nun steigt jedes Kind vorsichtig durch den Reifen und betritt den Erzählraum. Hier beginnt das Märchenland, in dem man sich an seinen Platz setzt und still wartet, bis alle durch den goldenen Reifen gestiegen sind. Jeder Eintretende wird – einzeln an der Tür oder gesammelt im Erzählraum – im Märchenland willkommen geheißen. Die Atmosphäre, womöglich bei gedämpftem Licht oder einer Kerze, wirkt auf die Kinder beruhigend, ja feierlich. (Idee dieses Rituals von Brigitta Schieder)

Ästhetisches Gestalten

Durch die Gespräche kann man nun entlang der Sinnerschließung in ein vertiefendes ästhetisches Gestalten gehen. Als bearbeitenswert zeigten sich bisher die Themen um Aussetzung, Geheimnisverrat, Freundschaft und Verwandlungen.

- **Malaktion.** Die Schüler malen ihre Lieblingsszene. Diese Bilder werden in Reihenfolge gelegt und als Bildergalerie aufgehängt oder – betextet – zum Buch gebunden.
- **Schattentheater oder farbige Lichtbühne.** Hier lassen sich die ›Entführungen‹, die unheimliche Küchenszene und die Flucht mit den magischen Verwandlungen ebenso geschickt wie eindringlich inszenieren.
- **Nestgeschichten.** Gesammelt werden Geschichten über Liebe und Freundschaft, über Verwandlungen, über Aussetzungen oder magische Sprüche und Formeln – auch aus dem interkulturellen Erzählschatz.
- **Schachtelgeheimnisse.** Eine Schachtel wird dekorativ beklebt. In sie legen die Schüler in den nächsten Wochen Zettel mit guten oder schlechten Geheimnissen oder Geschichten, in denen sie Angst hatten, dazu die Notiz, ob man nach dem Öffnen gemeinsam darüber reden solle oder nicht.

Sachbuch

Ältere Schüler (ab etwa 14 J.) können ein Sachbuch über Opferkessel anlegen: Bedeutung, Brauchtum, Magie, dazu Mythen mit diesem Motiv, Vorkommen in verschiedenen Kulturen. Hierzu müssen sie recherchieren. Verwiesen sei auf Literatur wie Symbollexika, die Enzyklopädie des Märchens (Ranke 1977), das Handwörterbuch des deutschen Aberglaubens (Bächtold-Stäubli 1927/1986–1987), das Typenverzeichnis (AaTh/ATU) und Bände mit Mythen und Sagen, ebenso auf historische und völkerkundliche Berichte. Die Ergebnisse der Recherche werden jeweils aufgearbeitet – als Portfolio, Bericht, Ausstellungsgut, Buch – und dabei präsentiert.

Kleisterbild als Gemeinschafts- oder Einzelarbeit

Für größere Gruppen bietet sich das Vorhaben gut als Gemeinschaftsarbeit an, da sich die Arbeiten günstig verteilen lassen. Eigene Fantasien sind willkommen, zugleich muss man sich jedoch in der Gesamtkomposition mit den anderen abstimmen.

Neutral oder dezent getönte Kartons (z.B. beige oder hellgrün) werden zu einer etwa 2 m² großen Fläche zusammengeklebt. Diese Fläche wird von unten nach oben in eine Wald-, Wohn- und Landschaftszone dreigeteilt.

Der Waldbereich wird mit Kleister bestrichen. Jeder Teilnehmer malt einen Baum – ohne einzelne Blätter. Er schneidet ihn aus und klebt ihn in den Kleister. Dann werden getrocknete Zweigchen und gepresste Blätter in diese Bäume eingeklebt und obenauf nochmals mit Kleister bestrichen. So halten sie gut und schimmern geheimnisvoll. Gemalte Tiere, Pilze und Beeren bereichern die Szene.

Im mittleren Teil, dem Wohnbereich, werden gemalte und ausgeschnittene Wohnteile als Collage zusammengefügt: Küche, Herd und Kessel; Schlafkammer mit Betten, Kleidern; Wohnraum, Hof und Spielplatz.

Der dritte, obere Teil wird wieder mit Kleister bestrichen. Jeder trägt hier bei, ein Stück Landschaft zu gestalten: mit Kirche (gemalt) und Krone (Folie), gepressten Gräsern, Blumen, Moos, durchsichtiger Folie auf vorher blau gefärbtem Grund, Federn (für die Ente), Gepresstes für den Rosenbusch, Sträucher. Diese Teile werden wieder am Schluss mit Kleister überzogen.

Die Arbeit bleibt bis zur Trocknung mehrere Tage liegen. Sie ist ein attraktiver Wandschmuck, ein Erzählbild oder Dekoration für Rollenspiele.

Die Abstimmungen über Material, Motive, Farben und Größe unterstützen soziales Lernen, zugleich werden der Überblick über den Gesamtzusammenhang, Vorstellungskraft und symbolische Ausdrucksfähigkeit (Dinge für …, Farben für …) gefördert. Mit Kleister zu schmieren macht den meisten Spaß. Wem das aber unangenehm ist, der braucht auch nicht hinzufassen.

Herstellung von Schafwollfiguren für Tischtheater

Im Tischtheater bietet sich ein Spiel mit weichen Figürchen aus gefärbter Schafwolle an. Diese Figuren kann man selber herstellen. Sie wirken ästhetisch, werden mit behutsamer Hand geführt und lassen sich für alle möglichen Märchen und Bilderbuchgeschichten einsetzen.

Die Figuren

Das Material besteht aus gefärbter, noch nicht gesponnener, gekämmter Schafwolle, sog. Krempelwolle (Lernmittelkataloge bieten solche Wolle an).

Die **Grundfigur** (**Abb.** 21) geht fast immer von einem längs gestrichenen, mehrfach locker durch Daumen und Zeigefinger gezogenen Wollestreifen aus. Mit ihm wird ein lockerer Knoten als Kopf geschlungen (1). Dann legt man die Streifen zusammen (2), spinnt einige feine Wollfäden an der Halsstelle aus und umwickelt den Hals, sodass der Kopf abgesetzt wirkt

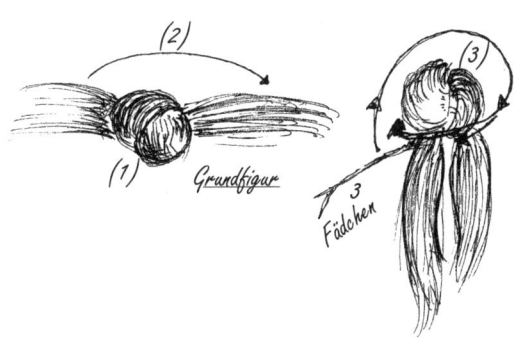

(3). Die feinen Restfädchen des Wickelstreifens werden einfach am Hals fest gestrichen – das hält. Bei den folgenden Figuren nimmt man für Flügel bzw. Arme, für Rock, Hose oder Mieder unterschiedliche Farben.

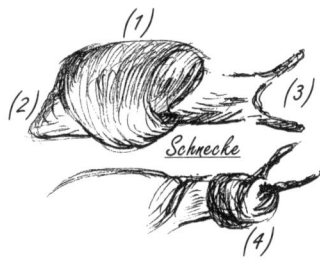

Schnecke (**Abb.** 22): Ein ca. handlanger Wollstreifen wird wieder längs ausgestrichen, bis er sich glatt und seidig anfühlt. (Man spürt bei diesen Streichtätigkeiten angenehm das feine Wollfett auf der Haut.) Man schlingt einen lockeren Knoten als Häuschen (1). Das eine Ende wird als hinteres Ende ausgestrichen (2), am anderen Ende dreht man Hörnchen heraus (3), oder man schlingt am längeren Ende einen kleinen Knoten zum Kopf, aus dessen Restende man die Hörnchen formt (zwirbelnd mit etwas Speichel zwischen Daumen und Zeigefinger) (4).

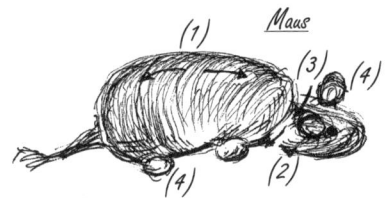

Maus (**Abb.** 23): Man beginnt wie bei der Schnecke, der Knoten wird aber sehr lose geschlungen und breit ausgezogen (1). Der kürzere Streifenrest wird zum Kopf ausgeformt und das Ende nach unten innen versteckt (2). Mit einem ausgesponnenen Fädchen bindet man den Hals locker ab (3). Aus dem Kopf dreht man zwirbelnd runde Ohren; ebenso aus der Bauchseite vier Beinchen. Sie werden wieder abgebunden (4). Das andere Ende wird als Schwanz ausgezwirbelt oder geflochten.

Vogel (**Abb.** 24): Der Kopfknoten wird bei ihm etwas neben die Mitte geschoben und mit ausgesponnenen Fädchen am Hals abgebunden (1). Der kürzere Teil wird zu Rücken und Schwanz (2), der längere zu Bauch und Schwanz (3). Dazwischen legt man die Flügel ein (4). Den Bauchteil wölbt man wie ein rundes Bäuchlein auf (5). Dann bündelt man Rücken und Bauchteil am Schwanzansatz

und bindet dort wieder ab (6). Die Flügel werden ausgeformt und der Schwanz ausgefächert (7). Zwischen mit Speichel benetztem Daumen und Zeigefinger zwirbelt man aus dem Kopf kräftig einen Schnabel aus (8).

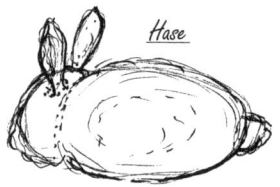

Hase (Abb. 25): Wolle wird locker auseinandergezogen und zwischen den Handflächen kugelig gerollt. Bei etwa 1/3 der Körperkugel bindet man ganz locker den Kopf ab, ebenso die Ohren und den Schwanz, die vorsichtig aus der Wollkugel herausgeformt wurden.

Männliche Figur (Abb. 26): Der Kopfknoten bleibt genau in der Mitte und wird am Hals abgebunden (1). Die beiden gleich langen Enden entsprechen den Beinen. Man entscheidet sich an der Kopfkugel für die Gesichtsseite und bringt die Beine daran in ihre Stellung (leicht nach rechts und links geschoben) (2). Ein quer gelegter, kräftiger Streifen sind die Arme (ihre Fülle entspricht Pluderärmeln) (3), deren Enden als Hände geknotet werden. Man führt die daraus verbliebenen offenen Enden zurück und wickelt sie mit ei-

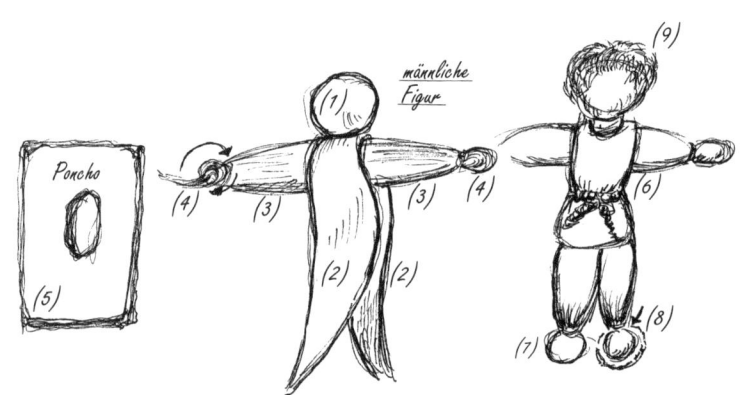

nem Wollfädchen am Handgelenk fest (4). Aus flach gezogener Wolle wird ein Poncho mit einem Halsausschnitt in der Mitte geformt (5). Da hindurch kommt der Kopf. An der Taille wird der Poncho leicht mit einem (gedrehten oder geflochtenen) Gürtel gehalten (6). Die Hosenbeine zieht man locker zu Pluderhosen; die Füße daran werden wie die Hände geknotet und abgebunden (7). Über dem Daumen formt man zwei kleine Wollkreise, die man wie Pantoffeln über die Fußstümpfe zieht (8). Ebenso formt man eine Perücke zurecht und befestigt sie mit dünn ausgesponnenen Fädchen am Hals (9) oder stupft sie mit einer ›Stupfnadel‹ (dicke Nadel mit Widerhaken) in den Kopf ein. Ein Bart kaschiert den Befestigungsstreifen am Hals.

Variante (Abb. 27): Die Beine werden als Hose umwickelt: Beginnend über der Hüften, durch den Schritt, das 1. Bein hinunter und hoch, über die Hüfte, das 2. Bein hinunter und hoch. Der Rest wird an der Hüfte glatt ausgestrichen (1). An den Fußstümpfen werden die Spitzen hochgezogen, am Fußgelenk befestigt und dann als Schuhe umwickelt (2).

Weibliche Figur (Abb. 28): Kopf/Hals und Arme/Hände: wie bei der männlichen Figur. Man bindet eine Taille ab. Der Rock ist ein breiter, gleichmäßig glatt gestrichener (großzügig bemessener!) Wollestreifen (1), der an der Taille angelegt, dort leicht gerafft und in mehreren Lagen um die Figur gewickelt wird: So kann sie sogar stehen.

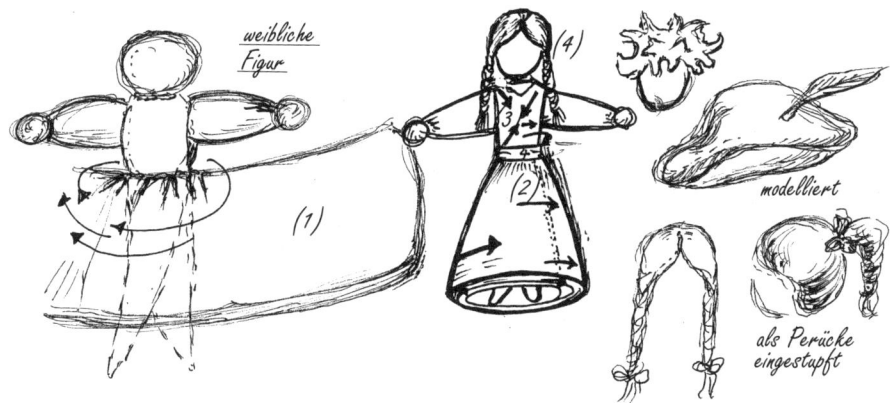

Das Ende streicht man flach in die Rockmasse ein (2). Das Mieder wird mit einem Wollstreifen kreuzweise um Oberteil und Schultern gelegt, mit Richtungswechsel durch ein Umschlingen der Taille (3). Damit hält es gut. Man fertigt eine Perücke an: mit Zöpfen, Hochfrisur, Pferdeschwanz und befestigt sie wie bei der männlichen Figur (4). Dekor: Schürze, Gürtel, Hut.

Weitere Figuren lassen sich auf ähnliche Weise entwerfen, auch Hahnenkämme, Kängurubeutel oder Schlangen, bei denen Wolle um Blumendraht gewickelt wird. Wenn man mit Haarspray über die Figur geht (Abstand halten, damit keine Tropfen an der Wolle kleben!), kann man einzelne Teile wie Frisuren oder Hüte durch Reiben zwischen Daumen und Zeigefinger stabil modellieren.

Beim Spielen werden die Figuren locker zwischen Daumen und Resthand gehalten. Da die Handmuskulatur materialbedingt entspannt bleibt, reagiert auch die Sprechmuskulatur mit Mimik und Artikulation entspannt – man kann nämlich nicht schreien und zugleich die Hände locker lassen oder die Hände in der widerstandslosen Wolle verkrampfen und dabei sanft sprechen (vgl. Zitzlsperger 2002a). Unverkrampftes Sprechen hilft bei der Sprachentwicklung, zumal die Spieler zusätzlich im Schutz einer Figur sprechen.

Nach der Herstellung werden die Figuren jeweils verlebendigt: Die Kinder/Jugendlichen stellen sie vor, geben ihnen Namen und erzählen von ihren Eigenschaften. Dabei werden auch in zwanglosen, ersten Begegnungen kleine Dialoge eingeschaltet. Beim Spiel setzen Schüchterne meist erst nur Ausrufe, Fragen, Floskeln ein, bis sie zu Dialogen finden. Im gelenkten Rollenspiel lernen sie, in Sinnzusammenhängen zu agieren. Dabei sollten sie ihre Worte, gerne mit stützenden Eingangsfloskeln, selber finden (im Sinne freier Sprachverfügung) und nicht nach Rollenbuch auswendig lernen.

Tischbühne/Tischtheater

Einrichtung: Eine Tischfläche wird mit Tüchern, Hölzern, Steinen, Trockenblumen, Moos, Rinde o.Ä. ausstaffiert. Als Wasser eignen sich z.B. blaue Chiffontücher mit Muscheln am Rand. Den Wald bilden Kiefernzapfen, das Dickicht sind wirr zusammengefügte Ästchen. Größere Steine oder schöne Mineralien, auch Fossilien stellen Felsen und Übergänge in verwunschene Landschaften dar. Für Wohnungen, Schlösser und dergleichen wählt man z.B. Puppenmöbel, kleine Bauwerke und/oder platziert auf passendem Untergrund (wie Stoff, Goldfolie, Fell) einfach symbolisch ein Polster, einen Kessel, die Krone, Löffel und dergleichen mehr.

Die Spieler müssen sich nun überlegen, wo sie die Zone für das Daheim, also den Ausgangspunkt, anlegen und wo die Wanderwege, der Wald, Fluss oder See und das Jenseitsreich bzw. der Ort magischer Begegnungen und Wandlungen liegen. Damit rekapitulieren sie den Inhalt und denken in Zusammenhängen. Zum Spielen stehen sie um den Tisch herum. Einige Spieler bewegen sich in die erste Szene hinein, andere führen szenenweise fort. Man überlegt gemeinsam, was gelungen war, was man ändern müsste, vielleicht auch an der Bühnenausstattung. Man wiederholt und variiert. So kommt jeder mal dran, und die, die gerade nicht spielen, beobachten, machen Vorschläge, gliedern die Szenen immer deutlicher. Jeder steht in der Verantwortung einer offenen Inszenierung, wobei jedes Durchspiel etwas anders ausfällt, denn jeder benützt andere Wörter, Sätze, Stimmfärbungen. Damit werden auch wechselnde Identifikationen und Projektionen ermöglicht.

Klären muss man, ob ein Erzähler die Szenen verbindet oder ob es ein reines Rollenspiel gibt. Man kann auch Vögel, Mäuse, Schnecken ins Spiel eingreifen lassen, die ihre Sichtweise einbringen: was da gerade passiert (handlungsbegleitend), was nun geschehen soll oder was sie schon besser wissen (Vorgriffe). So können sich, ohne dass der Sinnkern zerstört wird, auch Handlungsphasen verändern.

Mit Kerzen und Duftlampen bei einer Aufführung wird die Tischbühne in eine feierliche Atmophäre getaucht. Glitzerndes, Schimmerndes, Schönes wie Mineralien oder Kristalle vermitteln ein Gefühl von Ästhetik und Wertvollem.

2.6 Die Bienenkönigin

Zielgruppe: Kindergartenkinder, Schüler der Grundschule, Sekundarstufe I und II
Schwerpunkte: Gedanken zum Märchen · Rollenspiel mit Stockhandpuppen · Sachbuch und Auswertung unter ethischem und ökologischem Aspekt · Erzählen als Umweltmärchen in verteilten Rollen · Vorschläge für ältere Schüler: Synopsen – Geschichten vom »Herrn der Tiere« – Sachbuch und Symbolik – Vor- und Folgegeschichten · Stimmungsrelief mit Farbe, Relief und Abstraktion.

2.6.1 Märchentext und Anmerkungen

Der Märchentext ist in jeder guten Grimm-Ausgabe enthalten und wird hier nicht abgedruckt. In den KHM findet es sich unter der Nummer 62.

Das Märchen »Die Bienenkönigin« lässt sich in AaTh/ATU 554 einordnen: »Dankbare (hilfreiche) Tiere«. Der Held ist der jüngste dreier Brüder auf Wanderschaft. Er rettet Enten, Ameisen und Bienen vor seinen Brüdern, die diese Tiere mutwillig töten oder quälen wollen – in anderen Märchen gleichen Typs sind es andere Tiere (Fische, Raben, ein Füllen). Später genügt es, an diese geretteten Tiere zu denken – und schon helfen sie bei schweren Bewährungsproben. In manchen Varianten schenken die Geretteten etwas von ihrem Körper (Federn, Haare, Schuppen), mit dem der Held sie als Retter herbeirufen kann (Röth 1998, S. 121).

Im zweiten Teil der Handlung trifft der Jüngste, hier der sog. Dummling, auf ein Schloss, in dem alle Lebewesen versteinert sind. Bei den unlösbar erscheinenden Brautwerbungsaufgaben helfen ihm nun die geretteten Tiere: Die Ameisen sammeln die 1000 Perlen ein, die Enten tauchen nach dem Schlafzimmerschlüssel, die Bienenkönigin erkennt die jüngste unter den drei schlafenden, gleich aussehenden Schwestern. Der Jüngste gewinnt sie zur Frau, erlöst das ganze Schloss, auch seine versteinerten Brüder, und wird König. Andere Varianten enthalten andere Aufgaben, das Grundmuster bleibt aber typengerecht (AaTh/ATU 554) gleich. Besonders geeignet als Geschichte von dankbaren Tieren/Tierhelfern ist bei den Grimms auch »Die weiße Schlange« (KHM 17), ebenso das weniger bekannte »Die beiden Wanderer« (KHM 107), hier jeweils für Ältere. Vgl. zum Thema auch Scherf 1995, Bd. 1, S. 89ff.

Im internationalen Erzählgut kommt das Motiv der Tierhelfer häufig vor. »Die Bienenkönigin« erscheint als »Dümmling« bereits in der Urfassung von 1810 (Handschrift von Jacob Grimm). Da sich »Die Bienenkönigin«, »Dümmling« und »Die drey Königssöhne« von Albert Ludwig Grimm (ein zeitgleicher Märchensammler, aber nicht verwandt mit den Grimms) gut für eine Synopse eignen, sei auch auf Uther 1996, Bd. 4, S. 126ff. verwiesen.

2.6.2 Interpretation

Das Märchen von der Bienenkönigin zeichnet eine lebensnahe Ausgangskonstellation: Ein König hat drei Söhne. Die beiden Älteren gehen auf Abenteuer – das ist für Königssöhne sicher eine Erfahrung wert. Nur: Sie sind verführbar und geraten in ein wildes, wüstes Leben. Der Jüngste gilt als Dummling, ist sicher noch unerfahren und hat seine Fähigkeiten bisher unter keinerlei Beweis stellen können. Ihn lockt es, seinen großen Brüdern zu folgen; vielleicht beunruhigt ihn auch ihr Fortbleiben – Gründe genug, um sie zu suchen. Als er sie endlich aufgespürt hat, lachen sie ihn aber aus. Mit ihren Reden geben sie durchaus zu, dass sie Probleme mit ihrer Lebensführung haben, zugleich meinen sie aber überheblich, dass sie doch viel klüger als der Jüngste seien.

In der Praxis zeigte sich, dass von Interesse war, diese Rollen der Brüder zu klären und damit auch den königlich-häuslichen Kontext zu beleuchten. Weshalb sind die Brüder von solch unterschiedlichem Charakter? Zwei geben sich draufgängerisch und rücksichtslos, der Jüngste dagegen achtet die Natur und ihre Lebewesen – wurden denn nicht alle drei in gleicher Weise erzogen?

Doch nun weiter. Es folgen drei Bewährungsproben: Während die zwei Älteren einen Ameisenhaufen aufwühlen, Enten töten und einen Bienenstock ausräuchern wollen, stellt sich der Dummling quer und gebietet ihnen mit dem markanten Satz Einhalt: »*Lasst die Tiere in Frieden, ich leid's nicht, dass ihr sie stört … tötet … verbrennt.*« Und nicht zu glauben: Die beiden wilden Brüder gehorchen! Da muss doch eine große Kraft vom Dummling ausgehen. Die wiederholten, gleichen Reden: »*Lasst die Tiere in Frieden, ich leid's nicht, dass ihr …*«, sollten beim Erzählen oder beim Rollenspiel nie verloren gehen; sie drücken inhaltlich Wesentliches aus; sie gliedern die Handlungsstationen rhythmisch und prägen sich in ihrer Moral ein.

Geheimnisvoll wird es dann im Schloss mit den versteinerten Pferden – ganz verlassen steht es da, selbst die letzte Türe hat drei Schlösser. Und doch tut sich eine Lücke auf: Eine Lade in der Tür gibt den Blick in eine Stube frei, in der ein graues Männchen sitzt. Es lebt und handelt, bleibt aber (noch) stumm. Trotz der sterilen Umwelt geleitet es die drei zu einer reich bestückten Tafel im Speisesaal, als ob sie erwartet worden wären! Später geleitet es sie stumm zur Steintafel, auf der die Erlösungsaufgaben stehen: Kommunikation ist also möglich, wenn auch nur schriftlich. Und wer das Märchen kennt, weiß nun, dass die beiden älteren Brüder bestraft werden und versteinern – der Grund liegt darin, dass sie ohne Hilfe die schweren Aufgaben nicht lösen können. Hilfe aber hätten sie nur von jenen kleinen Naturwesen erhalten können, die sie töten oder schädigen wollten. Der Dummling dagegen darf auf die Hilfe jener Tiere zählen, deren Leben er verteidigt hat. Hierfür genügt es, dass er nun vor Angst weint: Ungerufen kommen seine Tierhelfer. Was er also an Natur bewahrt hat, kommt hilfreich wieder an ihn zurück. Hier liegt ein sinnvoller naturethischer Aspekt. Die kleinen Tiere Ameisen, Enten und Bienen gehören zu einem Ökosystem, das durch den Dummling intakt geblieben ist.

Tierhelfer kann man in tiefenpsychologischer Sicht (vgl. z.B. Franz, M.-L. v. 1989; Scherf 1995) symbolisch als schöpferische und lebensbereichernde Kräfte des Unbewussten sehen. Wer solche Kraftträger zerstört – wie das im Märchen bildstark formuliert wird –, der zerstört äußerlich Umwelt, innerlich aber auch eigene Kraftpotenziale. Rücksichtslosigkeit gegen die Natur schädigt also Um- und Innenwelt.

Für ältere Schüler ist es interessant, hier auf Initiationsriten von Naturvölkern einzugehen, bei denen für die Initianden eine symbolische Verwandlung zu bestimmten Tieren vorgesehen ist (vgl. auch Totemtiere; vgl. Röhrich 1974/2001 und 2002; Propp 1987).

Volkskundler verweisen aber auch beim Thema »Tierhelfer« auf den sog. »Herrn der Tiere« (vgl. Röhrich 1974/2001, 2002; Scherf 1995, Stichwort in Ranke 1977). Der »Herr der Tiere« taucht weltweit in Kulturräumen mit ursprünglicher Jagdkultur auf. Er ist der Besitzer der jagdbaren Tiere. Er schützt sie als Vater oder Mutter und rächt sie, wenn sie ohne seine Erlaubnis getötet werden. Er kennt alle seine Tiere mit Namen, steht aber auch mit den Jägern in einer Art vertraglicher Beziehung: Er weist ihnen zu, was sie jagen dürfen, verlangt jedoch, dass sie sich an Vereinbarungen zum Schutz besonderer Tiere halten müssen, z.B. zum Schutz von Muttertieren und ihren Jungen. So manche Rituale zur Jagd, Schutzfunktionen und Jagdzauber finden hier ihre Erklärung. Wer sich nicht an die Regeln hält, wird bestraft. Obwohl der Herr der Tiere, auch als Wildgeist, vorwiegend in Sagen vorkommt, finden wir diese Figur – verdeckter – auch im Märchen:

Es sind die dankbaren Tiere wie in der Bienenkönigin, auch kann er als graues, altes Männchen auftauchen (vgl. auch Röhrich 1991/2005, S. 48ff.). Diese Figur, der die Helden und Unhelden im Märchen immer wieder begegnen, verlangt zuerst ein Entgegenkommen – Höflichkeit, Mitgefühl oder etwas zu essen. Die Unhelden versagen hier, und besonders, wenn sie sich gegen Tiere versündigt haben, werden sie bestraft: Sie verletzen sich, stecken fest, sterben oder versteinern wie im vorliegenden Märchen.

Der Jüngste hat die Tiere beschützt, das graue Männchen könnte der Figur des »Herrn der Tiere« entsprechen, und nun sorgt es dafür, dass die Tiere dem Jüngsten zu Hilfe eilen. Die älteren Brüder profitieren von ihrem klugen Bruder und dessen Glück; ohne ihn blieben sie versteinert, so, wie das ganze verwunschene Schloss aus welchen Gründen auch immer völlig erstarrt und ohne Hilfe von außen von jeder weiteren Entwicklung abgeschnitten bliebe. Geistig oder seelisch erstarrt, verkrustet? Darüber lässt sich diskutieren. Eine versöhnliche Note trägt jedenfalls der Abschluss: Die beiden Rücksichtslosen bekommen ihre Lektion ab, aber sie haben eine Chance erhalten, etwas dazuzulernen.

Ameisen, Enten und Bienen stehen symbolisch für die drei Lebensräume auf der Erde, im Wasser und in der Luft. Walter Scherf greift diesen Gedanken auf, wenn er schreibt, dass der Held auch daran gemessen wird, welches Verhältnis er zu den Tieren dieser drei Reiche besitzt, »*welche Achtung er vor dem Gesamt des belebten Kosmos bewahrt hat und ob er die Abhängigkeit voneinander versteht*« (Scherf 1995, Bd. 1, S. 91).

Wie sehr Eingriffe der Menschen der Natur schaden, erleben wir an den aktuellen Umwelt- und Naturschäden, z.B. wenn Menschen Flussläufe begradigen, Wälder abholzen, den Boden mit Pestiziden verderben, Monokultur betreiben, ganze Tierarten ausrotten, Tiere nicht artgerecht halten und ernähren, Tierversuche durchführen und

Trophäenjagd erlauben. Im Märchen wird mit den Tierhelfern angesprochen, dass nur der ein Anrecht auf Lebensglück erfährt, der das Daseinsrecht der Tiere respektiert und nicht zerstörerisch in das ökologische Gleichgewicht eingreift. Dies ist ein naturethischer Aspekt. Die sprachlichen Bilder verweisen auf ein gegenseitiges Aufeinander-bezogen Sein von Natur und Mensch und zugleich auf die Verantwortung des Menschen für eine intakte Natur, also auf Natur-, Arten- und Umweltschutz, wenn diese Erde auch noch für die Nachkommen lebenswert sein soll.

2.6.3 Spiel- und Gestaltungsvorschläge

Zur Einstimmung: Wir begeben uns ruhig zum Stuhlkreis. Jedes Kind findet auf seinem Platz ein eingewickeltes Stück Schokolade o.Ä. vor. Wer nun leise vom Erzähler beim Namen genannt wird, legt diese Süßigkeit schweigend auf einem Tuch/in einer Schale in der Kreismitte ab. Wenn alle sitzen, beginnt das Erzählen. Ganz am Ende darf jeder auf Zuruf leise wieder eine Süßigkeit abholen, sie am Platz aufwickeln und in den Mund schieben. Das Kind entscheidet danach selber, wann es endgültig den Sitzkreis verlassen möchte.

Rollenspiel

Puppenspiel

Für ein Puppenspiel eignen sich selbst hergestellte Handpuppen aus Modelliermasse, die an der Luft aushärten. Solche knet- und formbaren Massen führt jedes Bastelgeschäft. Die Puppen (auch Tiere) werden den Rollen als König, Prinzessin, Junge gleich so angepasst, dass sie als Grundstock gleichermaßen auch für andere Geschichten einsetzbar sind. Man kann die üblichen Handpuppen herstellen, in denen die gespreizten Finger den Kopf und die Arme bewegen. Allerdings verspannt sich bei dieser Haltung die Handmuskulatur auf Dauer. Das wirkt sich schädlich aus, da bei Kinderhänden erst ab Schuleintrittsalter die knorpelig-weichen, verformbaren Handwurzelknochen verstärkt ausknöchern.

Stockhandpuppen

Für ältere Kinder (GS) und Jugendliche gleichermaßen interessant ist dagegen die sog. Stockhandpuppe, da beide Hände eingesetzt werden, die Haltehand entspannt nur den Stock hält und die Gestikhand ausdrucksstark Rede und Verhalten der Figur begleitet (Abb. 29).

Herstellung: Für einen Puppenkopf (mit dem etwaigen Umfang einer größeren Faust) knüllt man Zeitungspapier fest zusammen und steckt den Führungsstock da hinein. Dann gestaltet man um diesen Kern herum mit Modelliermasse den Kopf mit Nase, Ohren usw. Dadurch bleibt die Figur leicht. Aus der Kopfmasse heraus wird auch der Hals gezogen und mit einem Wulst versehen, damit später das Kleid daran nicht abrutscht. Den Kopf am Stock stellt man in eine leere Flasche o.Ä., damit er an der Luft in etwa einem Tag trocknen kann.

Dabei wird er hart und ist nun wie Holz gestaltbar. Nach der Trocknung werden Haare (aus Wolle, Watte o.Ä.) angeklebt und das Gesicht bemalt.

Für das Kleid faltet man einen rechteckigen Stoff in der Mitte, näht die Seitenkanten auf einer Seite ganz, auf der anderen Seite von unten her halb zu, schneidet eine Halsöffnung in die Mittellinie und kraust diesen Halsausschnitt mit einem Gummi an oder zieht einen festen Faden durch, der dann am Hals über dem Wulst zusammengezogen wird.

Abb. 29 Stockhandpuppe

Spielweise: Die Arbeitshand hält unter dem Kleid den Stock, die andere Hand geht ebenfalls unter das Kleid und fährt zur Ärmelöffnung heraus. Die Figuren werden an einer höher angelegten Bühnenkante geführt, die Figurenträger stehen gemäß der Kantenhöhe aufrecht oder etwas abgeduckt dahinter, u.U. sitzen sie auch.

Spieletüden: Sinnvoll sind erste Übungen als Begegnungen mit anderen Figuren. Die Gestikhand kann mit entsprechenden Hand- und Fingerbewegungen z.B. herbeiwinken, abwehren, sich an die Stirn tippen, nachdenklich am Kopf kratzen, erschrocken die Hand vor den Mund (der Puppe natürlich) halten und allgemein die Rede im Spiel begleiten. Nach einzelnen Etüden spielt man Szenen, z.B.: Die Figur kauft ein, ist aber unentschlossen. Sie teilt jemandem ein Geheimnis mit. Sie überlegt, was sie alles auf die Reise mitnehmen soll. Sie beschuldigt jemanden. Sie will mit jemandem Freundschaft schließen u.Ä. Die Handbewegungen begleiten die Worte; es gibt auch Gestik ohne Worte oder Worte bei angehaltener Gestik.

Gegenseitige kritische Beobachtung (wechselnde Spieler und Zuschauer) hilft, die Ausdrucksmöglichkeiten zu steigern und darauf zu achten, dass die Gestikhand kein Eigenleben beginnt, sondern Bezug zu Kopf und Körper der Puppe hält. Nach und nach geht man zu den Märchenszenen über.

Märcheninszenierung: Märchen lassen sich wegen ihrer Handlungsstruktur gut in Szenen einteilen. Für die Bienenkönigin bietet sich auch eine Rahmenhandlung an, z.B. Großvater König (der ehemalige Dummling) erzählt seinen Enkeln von dem Abenteuer, wie er König geworden ist. Das lässt sich als Dialog aufbauen, seine Geschichte geht dann erinnernd in die Kerngeschichte über (eine Idee von Viertkläss-lern!). Oder eine ausgebaute Vorgeschichte berichtet, warum zwei Brüder in die Welt ziehen und den Jüngsten nicht mitnehmen wollen. Viele Dialoge sind ausbaufähig, z.B. beim Streit unter den Brüdern oder beim Abendessen im Schloss. Unterstützend wirkt ein **Rollenbuch bzw. Szenenbuch:** Es braucht sprachlich nicht ausformuliert zu werden. Wichtig ist die Klärung der einzelnen Szenen. In einer Rasteranlage wird nach W-Fragen festgelegt:

- Wer mit wem spielt in dieser Szene? (Personen)
- Was wird gespielt? (Handlung)
- Wie wird gespielt? (Stimmung, Tempo, Inszenierungsdetails)
- Wo und wann? (z.B. nachts, unter der Brücke oder bei Sonnenaufgang, am Wald-rand oder bei Regenwetter, in der Nähe einer Stadt)

Die Spieler tragen während ihrer Etüden nach und nach entwickelnd ein, was sie sa-gen wollen. Dieser Teil trägt zur Schärfung der Rollenwahrnehmung bei. Im Spiel hal-ten sich manche dann an ihre Formulierungen, andere schauen nur bisweilen zum Text und sprechen frei; wieder andere verfügen bereits frei über ihre Sprache, wissen zwar, was sie inhaltlich formulieren sollen, gestalten aber jeweils sprachlich spontan. Ein detailliertes Rollenbuch mit genauen, auswendig zu lernenden Texten ist hier also nicht nötig.

Kulissen

Große Bilder werden auf helles Paketpapier o.Ä. gemalt (Arbeit in Gruppen) und ca. einen Meter hinter der Spielwand aufgehängt. Zwischen diesen beiden Teilen stehen die Spieler. Die fertigen Szenenbilder werden dann an ihrer Oberkante alle zusam-mengeheftet und an einer Stange befestigt, die über Stützen liegt (evtl. Kartenstän-der). Die Bilder lassen sich beim Szenenwechsel einfach nach hinten blättern, um das nächste Bild freizulegen.

Schließlich gehört zur Planung, sich über weitere Dekors, Klänge und Geräusche, Lichteffekte und Düfte, dazu organisatorisch über den Ablauf des Spielerwechsels hinter der Spielwand Gedanken zu machen.

Sachbuch und Auswertung unter ethischem und ökologischem Aspekt

Ab Klasse 3–4 und mit wachsendem Anspruch in der Sekundarstufe I und II lohnt es sich, die Tierhelfer auch realistisch als biologische Wesen genauer kennenzulernen. Kinder und Jugendlichen haben hierbei Gelegenheit, die Tiere sorgfältiger zu beach-ten, ihre teilweise unglaublichen Lebensformen zu erkennen, sie in ihrer physischen Einmaligkeit und als Teil eines ökologischen Gleichgewichts wahrzunehmen und Ach-tung vor der Schöpfung zu empfinden. Das Märchen wird zum Impulsgeber für

Nachdenklichkeit über eigene Einstellungen und die der Gesellschaft. Einige Impulse zu diesen Märchentieren seien gesetzt, doch ist es ratsam, selber Biologie- und andere Fachbücher für weitere Detailinformationen heranzuziehen. Im Folgenden nur einige Hinweise als Appetitmacher.

Bienen

Spannend ist bereits der ökonomisch durchgestylte Körperbau der Bienen. Man beachte einmal die funktionsgerechten Einzelheiten ihrer Gliedmaßen, die abkoppelbaren Flügel, das Pelzchen, die ›Höschen‹ und die effektiven Mundwerkzeuge samt Stachel. Die sechseckigen Bienenwaben dienen teils als Honiglager, teils der Aufzucht des Nachwuchses. Bemerkenswert ist aber: Regelmäßig bleiben im Bau auch Waben leer! Neue Forschung hat ergeben, dass dies nicht etwa mit Platzverschwendung oder ›Faulheit‹ der Bienen zusammenhängt; vielmehr fördern diese Lücken im Bau, wie Temperaturmessungen ergaben, letzten Endes die Lernfähigkeit der nachwachsenden fliegenden Nektarsammler, und dies geschieht offenbar wie folgt:

Nur 30 % des Arbeitstages dienen der Nektarsuche. Die anderen Zeiten sitzen die Bienen als ›Heizer‹ in den leer gelassenen Waben und heizen diese und sich selber auf durchschnittlich 41 Grad auf, während die anderen Waben konstant bei 35 Grad bleiben. Mit den beheizten Waben werden die angrenzenden Larven und Puppen erwärmt. Energiequelle der ›Heizung‹ ist die Flugmuskulatur der Arbeiterinnen, die hierbei ihre Flügel vom Muskel abkoppeln können. Durch ihre Temperatursensoren erkennen die Bienen genau, wo sie aufheizen müssen. Die Wärme braucht der Nachwuchs, um lernfähig zu werden, besonders zur Flugorientierung und wenn die Bienen mittels Bienentanz eine Mitteilung über neue Futterquellen abgeben wollen. Wärme entscheidet über die Entwicklung der Bienen, über ihre Intelligenz und Navigationsfähigkeit. Zu kühl aufgewachsene Tiere verfliegen sich öfter und ihre Mitteilungen über neue Futterquellen, als Tanz vermittelt, sind bei ihnen so ungenau, dass andere Bienen diese Informationen nicht beachten.

Bienen durchlaufen verschiedene Pflichtbereiche: Zuerst in der ›Putzkolonne‹, dann in der Kinderbetreuung mit Larvenfütterung, dann im Einsatz bei Wabenbau und Wachdienst, schließlich im Außendienst als Nektar- und Pollensammler (vgl. Willke 2004). Und wenn man genauer erfahren hat, wie raffiniert Bienen ihre Waben mit Deckel bauen und wie eigentümlich sie den Honig produzieren, wie stimmig letztendlich das Zusammenwirken zum gegenseitigen Nutzen zwischen Pflanzen, Bienen, Imker und Landwirt gelingt, zwischen Fruchtbarkeit insgesamt in der Natur und Gesundheit durch Bienen, dann wird wohl keiner mehr sinnlos Bienenstöcke oder andere Tiergebäude zerstören wollen.

Enten

Enten gibt es in einer Vielzahl von Formen und Farben. Sie leben an Süßwasserseen oder am Meer, nisten an reißendem Wasser, in der Tundra, an Seen oder Mooren. Sie können geschickt schwimmen, ausdauernd fliegen und vorzüglich tauchen. Die männlichen Tiere fallen gegenüber den weiblichen durch leuchtende Färbungen auf, doch ganz allgemein sind die verschiedenen Entenarten an Gesicht, Hals, Bauch, Flügeln und Schwanz sehr unterschiedlich und attraktiv gezeichnet. Im mittleren Europa überwintern viele Enten, andere Arten ziehen im Winter fort. Neben ihrem breiten, zum Gründeln geeigneten Schnabel erkennt man Enten gut an der vorgewölbten Kopf-Hals-Brust-Haltung. Ihre Füße mit den drei Zehen und großen Schwimmhäuten wirken beim Schwimmen wie Paddel.

Ihre Flügel entsprechen den umgestalteten Vorderbeinen. Im Knochenbau kann man dennoch Ober- und Unterarm, Gelenke, Handwurzel und Fingerstrahlen erkennen. Das Fliegen gelingt den Enten wegen ihrer Stromlinienform, wegen ihrer kräftigen Flügel, aber auch, weil ihre Knochen pneumatisiert sind. Diese Eigenart reduziert bei Vögeln das Körpergewicht. Die Anordnung der Federn schließlich wird den genauen Beobachter wegen ihrer Schönheit und Zweckmäßigkeit faszinieren: Die Deckfedern, die Daunen, die Schwungfedern der Flügel – alle Teile haben einen besonderen Zuschnitt. Jede einzelne Feder ist ein Wunder für sich: Man beachte nur einmal, wie genial die einzelnen Federrippchen ineinandergreifen!

Enten frieren selbst im eiskalten Wasser nicht: Ein Fettgewebe unter der Haut schützt sie; und auch Daunen und Deckfedern fetten die Enten regelmäßig ein. Als Nützlinge und Teil des ökologischen Gleichgewichts fressen sie Wasserpflanzen, Gras, Getreide, Fisch, Würmer, Schnecken, Insekten u.a. In ihrem breiten Schnabel befindet sich eine fleischige Zunge, die so raffiniert ausgestattet ist, dass die Ente das Wasser seihen, also aussieben kann, wenn sie mit Gründeln beschäftigt ist.

In Europa wurden offenbar ab dem 8. Jahrhundert v. Chr. heimische Wildenten gezähmt. Im süd- und südwestasiatischen Raum geschah dies bereits seit dem 4. Jahrtausend v. Chr., in den altorientalischen und ägyptischen Hochkulturen und in China seit dem 3./2. Jahrtausend v. Chr. Auf chinesischen, ostasiatischen und ägyptischen Wandgemälden findet man denn auch öfter Entenabbildungen, z.B. als Entenjagd.

Ameisen

Ameisen sind je nach Art ca. 3–5 mm groß und gehören zu den Hautflüglern. Ihr Körper besteht aus Kopf, Brust und Hinterleib. Die drei Beinpaare sitzen am Brustteil, und mit einem Paar höchst empfindsamer sensorischer Antennen können sie auch kommunizieren. Der Lebenslauf von Ameisen klingt irgendwie märchenhaft: Im Hochsommer schlüpfen Weibchen und Männchen aus. Sie sind geflügelt, unternehmen ihren Hochzeitsflug und begatten sich dabei. Bald danach sterben die Männchen, die Weibchen werfen ihre Flügel ab und sind von da an Königinnen. Arbeiterinnen bringen sie in den Bau zurück oder sie gründen mit den Arbeiterinnen einen neuen Staat.

In einem Stock leben viele Königinnen, die nur eine Aufgabe haben: Eier legen. Aus diesen schlüpfen nach ein bis drei Wochen fußlose Larven, die sich wiederum nach einigen Wochen in dünnen Kokons verpuppen. Aus diesen ›Puppen‹ schlüpfen nach 18–22 Tagen die fertigen Ameisen. Die einen werden zu geschlechts- und flügellosen Arbeiterinnen, die ein großes Arbeitsprogramm durchzuführen haben: Brutpflege, Nestbau, Sauberhaltung des Nestes und Futtersammeln. Die anderen, ebenfalls geschlechts- und flügellos, werden zu Soldaten: Mit ihrem großen Kopf und Kieferwerkzeug übernehmen sie Nestverteidigung und Angriffe. Beide Arten können kräftig aus Giftdrüsen Ameisensäure in Beiß- oder Stechwunden spritzen. Arbeiterinnen haben sich nach sechs Jahren verbraucht, Königinnen werden aber bis zu 15 Jahre alt.

Der Ameisenbau ist ein phänomenales Gebäude; in seinen Gängen und Kammern für die verschiedenen Funktionen (Futterlager, Nachwuchspflege) leben bis zu einer Million Tiere! Material und Bauweise können ganz verschieden sein. Manche liegen unterirdisch (man kennt solche z.B. von der Gartenarbeit), andere aber oberirdisch: Hier handelt es sich um die bekannten Ameisenhaufen, die so verletzlich sind. Das Innere besteht aus einer kunstvollen Anlage; eine Zerstörung würde den ganzen Staat in seiner Existenz gefährden. Es gibt – je nach Ameisenart – auch Nester unter morschem Holz oder Rinden und in pflanzlichen Hohlräumen, und Weberameisen bauen z.B. ihre Gespinstnester durch ›Zusammennähen‹ von Blattteilen.

Ameisen lieben pflanzliche und tierische, besonders süße Stoffe (Früchte) und Pilze. Faszinierend klingen ihre spezifischen, durch Instinkte gesteuerten Verhaltensweisen: Schwarze Weg- und Holzameisen betreiben z.B. ›Viehzucht‹, indem sie sich Blattläuse als ›Milchkühe‹ halten, die sie durch Betrillern mit den Fühlern ›melken‹. Blattschneideameisen sind ›Gemüsebauern‹ und pflegen ›Pilzgärten‹ mit Pilzkulturen, die sie ›jäten‹ und ›düngen‹ – und bei Neugründung eines Staates wird ›Saatgut‹ von den Pilzen mitgenommen. Ernteameisen sammeln Grassamen und legen sie für den Winter in Kornkammern an. Honigameisen stopfen ihre Arbeiterinnen mit süßen Säften voll. Aufgebläht zu ›Honigtöpfen‹, werden sie dann im Winter durch Kitzeln angeregt, dieses Futter abzugeben.

Die sozialen Instinkte der Ameisen sind hoch ausgeprägt und jede Einzelne ist durch den Nestgeruch mit dem gesamten Staat verbunden. Sie verständigen sich durch Erregung, durch Fühlersprache, und wenn am Nest Veränderungen bemerkt werden, alarmieren sie im ›Steppschritt‹ andere. Bei Großalarm wissen alle, was zu tun ist: Die einen greifen an, die anderen bringen Eier und Brut in Sicherheit. (Vgl. Der Große Herder, 1956, Bd. 1, Sp. 306–308) Die Roten Waldameisen halten Bodenbewuchs und Bäume von Schädlingen frei. Schädlich sind dagegen die Große Ross-Ameise wegen Baumfraß, Rasenameisen z.B. für die Gartenpflanzen und die Pharaonen für Lebensmittel.

Erzählen als Umweltmärchen in verteilten Rollen (ab Kl. 4, S I)

Dieser Gestaltungsvorschlag eignet sich für Schüler der Klasse 4 und der Sekundarstufe I.

Nachdem das Märchen besprochen wurde, erarbeiten Schülergruppen in verteilten Rollen mithilfe von Fachbüchern Sachinformationen zu Ameisen, Enten und Bienen, etwa unter Fragen nach Aussehen, Entwicklung, Lebenslauf, Ernährung, Fortpflanzung, Wohnung, Eigenarten, Feinden. Diese Sachgruppen stellen ihre Ergebnisse als Dokumentation mit Texten und Sachzeichnungen untereinander vor, beantworten Fragen und ergänzen eventuell. Dann wird »Die Bienenkönigin« als Umweltmärchen erzählt. Die Sachgruppen blenden ihre Informationen an geeigneten Stellen in kleinen Geschichten oder Berichten aus der Sicht der Tiere ein (in jeder Gruppe werden alle aktiv).

Die Präsentation könnte so aussehen:

Erzähler und Dummling	Sachgruppen
Der Erzähler erzählt das Märchen bis zur Begegnung mit den Ameisen.	Die Ameisen erzählen in Ichform im Sinne von: »Wenn die Menschen nur besser wüssten, wer wir sind und was wir alles können!« Es folgen Informationen in dramatisierter Form.
Der Erzähler fährt fort bis zu den Enten.	Die Entengruppe informiert nun ebenso in Geschichten/Berichten: »Wenn die Menschen nur besser wüssten, wer wir sind und was wir alles können!«
Der Erzähler fährt fort bis zu den Bienen.	Die Bienengruppe spricht ähnlich über sich: »Wenn die Menschen nur besser wüssten, wer wir sind und was wir alles können!«
Der Erzähler erzählt das Märchen weiter bis zur Stelle »Perlensuchen«. Der Dummling erscheint als Gesprächspartner.	Die Ameisen erklären dem Dummling, weshalb sie ihm helfen, ihre Hilfe aber den Brüdern verweigert haben.
Der Erzähler erzählt von der zweiten und dritten Aufgabe. Der Dummling spricht mit den Enten und Bienen.	Zunächst spricht die Enten-, dann die Bienengruppe mit dem Dummling und erklärt ihre Hilfsbereitschaft. Dann formulieren die Tiergruppen den Groll über die beiden älteren Brüder im »Off«.
Der Erzähler erzählt das Märchen zu Ende.	Die Tiere unterhalten die Zuhörer damit, was der Natur und den Menschen passiert wäre, wenn sie von den beiden älteren Brüdern getötet worden wären. Die wiederbelebten Brüder äußern sich selbstkritisch und machen mit dem Dummling naturfreundliche Pläne für die Zukunft.

Verschiedene Umweltthemen

- Die oben erwähnte Urfassung, die Vorgängerfassung von Albert Ludwig Grimm und die Endfassung (KHM 62) eignen sich für eine Synopse (Zusammenschau), einzusetzen für die Sekundarstufe I und II.
- Mit älteren Schülern (ab etwa 12 J.) kann man Sagen und Märchen mit Motiven vom »Herrn der Tiere« oder mit »dankbaren Tieren« sammeln, analysieren und über ihre Bedeutung für die Realität diskutieren (naturethischer Schwerpunkt zum Bereich Umwelt- und Artenschutz).
- Man kann Märchentiere exakt zeichnen und mit Steckbrief versehen (z.B. kalligrafisch). Man stellt sie als Sachzeichnung einer entsprechenden Tiergestaltung gegenüber, die eine Szene aus dem Märchen zeigt. Daraus lässt sich ein Sachbuch herstellen mit der Gegenüberstellung Märchentier aus biologischer Sicht und Märchentier mit seiner Symbolik.
- Man verfasst eine Vorgeschichte und Nachgeschichte zum Märchen. Die Vorgeschichte kann hierbei die Entwicklung der verschiedenen Einstellungen der drei Brüder zur Natur transparent machen; die Nachgeschichte ermöglicht, als Einsicht in die Lehre der Geschichte zukünftiges Verhalten der Natur gegenüber zu verdeutlichen: Die Ergebnisse (Texte, Rollenbücher) sollten trotz allem nicht belehrend klingen (vgl. auch Pointner 2000).

Stimmungsrelief mit Farben, Struktur und Abstraktion

Wortsammlung und Zuordnung zu Farben

Die Kinder/Jugendlichen suchen markante Verben bzw. Tätigkeiten und Adjektive heraus; in der »Bienenkönigin« bieten diese Wörter nämlich einen Schlüssel zum tieferen Verständnis der Charaktere und Stimmungen.

Die beiden älteren Brüder
»gerieten in ein wildes, wüstes Leben« · »verspotteten den Jüngsten, er wolle sich mit seiner Einfalt durch die Welt schlagen« · wollten den Ameisenhaufen »aufwühlen«, die Enten »fangen und braten«, »Feuer unter dem Baum legen und die Bienen ersticken«

    Diesen Wörtern kann man als Stimmungsfarben düstere und heftige Farben unterlegen: Schwarz, Violett, Rot.

Der Jüngste, der Dummling
»sucht seine Brüder« · fordert entschieden: »Lasst die Tiere in Frieden, ich leid's nicht, dass ihr sie stört/tötet/verbrennt«

    Diesen Wörtern kann man aktive, aber ruhige Farben unterlegen: Grün, Orange, Blau.

Im Schloss

»lauter steinerne Pferde« · »war kein Mensch zu sehen« · »eine Tür ganz am Ende« · »ein graues Männchen« · der erste und der zweite Bruder »ward in Stein verwandelt«
Dominierende Farbe ist hier das Grau.

Erlösung

Der Jüngste »setzte sich auf einen Stein und weinte«. Er bringt damit weitere Handlung in Fluss und ins Leben zurück · Farben: Blau, Lila · »Da war der Zauber vorbei; alles war (…) erlöst und (…) erhielt seine menschliche Gestalt wieder.«
Farben: bunt in schwungvollen Linien.

Stimmungsfarben in Textbildern

Das Märchen wird gestrafft, ohne am Inhalt etwas zu verändern. Die notierten Schlüsselwörter bleiben erhalten. Mit den Wörtern werden in den passenden Farben die Vorgänge um die wilden Brüder zackig, rot, eckig geschrieben, die den Dummling betreffenden Teile entsprechend farbig, ruhig, rund, die Szenen im Dunstkreis des Schlosses statisch, grau, steif, die Prüfaufgaben beim Jüngsten immer lebendiger, die Hochzeit bunt und beschwingt. So entsteht ein malerisches Textbild, das den Inhalt auch farblich und in der Linienführung interpretiert. Einfügen lassen sich Monogramme, kreative Wortgestaltungen, Piktogramme, auch Vignetten.
Variation: Textbilder und reine Bilder/Illustrationen wechseln sich ab, sodass alternierend mal der Text, mal das Bild weiterführt.

Relief

Eine breite Papierbahn wird mit Kleister eingestrichen. Dann spritzt und tropft man mit Dispersionsfarben der Stimmung gemäß Farben in den Kleister und verteilt alles gestaltend mit den Fingerspitzen. An den wilden Teilen wird grober Sand eingestreut, beim Schloss feiner Sand oder Gipspulver (versteinert), auch Fasern, Stoffe o.Ä. sind denkbar. Diese Teile bilden Strukturen. Wesentliche Aussagen aus dem Märchen werden in Sprechblasen geschrieben und auf das Relief geklebt.
Variation: Farbige Textbilder oder Sprechblasen werden mit wasserfesten Stiften direkt auf die Papierbahn geschrieben/gemalt. Darüber erst wird der Kleister gestrichen. Dazu können symbolisch an den entsprechenden Stellen Blätter, Tannennadeln, gezeichnete Bienen, Enten oder Ameisen eingeleimt werden.

Abstrakte Figuren im Relief

Die Protagonisten werden zu geometrischen Formen abstrahiert: Die beiden älteren Brüder z.B. zu dunklen, der Dummling zu einem hellen Rechteck (Abb. 29, Bild 1), die Ameisen zu schlanken kleinen Dreiecken (Bild 2), die Enten zu mehreren kleinen Ovalen (Bild 3), die Bienen zu kleinen »Achten« (Bild 4), das graue Männchen zu einem Quadrat (Bild 5). Dazu stilisierte Figuren für den König (Bild 11) und die drei Töchter (Bild 10). Im Handlungsverlauf werden diese Figuren je nach Auftreten szenenweise eingezeichnet oder ausgeschnitten und aufgeklebt, und zwar in Gruppen, deren Teile sich durch Nähe oder Ferne darstellen: Mal stehen die Brüder beieinander, mal vereinzelt; oder es stehen zwei Brüder und zwischen ihnen und den symbolischen Tieren schützend der einzelne Dummling. Natürlich ist die Wahl der abstrakten Formen frei. Der Hintergrund kann mit Linien und Farben dezent die Gesamtstimmung andeuten.

So werden im Relief die wesentlichen Interaktionspunkte gezeigt, die durch einfache Figuren auf abstrakte Weise die Dynamik zwischen den Handlungsträgern des Märchens transparent machen. Das Schlussbild spricht für sich: Alle Symbole, auch die für die Tiere, bilden eine große Hochzeitsgruppe.

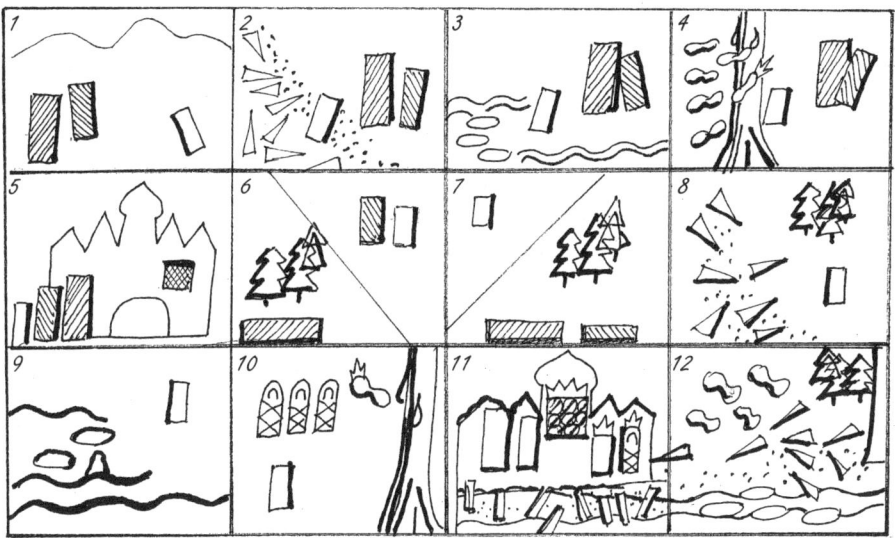

Abb. 30 Abstrakte Figuren im Relief
Obere Reihe: Der Dummling läuft seinen Brüdern nach. Er schützt die Ameisen. Er rettet die Enten. Er hilft den Bienen.
Mittlere Reihe: Die drei Königssöhne kommen in das einsame Schloss. Der erste versteinert im Wald. Der zweite versteinert im Wald. Dem dritten helfen die Ameisen.
Untere Reihe: Die Enten tauchen nach dem Schlüssel. Die Bienenkönigin fliegt zu den schlafenden Königstöchtern. Der Dummling heiratet die jüngste Königstochter. Alle Tiere eilen zur Hochzeit.

2.7 Die sprechenden Eier

Zielgruppe: Schüler der Grundschule (Klasse 3–4), der Sekundarstufe I und II
Schwerpunkte: Gespräche (von Hexen, Absonderlichkeiten und Volksglaube) · Ideen-sammlung (von Spielformen und Dämonen) · Märchen im Einmachglas · Collage-buch · Naturbühne mit Skulpturengarten · Lebende Naturbühne · Texten, Dialoge spielen.

2.7.1 Märchentext und Anmerkungen

»Die sprechenden Eier« ist ein Märchen der Schwarzen in Nordamerika. Es ist der Sammlung »Nordamerikanische Märchen« (Hetmann 1973) entnommen und hier stilistisch etwas geglättet.

Die sprechenden Eier

Es war einmal eine Frau, die hatte zwei Töchter, die hießen Rose und Blanche. Rose war schlecht und Blanche war gut. Die Mutter aber liebte Rose, obwohl die schlecht und böse war, mehr als Blanche. Sie ließ Blanche alle schmutzigen Arbeiten im Haus tun, während Rose in ihrem Schaukelstuhl saß. Eines Tages schickte die Mutter Blanche aus, um einen Eimer Wasser zu holen. Als Blanche an den Brunnen kam, begegnete sie dort einer alten Frau, die sagte zu ihr:»Ich bitte dich, gib mir etwas Wasser. Ich bin sehr durstig.« »Gern, Tante«, antwortete Blanche, »hier ist Wasser!« Und sie hob den Eimer hoch und ließ sie gutes, frisches Wasser trinken. »Danke, mein Kind«, sagte die alte Frau, »Gott wird es dir loh-nen.«
Ein paar Tage später war die Mutter so böse zu Blanche, dass das Mädchen in den Wald davonlief. Es weinte und wusste nicht, wohin es gehen sollte, denn es fürchtete sich, nach Hause zurückzukehren. Da sah es wieder die alte Frau auf sich zukommen. »Warum weinst du, mein Kind«, fragte die Alte. »Wer hat dir wehgetan?« »Ach«, sagte Blanche, »meine Mut-ter hat mich geschlagen, und ich fürchte mich, zu unserer Hütte zurückzugehen.« »Nun«, sprach die Alte, »wenn das so ist, mein Kind, dann komm doch mit mir. Ich will dir zu essen geben, und ein Bett wird sich auch finden. Nur musst du mir versprechen, nicht zu lachen, was immer du auch siehst.«
Sie nahm Blanche bei der Hand und führte sie in den Wald hinein. Und wie sie so vorangin-gen, öffneten sich die Dornenbüsche vor ihnen und schlossen sich hinter ihnen wieder. Nach einiger Zeit sah Blanche plötzlich zwei Äxte, die miteinander kämpften. Das fand sie sehr seltsam, aber sie sagte nichts. Wieder ein Stück weiter sah sie zwei Arme, die mitein-ander kämpften, dann zwei Beine und schließlich zwei Köpfe, die sprachen:»Blanche, gu-ten Morgen, mein Kind, Gott wird dir helfen.«
Sie kamen zu der Hütte der alten Frau. Da sagte die Alte zu Blanche:»Mach Feuer, mein Kind, und koch mir Essen.« Darauf setzte sie sich neben den Herd nieder und nahm ihren Kopf von den Schultern. Sie setzte ihn auf ihren Schoß und begann dann, das Haar nach Läusen abzusuchen. Blanche fand das sehr seltsam. Sie fürchtete sich, aber sie sagte nichts.
Die Alte setzte den Kopf wieder auf ihren Hals, gab Blanche einen großen Knochen und be-fahl ihr, ihn in den Topf zu legen – und im Augenblick verwandelte sich der Knochen in ei-

nen guten Braten. Nach dem Essen sagte die alte Frau zu Blanche: »Ich bitte dich, Kind, kratz mir den Rücken!« Blanche tat, wie ihr geheißen, aber sie zerschnitt sich dabei die Hände, denn der Rücken der alten Frau war über und über mit Glasscherben besät. Als die Alte aber sah, dass Blanches Hand blutete, blies sie darüber und sofort waren die Schnitte verheilt.

Als Blanche am nächsten Morgen aufstand, sagte die alte Frau zu ihr: »Du musst jetzt heimgehen. Weil du aber ein gutes Mädchen bist, möchte ich dir ein paar sprechende Eier schenken. Geh zum Hühnerhaus, nimm alle Eier, die rufen: ›Nimm mich mit‹, hüte dich aber davor, eines zu nehmen, das zu dir sagt: ›Nimm mich nicht.‹ Wenn du auf der Straße bist, dann wirf die Eier hinter dich, damit sie zerbrechen.«

Blanche horchte im Hühnerhaus genau hin und holte sich die richtigen Eier. Auf der Straße zerbrach sie diese dann, wie es die Alte befohlen hatte. Und siehe da, viele schöne Dinge kamen zum Vorschein: manchmal Diamanten, manchmal Gold, ein schöner Wagen und hübsche Kleider. Als sie zum Haus ihrer Mutter kam, hatte sie so viele Kostbarkeiten, dass alle Zimmer voll davon waren. Deshalb war nun auch die Mutter nicht mehr böse zu ihr, sondern nahm sie mit Freuden auf. Am nächsten Tag aber sprach sie zu Rose, der bösen Tochter: »Du musst auch in den Wald gehen und die alte Frau suchen, dann bekommst du gewiss auch so schöne Dinge geschenkt wie deine Schwester.«

Rose ging in den Wald und traf auch die alte Frau, die sie zu ihrer Hütte mitnahm, aber als Rose die kämpfenden Äxte, Arme, Beine und Köpfe sah, begann sie zu lachen. Da sprach die Alter: »Ah, sieh da, mein Kind, du bist kein gutes Mädchen. Gott wird dich strafen.« Rose übernachtete in der Hütte. Am andern Tag aber sagte die Alte zu ihr: »Ich mag dich nicht mit leeren Händen fortschicken, geh also ins Hühnerhaus und nimm alle Eier, die dir zurufen: ›Nimm mich mit.‹«

Als Rose nun ins Hühnerhaus kam, riefen die Eier durcheinander: »Nimm mich mit!« – »Nimm mich nicht mit!« – »Nimm mich mit!« – »Nimm mich nicht mit!« Rose war ganz durcheinander und dachte: »Ach was, ich will alle Eier nehmen.« Das tat sie und ging fort. Sie lief auf die Straße und zerbrach dort die Eier. Aber was kroch da heraus? Schlangen, Kröten und Frösche waren es. Die liefen Rose nach. Da schrie und weinte das Mädchen. Als aber die Mutter sah, was Rose mit ins Haus gebracht hatte, jagte sie diese Tochter davon.

Dieses Märchen weist enge Bezüge zum Typenverzeichnis auf: AaTh/ATU 480: »Das gute und das schlechte Mädchen«. Erkennbar ist die Ähnlichkeit mit dem Grundmuster von »Frau Holle«, auch wenn einzelne Motive und Requisiten anders ausfallen. Es geht im Grunde um ein Ge-horchen im wahrsten Wortsinn – um ein beobachtendes Lauschen auf Vorgänge, um ein genaues Zuhören auf Anweisungen und um ein gehorsames Dienen in der dämonischen Anderswelt. Blanche wird wie Goldmarie mit Kostbarkeiten belohnt, Rose dagegen erlebt Verfolgung durch Kröten, Frösche und Schlangen. Dies kommt ähnlich in Charles Perraults »Die Feen« vor: Dort springen solche ekel- oder angstbesetzten Tiere beim Sprechen aus dem Mund der Unglücklichen.

AaTh/ATU 334: »Haushalt der Hexe«. Im Märchen entspricht die Hütte der Alten diesem Haushalt. Neben der ambivalent reagierenden Alten fallen Absonderlichkeiten auf wie ihr glasscherbenbesetzter Rücken, ein Knochen, der am Feuer zum Braten wird, und der Kopf, den sie sich selber abnehmen kann. Ihr Hühnerstall mit den geheimnisvollen Eiern zählt wohl ebenso zum Hexen-Repertoire wie die kämpfenden

Körperteile auf dem Weg durch den Wald zur Hütte. Eine für viele Märchen typische Wechselrede zwischen Alter und Mädchen gibt es nicht, dafür werden ›Barrieren‹ aufgebaut: Blanche und Rose sollen über Absonderlichkeiten nicht lachen – und Blanche wagt auch nicht zu fragen. Sie wundert und fürchtet sich. Eine Beziehung besteht dennoch: Blanche sagt zur Alten »Tante«, als ob sie eine Patin wäre. Die Alte kommt von sich aus auf Blanche zu, während Rose nutzenorientiert die alte Frau im Wald aufsucht.

Aath/ATU 431: »Das Haus im Walde«: Im Mittelpunkt stehen die ungleiche Behandlung der Töchter Rose und Blanche und die Auseinandersetzung der Mädchen mit der Alten in ihrer Waldhütte. Blanche hat Hausarbeit gelernt und bewährt sich auch im Hexenhaushalt, wodurch sie gewinnt. Die faule Tochter plant Hausarbeit gar nicht erst ein. Sie geht aus Gewinnsucht zur Alten; ihre Bestrafung fällt entsprechend hart aus.

Einige Motive sperren sich gegen eine genauere Einordnung ins Typenverzeichnis. Sie entstammen offenkundig dem außereuropäischen Raum. Dies betrifft vor allem die sprechenden Eier, die in sich Geschenke oder Bestrafung bergen, dazu die herumfliegenden Körperteile. Im europäischen Märchen hört man von Schweigegeboten und vom Erleiden von Qualnächten, aber nicht lachen zu dürfen ist ein ausgefallenes Motiv. Auch eine Dämonin, die zum Lausen ihren Kopf absetzt und deren Rücken mit Scherben gespickt ist, wirkt sehr exotisch.

Ursprünge des vorliegenden Märchens liegen wohl in Afrika. Dies legt der Umstand nahe, dass es sich um ein Märchen aus der Tradition der Schwarzen Nordamerikas handelt, die ja als Sklaven dorthin verschleppt worden waren. Eine motivische Ähnlichkeit findet sich in einem Märchen der Sammlung des Märchenforschers Mensah Wekenon Tokponto, der in Benin erst in jüngster Zeit die bis dato rein mündlich tradierten Geschichten seines Volkes gesammelt und verschriftet hat. Hier handelt es sich um *sprechende Früchte,* die nach Anweisung gepflückt werden müssen und die dann der fleißigen, von der Mutter ungeliebten Tochter reichen Lohn eintragen – allerdings nicht, ohne vorher dienen, leiden und Kranke pflegen zu müssen. Die faule Tochter dagegen drückt sich um alle Aufgaben und lockt mit den Früchten Tod und Verderben an.

In einem Märchen aus Kamerun, »Die Geschenke der alten Frau«, gleichen sich die Grundzüge mit den anderen Varianten, nur dass die Strafen für die Faule noch drakonischer ausfallen und ein ganzes Dorf durch den Ungehorsam der Faulen leiden muss. Unsoziales Verhalten wird nicht nur an der Unheldin, sondern an deren ganzer Lebensgemeinschaft abgestraft.

Für Auskünfte über einzelne Stichworte empfehlen sich Bächtold-Stäubli (1927/ 1986–1987) und Ranke (1977).

2.7.2 Interpretation

Gespräche über Hexen, Absonderlichkeiten und Volksglauben

Ein Einstieg bietet sich mit der Doppelführung der Handlung unter positiven und negativen Vorzeichen an. Die Kenntnis der Handlungsstruktur von »Frau Holle« erleichtert das Verständnis, zumal auch hier das positive Vorbild der Fleißigen von der Faulen nicht übernommen wird.

Befragenswert ist die Rolle des genauen Hinhorchens – auf das, was die Alte anweist, und auf die sprechenden Eier selber; ebenso auf den Befehl, nicht zu lachen, was immer auch geschieht. Jugendliche denken hierbei z.B. an Spaß, an Schadenfreude oder Verlegenheit oder an Sensationslust, z.B. bei Unfällen, auch an hysterisches Lachen (aus Angst, zur Ablenkung, vor Erschöpfung): Absonderliches sollte zuerst Nachdenklichkeit hervorrufen, nicht unbesonnene Reaktionen.

Der Hexenhaushalt wirkt trotz der Häuslichkeit von Herd und Feuer unheimlich. Was mag es bedeuten, wenn man seinen eigenen Kopf absetzt, und welche Funktion hat das Lausen bei der Alten? Will sie Blanche das Fürchten lehren? Sie provozieren? Unter Eingeborenen ist gegenseitiges Lausen, begleitet von Scherzen und Gesprächen, eigentlich eine soziale Aktion; die Alte aber bleibt in sich verschlossen.

Und die Glasscherben auf dem Rücken mögen darauf verweisen, wie abweisend und gefährlich sie sein kann. Als ambivalente Märchenhexe lässt sie das Blanche zwar spüren, zugleich aber stillt sie die Blutung an der Hand und heilt sie wieder. Anders bei Rose: Die lässt sie gar nicht erst zur Einsicht in das ambivalente Wesen einer dämonischen Frau als einer Weisen kommen – sie lässt sie unbesonnen und weghörend.

Man kann an der Frauenkonstellation Alte–Blanche und Alte–Rose das Konzept der *Affidamento* verfolgen und in der Alten eine ›Größere‹ sehen, die mehr weiß als die Mutter und die zwei Töchter. Sie gewährt einer Würdigen (Blanche) als Helferin Einblicke in ihr geheimes Frauenwissen, der Unwürdigen aber setzt sie Grenzen und zwingt sie so zum Nachdenken. In dieser Konstellation kommt ein Differenzfeminismus deutlich zum Ausdruck. Die Alte wirkt deshalb bei Blanche durchaus mütterlich. Sie weist sie an, begleitet sie, fordert Dienstleistung ab, tröstet, sie lässt bluten und heilt wieder – man könnte hier auch Verbindungen zu Initiationsriten herstellen. Die Alte wird zur Helferin, Rose gegenüber allerdings zur Schädigerin: Zu früh, zu leichtsinnig und unreif fordert Rose das vermeintliche Glück heraus.

Mit Körperteilen betrieb der Volksglaube schwarze und weiße Magie, Zauber und Medizin (vgl. Bächtold-Stäubli 1927/1986–1987, Band 5, Sp. 318f.). Nach dem Prinzip »Pars pro Toto« (»Ein Teil für das Ganze«) steckt in jedem abgetrennten Körperteil noch etwas an Lebenskraft, nur ist die Verbindung zu einem lebendigen Zusammenhang verloren gegangen – zumindest unterbrochen. Hier sei auf das »Buch des Ritus« des Kultur- und Religionsphilosophen Leopold Ziegler verwiesen. Er beschreibt darin einen balinesischen Urtanz, in dem der Körper des Tänzers so herumwirbelt, dass er nur noch aus Kopf und den Händen zu bestehen scheint (Ziegler 1999, S. 64).

Eier werden weltweit für schwarze und weiße Magie, für Hexerei, Fruchtbarkeit und Totenkult verwendet. In Jamaika z.B. gibt es das Wunschei, und in Afrika erfährt man, dass Eier, wenn man sie an einem Felsen zerbricht oder zu Boden wirft, Soldaten, Tiere, Nahrung oder Geschenke freisetzen. Das Ei, das man einem Verhexten an den Kopf wirft, bricht in Afrika auch Hexenkraft (vgl. Bächtold-Stäubli 1927/1986–1987, Bd. 2, S. 686f; Ranke 1977, Bd. 3, Sp. 1107f.). In den erwähnten Märchen aus Benin und Kamerun bergen die Eier für die Fleißige materielle Schätze, für Faule aber wilde Tiere, Soldaten und den Tod.

Das Märchen lädt ein, sich unter ethisch-moralischen, völkerkundlichen und historisch-geografischen Aspekten Gedanken zu machen und sich mit Themen wie Vertrauen, Horchen und Gehorsam, Lachen und allgemein mit der ambivalenten Gestalt der Hexe und ihrer Magie auseinanderzusetzen.

Im Übrigen reagierten die Schüler bei Gesprächen auf das Ende versöhnlicher als bei »Frau Holle«, wo das Pech das Mädchen für sein ganze Leben gezeichnet hat: In »Die sprechenden Eier« wird Rose ›nur‹ fortgejagt. Die Jugendlichen waren in verschiedensten Gesprächen sowohl bei diesem Märchen als auch bei »Frau Holle« und in »Die Feen« (Perrault) der Meinung, dass an Roses Unglück eigentlich die Mutter schuld sei, die das Mädchen zur Faulheit angeleitet und zu sehr verwöhnt habe. Rose bekam deshalb beim Weiterfabulieren stets eine neue Chance, nach einem Jahr den Weg zur Alten im Wald noch einmal zu gehen und nun alles richtig zu machen!

2.7.3 Spiel- und Gestaltungsvorschläge

Einstimmung: Während alle im Zuhörerkreis die Augen schweigend geschlossen halten, legt der Erzähler in der Kreismitte auf ein seidiges Tuch einige z.B. weiße und goldgelbe abgekochte Eier. Alle öffnen die Augen und der Erzähler sagt leise: »Ich erzähle euch heute das Märchen von den sprechenden Eiern.«

Ideensammlung (von Spielformen und Dämonen)

- Das Märchen eignet sich für ein Spiel im Tischtheater, aber auch als personales Spiel.
- Mit Schattenspiel, besonders aber mit farbiger Lichtbühne, kann man geheimnisvolle Stimmungen herbeizaubern und die kämpfenden und fliegenden Körperteile und aufbrechenden Eier besonders lebendig gestalten.
- Man kann ein Buch mit Linolschnitten (für ältere Schüler geeignet) herstellen und mit auf dem Computer geschriebenen Texten ergänzen, wobei sich die Möglichkeiten des Computers für Schrift- und Seitengestaltung (z.B. Schriftarten und -größen oder Hervorhebungen) ausschöpfen lassen. Für jüngere Schüler verwendet man Folienschnitte (Innenseite von Milchtüten). Das ist leichter und ungefährlicher als die Arbeit mit Linolschnitten.

- Man kann Naturvölkergeschichten sammeln, die von Auseinandersetzungen mit Dämonen und von schwierigen Bewährungsproben erzählen. Sie unterscheiden sich oft – kulturell bedingt – in der erzählerischen Struktur und inhaltlich von europäischen Märchen. Die Beiträge werden vorgelesen oder erzählt; man kann darüber sprechen und sie gestalten. Insgesamt fördert dies ein interkulturelles Verstehen.
- Die Dämonin als Hexe ist eine Herausforderung. Es gilt, sie als eine Figur der Volkserzählung mit ihrem ambivalenten Charakter, ihrem Wirken und Wissen (z.B. in der Heilkunde) deutlich von der historischen Hexe zu unterscheiden – von jenen verfolgten Frauen des Mittelalters und der frühen Neuzeit, die diffamiert und gesellschaftlich ausgegrenzt wurden und denen unter unsäglichen Foltern und mit den unglaublichsten Fragen und Behauptungen sog. Geständnisse abgepresst wurden.

Märchen im Einmachglas

Man nimmt mehrere große Einmachgläser, die ca. zwei Liter fassen, am besten mit Schnallendeckel, um den Inhalt vor dem Verstauben zu schützen. Man füllt sie mit etwas Sand o.Ä. an und platziert darauf gesammelte oder selbst gebastelte symbolische Dinge in Kleinformat, die mit dem Märchen zu tun haben, z.B.:
- Puppenbesen und -geschirr, Stuhl (für die Hausarbeit)
- Eimer und blauer Stoff für die Brunnenszene
- Ästchen, Wurzelwerk, dazwischen kleine Arme, Beine, Köpfe, Äxte
- Rotes Seidenpapier, zu Flammen stilisiert, Knochen, Glasscherben
- Kleine Eier (Dekostücke oder modelliert) und Schmuck bzw. ›Schätze‹
- Kleine Holzhütte der alten Frau zwischen Ästen und Wurzelwerk
- Eier und modellierte Schlangen, Frösche, Kröten
- Evtl. neue Schätze, falls erzählt wird, dass Rose später auch ihre Chance wahrgenommen hat.

Die Märchen im Einmachglas sind prächtige Dekorationsstücke. Man kann sie in Handlungsabfolge aufreihen und die Szenen dazu erzählen. Dabei wird frei erzählt; das erlaubt, auch auszuschmücken und zu variieren.

Collagebuch

Die Technik des Collagierens eignet sich für jedes Märchen: Man teilt die Geschichte in ihre wesentlichen Szenen ein. Dann werden diese Szenen mit verschieden strukturiertem Papier und Stoff, Trockenpflanzen, Rinden, ungekochten Nudeln, Eierschalen, Wolle, Knöpfen oder Pailletten zum Bild gestaltet (Abb. 31).

Abb. 31 Blanche im Hühnerhaus. Material: Federn, Stroh, Eierschalen, Krempelwolle, Zierband, Kartonstreifen, Sprechblasen auf Papier

Abb. 32 Dämonin am Herd. Ihr Kopf lässt sich mit den Stäben am Hals abnehmen, der Knochen in der Pfanne ist drehbar (Knochen auf der einen, Braten auf der anderen Seite), das Handtuch am Herd ist beweglich

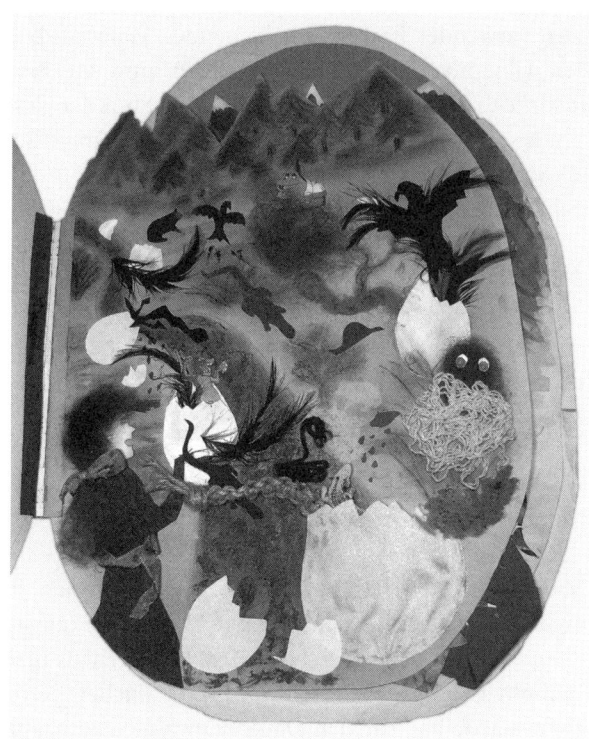

Abb. 33 Untiere verfolgen Rose

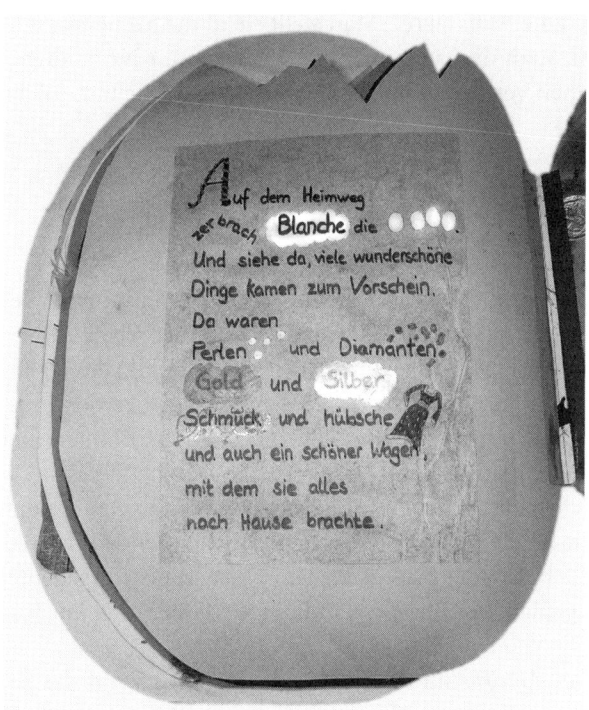

Abb. 34 Textbildgestaltung mit Wortgestaltungen, Farben und Piktogrammen

Man verwendet flaches, gut klebendes Material. Die Schüler sind dabei angehalten, den Gesamtverlauf zu strukturieren und zu gewichten, ebenso die symbolisch ausdrückbaren Szenen. Sie erfassen den Sinn der Geschichte, da sie geeignetes Material auswählen müssen, z.B. Raues für das Dämonische (Schmirgelpapier, harte Folie für Scherben), Glänzendes für Schätze, seidige Stoffe für die ›gute‹ Figur, grobes Material für die ›böse‹ Figur.

Das Ergebnis ist ein kostbares Bilderbuch, das auf der jeweiligen Gegenseite mit dem Text ergänzt wird: nacherzählt, im Original abgetippt oder handschriftlich mit Piktogrammen und Wortgestaltungen zu Textbildern geformt.

Schüler aller Altersstufen sehen sich solche Bücher stets mit Andacht an und tasten sich still oder erzählend durch – die Tastbilder konzentrieren hier als sinnliches Erlebnis die Aufmerksamkeit ganz auf den Märcheninhalt.

Naturbühne mit Skulpturengarten

Man stellt ca. drei Tische in einer Zeile zusammen. In fließenden Übergängen werden die Kulissen der Märchenszenen nacheinander aufgebaut, z.B. Wohnhaus mit Umfeld, übergehend in den Wald, Hütte mit Hühnerhaus im Wald und Straße, die erneut zum Wohnhaus führt. Man benutzt bunte Tücher, getrocknete Blumen, Moose, Hölzer, kleines Mobiliar, für den Dämonenwald Kiefernzapfen, ausgewaschene Hölzer (oder Holz von Rebstöcken), Ästegewirr. Dann formt man aus Ton oder Modelliermasse die Figuren (Mutter, die zwei Töchter, die Alte, Tiere). Man stellt sie in die Szenerien und erzählt daran entlang. Dabei stellt man die Figuren entsprechend um. Als Standfiguren kann man auch einzelne Szenen vertiefend ausgestalten und dabei neue Einsichten gewinnen.

Lebende Naturbühne

Die lebende Naturbühne enthält wie das Tischtheater eine Anlage als Simultanszenerie, also alle möglichen Märchen-Orte (Interaktionspunkte) auf einer Ebene. Aber: Diese Bühne lebt. Im Schulgarten, Park oder in einer Aula (in der Schule) werden auf z.B. ca. 2 m × 3 m oder 3 m × 3 m Pflanzen angelegt, die leben, gepflegt werden müssen und so wachsen, dass sich jedes Märchen darin spielen lässt: Rasen, Blumen und Haus (aus Holz oder gemauert) für den Wohnbereich, niedrige Büsche/Stauden für offenen Wald, Zwergkiefern, Buchsbaum, Thuja als Niedrigpflanzen für den dichten Wald und Pflanzen nach Wunsch für den Dämonenbereich. Das trennende oder rettende Wasser kann mit blauen Tüchern oder blau gefärbtem Kiesel (Split) angedeutet werden. Abb. 34 zeigt einen Anlageplan, der für alle Handlungsverläufe, auch mit Jenseitsbereichen, offen bleibt.

Während die Zuhörer die Naturbühne auf drei Seiten umstehen, spricht der Erzähler auf der vierten Seite. Dabei stellen er und weitere Helfer die Skulpturen (z.B.

ca. 20 bis 30 cm große), die jeweils zum Märchen passen, szenengerecht um. Auch Vorlesen in verteilten Rollen oder mit mehreren geübten Lesern, die sich abwechseln, ist geeignet.

Mit entsprechender Beleuchtung, Kerzen und Duftlampen wird eine solche Erzählstunde ein großes Ereignis.

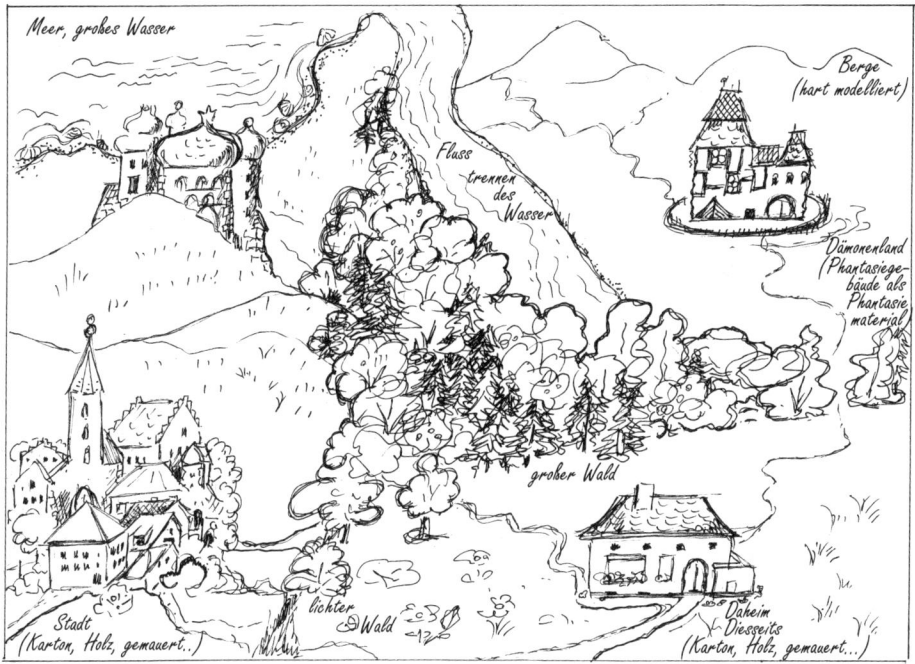

Abb. 35 Lebende Naturbühne

Texten und Dialoge spielen

Ein modernes Märchen schreiben: Wenn Varianten wie »Frau Holle« (Grimm), »Die Feen« (Perrault) oder »Die sprechenden Eier« bekannt sind, können Heranwachsende versuchen, selber ein (modernes) Märchen solcher Struktur in anspruchsvoller Märchensprache zu verfassen, bei dem z.B. ein unterschiedliches Sozialverhalten belohnt bzw. bestraft wird. Diese Strafen sollten dem heutigen Zeitempfinden entsprechen, auch könnte der Gedanke einer Chance für die Unheldin eingearbeitet werden.

Dialoge am Stoff von »Frau Holle« oder »Die sprechenden Eier«: Es werden mündlich und schriftlich Dialoge ausgearbeitet, die am Beginn des Märchens zwischen Mutter und den beiden Töchtern, auch zwischen den Schwestern ablaufen, ebenso am Ende, nachdem sich die Lebenslage für alle verändert hat. Dann gehen die Schwestern zu Frau Holle bzw. zur alten Frau und diskutieren mit ihr. Bewährt hat sich, die Szenen zuerst zu spielen und aus den Spontanäußerungen nach und nach ein Konzept mit den Dialogen zu entwickeln. Nachdem diese aufgeschrieben sind, kann man auch mit anderen Arbeitsgruppen darüber inhaltlich diskutieren und die Rollen erneut spielen. Hierbei wird das Gerechtigkeitsempfinden der Kinder und Jugendlichen geschärft.

Gut lassen sich die Dialoge als Dramatisierung in die Spiele am Skulpturengarten oder auf der Naturbühne in die Geschichte einbauen.

2.8 Die Buschhexe

Zielgruppe: Grundschüler, zur Hexenthematik Schüler der Sekundarstufe I und II
Schwerpunkte: Gespräche über ein Märchen in einem fremden Land · Warming-up und Verwandlungsspiele · Wachsschmelzarbeiten mit Scherenschnitten · Hexennatur, Aberglaube, Hexenkräuter und Medizin · Edelsteine erzählen

2.8.1 Märchentext und Anmerkungen

Das Märchen »Die Buschhexe« stammt aus Namibia und wird erzählt von Wilhelm Kellner. Der hier abgedruckte Text ist minimal bearbeitet. Begriffe aus dem Afrikaans sind in der originalen Schreibweise übernommen.

Die Buschhexe

Friedrich war seiner Eltern einziges Kind und ihr Ein und Alles. Aber er bereitete ihnen viel Kummer, weil er oft in den Busch lief und lange fortblieb. Eines Abends hörte Friedrich vom Rivier herauf seinen Name rufen. Die Stimme klang seltsam und verlockend zugleich, sodass er an nichts anderes dachte und hinunterlief. Er erblickte aber niemanden. Nur ein Dornbaum, den er noch nie gesehen hatte, stand am Ufer, und was er hörte, war der Wind, der leise in den Ästen klagte.

Friedrich wusste nicht, dass sich die Buschhexe im Baum verborgen hatte. Er wunderte sich, als er eine feine Stimme hörte, die sagte: »Wenn du unter diesem Baum gräbst, findest du zwei Zwiebeln, eine große und eine kleine. Nimm die große, zerreibe sie und bestreiche mit dem Saft deine Stirn, so wirst du in einen Schakal verwandelt und verstehst die Sprache aller Tiere. Hebe aber die kleine gut auf; wenn du sie verschlingst, wirst du wieder ein Menschenkind.«

Da grub Friedrich unter dem Baum, bis er beide Zwiebeln fand, tat, was die Hexe ihm geheißen, und fühlte sogleich, dass ihm die Nase lang und die Ohren spitz wurden und wie er sich über und über mit einem Fellchen bedeckte. Auch konnte er nicht widerstehen, sich auf die Erde niederzulassen und auf allen vieren zu gehen. Er sprang um den Baum herum, schnupperte in die Luft und roch den Bock, den sein Vater geschossen und im Hof aufgehängt hatte. Schon wollte er sich auf die Hinterläufe setzen und zu heulen anfangen. Doch besann er sich, sprang zu dem Loch, wo er die Zwiebeln ausgegraben hatte, verschlang die kleine und stand sogleich wieder in seiner Menschengestalt unter dem Baum. Da wurde ihm ängstlich zumute, denn es war auch schon dunkel geworden; er rannte zum Haus hinauf, hörte aber hinter sich noch rufen: »Komm morgen wieder, Brüderchen!«

Von nun an lief er täglich zum Rivier hinunter, fand jedes Mal die Zwiebeln und verwandelte sich in einen Schakal. Das dünkte ihm kurzweiliger als alle Spiele, die er bisher gespielt hatte.

Mit der Zeit hatte die Hexe Friedrich ganz sorglos gemacht. Seine Mutter aber machte sich Sorgen, weil er an jedem Abend verschwunden war. Eines Tages lief sie ihm heimlich nach und sah beim Dornbaum am Rivier einen Schakal aufrecht stehen; der hob seine Vorderläufe und einen Hinterlauf, als ob er tanzen wollte. Aber von ihrem Sohn sah sie nichts. Sie rief ihn ängstlich, der Schakal drehte sich um, erblickte sie und wollte schnell die zweite Zwie-

bel verschlingen. In diesem Augenblick fegte die Hexe, die sich in einen heftigen Wind verwandelt hatte, die Zwiebel durch die Luft davon.

Jetzt wurde Friedrich von einer solchen Angst ergriffen, dass er vor seiner Mutter in den
Busch davonlief. Bald besann er sich und wollte zurückkehren, sei es als Mensch oder Tier.
Da trat ihm die Hexe in ihrer wahren Gestalt in den Weg, drohte mit ihrem dürren Finger,
sagte, dass er nun immer im Busch bleiben müsse und nie wieder zu seiner Mutter zurück-
finden werde. Als aber Friedrich an ihr vorüber zum Haus laufen wollte, kicherte sie hinter
ihm drein und veränderte Busch und Klippen, sodass der arme Schakal bald nicht mehr
wusste, wo er war, sich unter einen Dornbaum legte und die ganze Nacht weinte.

Am andern Morgen kam ihm die Gegend ganz fremd vor. Er lief und lief und dachte bei
sich: Ich muss meine Mutter suchen – und lief doch nur immer mehr in die Irre. Mit Mühe
fing er sich zwei Mäuse, die an einem Grasbusch spielten. Vor lauter Kummer schmeckten
sie ihm nicht. Um sich besseres Fressen zu fangen, fehlte ihm die Übung.

Eines Tages traf er ein Rudel Schakale, die umkreisten und beschnupperten ihn, und Friedrich stand mit gesträubtem Fell zwischen ihnen. Der Führer des Rudels fragte: »Woher
kommst du?« »Vom Farmhaus«, antwortete Friedrich. Darauf blickten sie sich zuerst untereinander an und betrachteten dann verächtlich das fremde Tier. Der Anführer aber sagte:
»Er scheint für uns zu vornehm zu sein, auch ist sein Geruch nicht unser Geruch.« Da sam-
melten sie sich eilig und trabten davon. Und vor Friedrich stand mit einem Male die Buschhexe und kicherte: »Wie geht es, Brüderchen?« Aber ehe er etwas antworten konnte, war
sie verschwunden, nur ein dürrer Kameldornbaum stand ihm im Wege.

Er lief auf eine Fläche zu, ihn plagte der Hunger. Als er an eine Farm kam, versteckte er sich
bis zum Abend hinter einem Felsblock, dann schlich er sich an den Kral. Er hörte die alten
Schafe zu ihren Lämmern sagen: »Schmiegt euch dicht aneinander! Die Nacht ist dunkel,
da geht der Schakal im Busch herum.« Friedrich dachte: Mir tun die armen Schafe leid, aber
koste es, was es wolle, ich muss meinen Hunger stillen – kroch durch ein Loch in den Kral
und packte ein Lämmchen am Fell. Aber die Schafe blökten so kläglich, dass der Farmer
mit einer Laterne und einem Knüppel aus dem Haus kam. Friedrich fand das Loch nicht
wieder. Schon traf ihn des Farmers Stock. Friedrich dachte, sein letztes Stündlein sei gekommen, er fühlte einen heftigen Schlag an seinem Kopf – da hielt der Mann mit einem Male inne, beugte sich zu dem winselnden, am Boden liegenden Tier nieder und rief entsetzt:
»Da blickt ein Menschenohr aus dem zerschlagenen Ohr des Schakals heraus, das geht
nicht mit rechten Dingen zu!« Er trieb seine Schafe in eine Ecke, machte das Kraltor weit auf
und jagte den Schakal in die Nacht hinein.

Im Velde fegte ein kalter Wind, und als Friedrich eine freie Stelle erreichte, begegnete ihm
die Buschhexe, die mit ihren dürren Gliedern gespenstisch in die Nacht aufragte und kicherte: »Wie geht es, Brüderchen? Dein Ohr will ich schon wieder heilen, wirst noch manche Abenteuer erleben!« Friedrich wollte ihr mit letzter Kraft an die Kehle springen, aber er
stieß sich die Schnauze an einem Felsblock wund und von der Hexe war keine Spur mehr
zu finden.

Da wurde dem Schakal so elend zumute, dass er lieber sterben als ein solches Leben führen wollte. Am andern Morgen fühlte er sich jedoch wieder frisch und dachte sogleich:
»Wenn ich wieder zu den Menschen komme, will ich es klüger anfangen.«

Am Abend erblickte er abermals eine Farm. Doch als er in der Dunkelheit über den Hof lief,
um zum Hühnerstall zu kommen, stürzte ein Hund auf ihn los. Friedrich wollte zur Seite
springen und im Busch verschwinden, aber er stolperte am Rand des Brunnens und fiel in
die Tiefe hinunter. Als er aus dem kalten Wasser auftauchte und darin herumzappelte, sah
er über sich Menschengesichter und spürte, dass jemand an der Brunnenwinde drehte; da
kletterte er in den Eimer und ließ sich hochziehen.

Er war fast am Rand, als ihn jemand mit seiner Laterne anleuchtete und rief: »Geh, Johanna, und hol einen Sack!« Nach kurzer Zeit sah er den Farmer und neben ihm seine Tochter,

ein hübsches Mädchen, das ihn mitleidig betrachtete. Schon wollte sich Friedrich über seine Rettung freuen, da ward es schwarz vor seinen Augen; er steckte im Sack, der wurde zugebunden und heftig zur Erde geworfen.

»Wir wollen den Hühnerdieb totschlagen«, hörte er in seiner dunklen Höhle den Farmer sagen. Aber Johanna rief: »Lass, Vater, er ist noch so jung, gib ihn doch mir!« Der Farmer meinte, es sei nicht gut, ein wildes Tier im Haus zu haben. Da bat Johanna so lange, bis er es erlaubte.

Am andern Tag wurde ein Käfig gebaut; der Schakal war jedoch so zahm und gut, dass er bald frei herumlaufen konnte, und jeder verwunderte sich, dass er seiner Herrin nicht von der Seite wich. Er durfte sogar nachts neben ihrem Bette schlafen. Auch die Hunde schlossen mit ihm Freundschaft und der Farmer war nicht mehr böse auf ihn.

Friedrich hatte Johanna von Herzen lieb und er wurde traurig, weil er doch ein Schakal bleiben musste. Er dachte: Wenn ich eine solche Zwiebel fände, wie sie mir die Buschhexe gezeigt hat, wäre alles gut. Jetzt schlich er sich oft abends aus dem Haus und grub unter den Bäumen, aber er fand keine Zwiebel.

Nun merkte Johanna, dass ihr Schakal nicht im Zimmer war. In einer warmen, hellen Mondscheinnacht ging sie hinaus und sah ihn nicht weit vom Hause im Busch wühlen. Sie eilte zu ihm hin und fragte: »Was tust du hier, kleiner, lieber Schakal?« Da sah er sie so traurig an, dass sie sich neben ihm hinkniete und beim Graben half. Sie stieß auf etwas Hartes und hob eine große Zwiebel heraus. Da winselte das Tier und schlug ihr die Zwiebel heftig aus der Hand, denn es meinte nichts anderes, als dass ein Unglück geschehen könne und Johanna werde auch in einen Schakal verwandelt. Das Mädchen war so erschrocken, dass es weinend zurücklief und sich in seiner Kammer einschloss. Friedrich aber fand nur die eine Zwiebel, so viel er auch grub. Er dachte: »Johanna hat mit mir gesucht und ich habe ihr Schmerzen bereitet. Ich muss die kleine Zwiebel finden, damit ich erlöst werde und alles gutmache.«

In der nächsten Nacht schlich er wieder hinaus. Draußen lauerte die Buschhexe und sann Böses. Freilich durfte sie nicht zu den Wohnungen der Menschen, aber sie wollte Friedrich doch verderben. Sie hatte das Schakalrudel, das Friedrich einst getroffen hatte, gerufen und den Tieren aufgetragen, so laut zu heulen, wie jedes nur vermochte. Da klagten und wimmerten ihre Stimmen schauerlich über den mondhellen Busch, während Friedrich sich in großer Angst die Pfoten blutig grub.

Der Farmer fuhr aus dem Schlaf auf und dachte: Die Schakale werden mir die Schafe holen. Er erhob sich, griff zum Gewehr und sah draußen einen Schakal sitzen. In diesem Augenblick hatte Friedrich endlich die kleine Zwiebel zwischen den Wurzeln einer mächtigen Akazie gefunden. Freudig verschlang er sie, da krachte es, er fühlte einen starken Schmerz in seiner Pfote und stürzte getroffen zu Boden. Als er aufsah, erblickte er Johanna über sich. Sie beugte sich zu ihm nieder und rief: »Da liegt ja ein Menschenkind!« Erschrocken kam der Farmer herbei, nahm den Knaben auf seinen Arm und trug ihn ins Haus. Draußen aber setzte ein Sturm ein, dass es in den Lüften johlte und schrie. Friedrich war der Buschhexe glücklich entkommen; nun schimpfte sie ohnmächtig hinter ihm drein.

Friedrich erzählte Johanna und ihrem Vater alles. Seine Wunden waren nicht gefährlich und verheilten bald. Der Farmer und Johanna brachten ihn zu seinen Eltern zurück, die vor Freude laut weinten. Später hat Friedrich Johanna zur Frau genommen und sie lebten glücklich und zufrieden bis an ihr Ende.

(aus: Sigrid Schmidt [Hrsg. und Übers.], Märchen aus Namibia. Eugen Diederichs Düsseldorf/Köln in der Reihe Märchen der Weltliteratur, Heinrich Hugendubel Verlag Kreuzlingen/München)

Der Erzählschatz der Nama und Dama ist außerordentlich vielschichtig und voller fantastischer Elemente und Motive, die auf Europäer fremd wirken. Die Nama, die im südlichen Landesteil Namibias leben, sprechen wie die Buschleute (San) eine Schnalz-sprache, gehören zu den Khoisan-Völkern und haben auch den zierlichen Körperbau und die Hellhäutigkeit mit diesen gemeinsam. Die Dama leben im nördlichen Landesteil, im sog. Damaraland, sind im Gegenteil sehr dunkel und groß gewachsen, sprechen aber dennoch Nama oder einen Nama-Dialekt. Zum Erzählschatz gehören viele Mythen und Geschichten mit Motiven aus alten Weltbildern und vom ursprünglichen Lebensstil (mit Wildbeutertum, Viehzucht, Feldbau oder Jagd), Ätiologien und zahlreiche eigenwillige Tierschwänke, dazu Geschichten von Tieren, die wie Menschen ihre alltäglichen Bedürfnisse pflegen (vgl. Schmidt 1980, S. 238ff.).

Bevorzugt treten Schakale, Elefanten und Schildkröten, Hasen, Erdmännchen und Strauße, Paviane, Springböcke und Antilopen, Giraffen, Schlangen und Insekten auf – dies auf dem geistig-kulturellen Nährboden des großenteils kargen, teils fruchtbaren und vielerorts urzeitlich wirkenden, schönen Landes Namibia.

Auch Tiere waren nach altem Glauben einst Menschen; sie sprachen alle *eine* Sprache und sie leben wie Menschen handelnd und sprechend bis heute in den Erzählungen fort. Die Mensch-Tier-Welt zerfiel, nachdem der Hase den Menschen eine eigentlich tröstende Todesbotschaft vom *guten Mann Tsukoab* überbringen sollte, diese aber zum Kummer der Menschen absichtlich ins Negative verkehrt hatte.

Wundersames ist im Erzählgut ohne Grenzen möglich, so auch die Taten sonderbarer Geistwesen wie die des »Heiseb«: eine wenig greifbare Figur in der Art eines Tricksters (mythologische Gestalt mit betrügerischem, aber auch schelmischem Wesen), die ebenso hilfreich wie schädigend wirkt und auch in Tiergestalt auftritt.

Zaubermärchen gibt es bei den erwähnten Völkern auch, doch folgen sie anderen Kriterien als europäische Märchen. Tier- und Menschenwelt mischen sich immer wieder und auch europäische Elemente schwingen mit. Sie wurden von früheren Missionaren und Einwanderern mitgebracht und fügten sich so nahtlos in örtliches Erzählgut ein, dass die Nama und Dama (wie auch andere Volksstämme) diese Elemente dennoch als volkseigen und althergebracht ansehen.

»Die Buschhexe« nun ist kein ganz bodenständiges Produkt. Sie enthält typische Elemente wie die enge Mensch-Tier-Verbindung, die typische Schakalfigur als Helden, die Landschaft, zugleich ist sie aber auch für Europäer gut nachvollziehbar. Der Verfasser Wilhelm Kellner hat im früheren Südwestafrika, heute Namibia, mit einer ganz besonderen Intention Märchen gesammelt und sprachlich gestaltet. Im Vorwort seiner Sammlung, die den Gesamttitel »Die Buschhexe« trägt, schreibt er:

> *»Die ›Buschhexe‹ will einem echten Bedürfnis entgegenkommen und eine Lücke ausfüllen. Die deutschen Märchen sind für unsere Jugend in einer ihr fremden Natur entstanden und aus einer geistigen Sphäre hervorgegangen, für die der Zugang nicht*

immer ohne Weiteres gegeben ist. Es fehlt der vertraute Boden der Südwester Heimat. So galt es, Märchen zu ersinnen, die auf der Eigenart und dem Zauber unseres Landes und auf der Erlebniswelt des weißen, hier aufgewachsenen Kindes beruhen« (Kellner 1976).

Dieser Brückenschlag zwischen deutschen Märchen und dem Verständnis der deutschstämmigen Einwohner Namibias bzw. ihrer Kinder ist es, der mich überzeugte, das Märchen von der *Buschhexe* für Gestaltungsvorschläge aufzunehmen, da die originalen Erzählungen der Nama und Dama für Kinder und Jugendliche vermutlich noch zu fremdartig und schwierig nachvollziehbar sind. Es ist dennoch empfehlenswert, sich mit dem geistigen Hintergrund dieser Geschichten zu befassen, um im Bereich interkultureller Bildung kompetent zu arbeiten.

Weitere afrikanische Märchen

Becker, F. (Hrsg.) (1997): Afrikanische Märchen. Düsseldorf/Köln: Eugen Diederichs.
Benzel, U. (Hrsg.) (1975): Märchen, Sagen und Fabeln der Hottentotten und Kaffern. Frankfurt/M.: Fischer.
Brunner-Traut, E. (Hrsg.) (1991): Altägyptische Märchen. Reinbek bei Hamburg: Rowohlt.
Mandela, N. (2004): Meine afrikanischen Lieblingsmärchen. München: C.H. Beck.
Schmidt, S. (Hrsg.) (1980): Märchen aus Namibia. Volkserzählungen der Nama und Dama. Düsseldorf/Köln: Eugen Diederichs.
Von Sigrid Schmidt sind in weitere Bücher als Ergebnis einer jahrzehntelangen, ungewöhnlichen Sammlertätigkeit erschienen:
Schmidt, S. (Hrsg.) (1994): Zaubermärchen in Afrika. Erzählungen der Damara und Nama. Bd. 2. Köln: Rüdiger Klöppe.
Schmidt, S. (Hrsg.) (1995): Als die Tiere noch Menschen waren. Urzeit- und Trickstergeschichten der Damara und Nama in Namibia. Bd. 3. Köln: Rüdiger Klöppe.
Schmidt, S. (Hrsg.) (1996): Tiergeschichten in Afrika. Bd. 4. Köln: Rüdiger Klöppe.
Schmidt, S. (Hrsg.) (1997): Sagen und Schwänke in Afrika. Bd. 5. Köln: Rüdiger Klöppe.
Schmidt, S. (Hrsg.) (1998): Scherz und Ernst. Afrikaner berichten aus ihrem Leben. Bd. 6. Köln: Rüdiger Klöppe.
Schmidt, S. (Hrsg.) (1999): Hänsel und Gretel in Afrika. Märchentexte aus Namibia im internationalen Vergleich. Bd. 7. Köln: Rüdiger Klöppe.

Da es sich um ein Kunstmärchen auf dem geistigen Boden von Eingeborenenerzählungen handelt, ist eine Einordnung in das AaTh/ATU schwierig, allenfalls in AaTh/ATU 334: »Haushalt der Hexe«: Mit Vorbehalt kann man den Haushalt der Buschhexe dazu zählen. Ihr Lebensraum ist allerdings die Natur selber mit Felsen, Dornbaum, wilder Unwegsamkeit und Sturm. Andere Typen konnte ich (bisher) nicht schlüssig finden.

2.8.2 Interpretation

Gespräche über ein Märchen in einem fremden Land

Hinweise

Für Detailinformationen wird man sich Fachliteratur besorgen, z.B. ein gutes Reise-buch, das genauer auf Fauna und Flora, Geografisches und Geologisches eingeht. Erste Informationen sollten der Erarbeitung des realistischen Hintergrundes dienen: mithilfe von Fotos, Bildbänden, Lexikon, Filmen, Berichten und mitgebrachten Ge-genständen (Sukkulenten, Minerale, Tierplastiken aus Holz). Man macht sich mit dem Alltag der nach Traditionen oder ganz modern lebenden Eingeborenen vertraut, mit dem harten Farmerleben, dem Wasserhaushalt (z.B. mit Dämmen und tiefen Brunnenlöchern).

Zu einigen Begriffen: Ein *Rivier* (Afrikaans, gesprochen: Rivir) ist ein meist tro-ckenes Flussbett, das nur zur Regenzeit Wasser führt. Mit *Kral* ist ein umzäunter Hof-raum für das Vieh gemeint, der *Busch* ist eine Vegetationsform mit Büschen, Sträu-chern und einzelnen Bäumen auf trockenem Steppenboden, *Klippen* (Afrikaans) sind Felsen und Gesteinsbrocken (auch im Inland). *Veld* (Afrikaans) entspricht im Deut-schen einem »Land« und bezeichnet in Südafrika und Namibia eine abgelegene Re-gion.

Weitere Informationen und Gespräch

Betrachtet man eine Landkarte von Namibia, so erkennt man rasch die riesigen Wüs-ten- und Trockenzonen. Bilder von uralten, zerfallenden Gebirgen wie Spitzkoppe, Brandberg oder das Erongogebirge lösen Ehrfurcht vor der grandiosen Urlandschaft aus, vor allem, wenn man darin die Überlebensstrategien der Pflanzen und Tiere in den trockenen Bereichen erkundet, die sich der Wasserarmut, Hitze und Kälte genial angepasst haben; ebenso, wenn man die alten Felsmalereien der Buschmänner mit de-ren treffenden Tierzeichnungen (Giraffen, Löwen, Elefanten, Antilopen, jagende Men-schen) dort aufsucht. Etwas Besonderes sind auch die fruchtbaren und wildreichen Landesteile wie der Etoscha-Nationalpark oder der »Caprivizipfel«, wo man – fast hautnah – alle Tiere antrifft, die man sich für Afrika als typisch vorstellt.

In der Wüste Namib mit ihren weißen oder roten, feinsandigen, hohen Dünen und Flächen münden Flüsse aus dem Landesinneren, die einfach versanden – kaum ein Fluss erreicht das Meer. Und dennoch leben dort Insekten, Käfer und Pflanzen ebenso wie Gräser, Büsche und Flechten als wahre Überlebenskünstler.

In – im Sommer brennend heißen – Hochflächen mit ihren Klippen und Rivieren grasen Springböcke, Zebras und andere Vierbeiner, und dort lebt auch der Schakal. Dornbüsche und Bäume wie der Kameldornbaum trotzen genügsam jeder Witterung.

Schnell kann man in dieser Landschaft in der flimmernden Hitze und dem staub-durchtränkten Wind die Orientierung verlieren.

Als personifizierte Gefahr bietet sich hier ein Dämon an, eine Hexe, die Teil der Natur ist, die sich nimmt und tut, was sie will. Sie verfügt machtvoll über die Land-schaft, über das Futterangebot, auch über so lebenswichtige Pflanzen wie Zwiebeln, nach denen die Eingeborenen als Nahrungsmittel graben. Das Märchen wirkt beson-ders vor dieser wilden und lebensstarken Landschaft.

Die kleine und die große Zwiebel sind ein wichtiges symbolisches Requisit. Zwie-beln zählten schon in Altägypten und im antiken Griechenland zu den Volksnah-rungsmitteln. In neuerer Zeit wurden sie im Aberglauben als Abwehrmittel gegen Vampire gebraucht. Der Volksmediziner verwendet Zwiebeln sehr vielseitig: als Hausmittel gegen Wassersucht, Verdauungsstörung, Skorbut, Katarrhe, Haarausfall u.a.m. Ihr Geruch ist aufdringlich und reizt zu Tränen. Eine Redensart besagt:

>*»Wer ›gezwiebelt‹ wird, erleidet Plagen, die ihn zum Weinen bringen. Allgemein gilt jedoch die Zwiebel als Symbol eines oberflächlich verachteten, auf die Beschwernisse des Lebens hindeutenden, aber doch sehr nützlichen Wesens«* (Biedermann 2000, S. 506–507).

Da Schakale um Begräbnisstätten streichen, werden sie meist als Omen des Todes ge-deutet (vgl. den altägyptischen Totengott Anubis mit Schakalkopf). Es sind hundear-tige Raubtiere, nächtliche Laufjäger und Aasfresser südlicher Steppen, in Körperbau und Lebensweise etwa zwischen Wolf und Fuchs stehend und in Rudeln gesellig le-bend. Über Schakale im Erzählgut der Nama und Dama schreibt Sigrid Schmidt (1980), dass Schakale (und Hasen) in Tierschwänken die Helden sind: die gewitzten Gauner, die größere Tiere hereinlegen.

>*»In den alten Märchen aber sind sie die Diener und Helfer der Unholde – und im täglichen Leben ist der Schakal Sinnbild für Feigheit!«* (Schmidt 1980, S. 248).

Friedrich soll vielleicht Diener und Helfer der Hexe werden, aber er entpuppt sich als Held. Und die beiden Farmer wollen ihn andererseits zornig erschlagen, weil er das Vieh bedroht.

Die Buschhexe hat eine ›wahre Gestalt‹ als Dämonin und ist gleichermaßen Teil der Natur: ist Fels, Dornbaum oder Sturm. In ihrer Ambivalenz tritt sie auch als »Herrin der Tiere« auf, die z.B. einem Schakalrudel befiehlt. Sie beherrscht die (Ver-wandlungs-)Kräfte der fruchtbaren Zwiebel, verwirrt die Orientierung, verändert die Landschaft, lässt vereinsamen, regt aber auch Spieltrieb, Neugier und Fantasie an. Sie lässt Friedrich mittels der verwandlungskräftigen Zwiebeln und deren rechten Gebrauchs an einem Wissen teilhaben, für das der kleine Junge noch nicht reif ist. Solches Wissen steht nur Schamanen und Zauberern zu – die Buschhexe hat es offen-bar darauf abgesehen, dass sich der Junge im Naturhaften verliert, wohl, um endgülti-ge Macht über ihn zu gewinnen.

Friedrich wird ein Tiergestaltiger, der sich neugierig nach eigenem Wunsch zum Schakal oder Menschen verwandelt, bis er die Herrschaft über sich verliert: Nicht umsonst machen sich seine Eltern Sorgen, wenn er zu lange fortbleibt und alleine im Busch spielt. Die gesamte Handlung scheint – realitätsnah – auf eine Ablösung des Kindes besonders von seiner Mutter hinzusteuern: Er entzieht sich ihr und begibt sich in eine verspielte, magische, eigene Welt. Da ihm aber menschliches Fühlen (z.B. Mitleid mit den Lämmern, Liebe zu Johanna, Sehnsucht nach der Mutter) und sein Denken auch als Schakal verblieben sind, kann er an seiner eigenen Erlösung arbeiten, die ihm letztendlich mithilfe von Johanna gelingt.

Bemerkenswert ist wohl gemäß der mythischen Auffassung der Nama und Dama die gleichwertige Existenz als Mensch oder Tier – in Friedrich verschmelzen zeitweise beide Ebenen ineinander. Dennoch wird ein Bruch sichtbar: Friedrich leidet nicht darunter, ein Schakal, sondern darunter, einsam zu sein, und sein verbliebenes menschliches Denken und Empfinden grenzen ihn vom Reich der Tiere aus. Verwandlung und diese gefühlsmäßige Dissonanz können Jugendliche und Erwachsene verstehen, während es Jüngeren mit einem anderen Akzent nicht schwerfallen dürfte, sich die Verwandlung nachvollziehbar zu machen: Im animistischen Denken des kleinen Kindes sind nach seiner noch kindlichen Vorstellung jedes belebte Wesen und unbelebte Ding beseelt, auch Bäume, Steine, Zwiebeln. Märchen thematisieren diese innewohnende geistige Kraft weltweit häufig, sei es im Wandel zwischen Tier und Mensch oder Pflanze und Mensch.

Seine schrittweise Erlösung geht einher mit einer wachsenden menschlichen Nähe. Der erste Schritt führt zum Farmer, der ihn verletzt, wobei Friedrichs menschliches Ohr sichtbar wird. Immer auf der Suche nach Nahrung, der erlösenden kleinen Zwiebel und nach menschlicher Nähe, kommt er zur zweiten Farm, wo er – ein symbolträchtiges Bild – in den Brunnen stürzt und von Menschen wieder hochgezogen wird. Von nun an lebt er als Tier freundlich geduldet in menschlicher Nähe, besonders in der von Johanna. Zugleich vergrößert sich die Distanz zur Hexe, da diese die Nähe menschlicher Wohnungen meiden muss. Das märchenhafte Ende schließt aktiven Erlösungswillen (er gräbt sich die Pfoten nach der rettenden Zwiebel blutig), Verletzung und Heilung, gereifte Rückkehr zu den Eltern und Liebe ein.

2.8.3 Spiel- und Gestaltungsvorschläge

Einstimmung: Alle nehmen eine entspannte Sitzhaltung an. Dann lauschen sie still auf das Rieseln der Körner in einem ›Regenrohr‹. Wenn das letzte Geräusch verklungen ist, ändert jeder seine Haltung ein bisschen und lauscht erneut bewegungslos auf das Rieseln. Und nun hören wir ein neues Märchen.

Warming-up und Verwandlungsspiele

Mit einem Warming-up werden jüngere Kinder spielbereit gemacht und aus einer passiven Haltung herausgeführt. Auch scheue Kinder lassen sich damit erreichen, weil sie in der Gruppe das Gleiche wie alle tun und sich nicht mit individuellen Leistungen präsentieren müssen. Warming-ups sind z.B. Bewegungsspiele als Tiere, Nachahmung von Menschen- und Tierlauten, rhythmisch gegliederte Äußerungen, kleine Pantomimen oder Nachahmung von mimisch-gestisch betonten Kurzszenen, die dann inhaltlich zum Märchen führen. Sie vertiefen damit auch eine Identifikation mit den Protagonisten des Märchens. Zur Hinführung auf die »Buschhexe« (bereits bekannt oder noch nicht vorgelesen) eignen sich z.B.:

- Alle spielen nach Anweisung das gleiche Tier: galoppierende, wiehernde Pferde; zischende, sich windende Schlangen; hüpfende, quakende Frösche; schleichende, schnüffelnde Schakale (jeweils zuvor: Vereinbarung der typischen Bewegungsformen und Lautäußerungen).
- Jeder, der will, stellt sich mit einer kleinen Szene als ein ›Afrikatier‹ vor. Alle ahmen dieses nach und interagieren auch miteinander (Begrüßung, Spiel, Futtersuche).
- Diese Tiere werden mit Signalen »gebändigt«, z.B. mit Tamburinklopfen: Alle gehen. Klanghölzer: Stehen bleiben. Schelle: Niederlegen. Rassel: Jagen.
- Alle spielen Schakal (zuvor sollte das Tier erarbeitet werden). Er kann laufen, schnüffeln, jagen, graben, fressen, trinken, schleichen, sich hinsetzen, sich putzen oder kratzen, schnappen; ein Schakalrudel begrüßt sich, spielt miteinander.
- Verwandlungen: Jeder verhält sich wie ein Mensch: Er geht, klettert, hält Ausschau, auf ein Signal fällt er in Zeitlupentempo in die Schakalhaltung und dann wieder zurück in die Menschenhaltung.
- Verwandlung beim Modellieren: Aus Knetmasse wird eine einfache Menschengestalt gebildet, die stehen kann. Dann wird sie ummodelliert: zu einem Vierbeiner, einem Fisch, einem Vogel, einer Pflanze – und wieder zum Menschen.

Wachsschmelzarbeiten mit Scherenschnitten

Diese Gestaltungsmöglichkeit ist für alle Märchen geeignet.
Der Arbeitsverlauf: Eine Papierseite aus sog. Elefantenhaut (das führt jedes Schreibwarengeschäft) wird dicht mit fetthaltigen Wachsstiften ausgefüllt. Man legt eine zweite Seite in gleicher Weise, aber rechts-links spiegelbildlich an, sodass, wenn man beide Flächen aufeinanderlegt, diese weitgehend deckungsgleich sind, z.B. untere Hälfte grün (vorwiegend hellgrün), oben hellblau, gelbe Sonne rechts oben, grauer Turm mit Mauerwerk an linker Kante hoch. Nun die zweite Seite: untere Hälfte grün (jetzt vielleicht dunkelgrün mit etwas Lila?), oben blau (vielleicht mit Wolken?), die Sonne gelb und orange, der graue Turm mit Fenstern an rechter Kante hoch. Keine feinen Details wie Zweige, Figuren, Einzelpflanzen malen! Sie zerfließen beim Abbü-

geln. Details werden als Collage oder Scherenschnitte aufgeklebt oder mit Dispersions- bzw. Plakafarbe aufgemalt.

Die zusammengelegten Seiten bügelt man auf einer Rückseite bei guter Hitze mit kreisförmigen Bewegungen zügig ab und zieht die Blätter dann rasch wieder auseinander. Die Wachsflächen haben sich kurz schmelzend verbunden und sind nun getrennt an der Luft zu attraktiven Krusten, Schlieren und Mustern geronnen, besonders, wenn sich ähnliche Farben mischen oder schwarze Wachskonturen um Türme oder Buschgruppen gezogen wurden.

Abb. 36 Wachsschmelztechnik Nachtbild. Im Original herrschen Nachtfarben (Blau, Grün, Lila) vor, zu denen die weißen Scherenschnitte kontrastrieren

Abb. 37 Wachsschmelztechnik Tagbild. Schwarze Scherenschnitte schaffen hier den Kontrast zu den Tagfarben (Gelb, Orange, Rot, Braun)

Je zwei Schüler arbeiten bei DIN-A4-Format für die spiegelbildlichen Bilder zusammen und sprechen die Lage ihrer Farbflächen ab. Nach dem Schmelzen kann jeder sein Bild alleine weiterbearbeiten. Bei DIN-A3-Format können pro Blatt zwei Schüler, bei DIN-A2- oder DIN-A1-Format sogar ca. 4–6 Schüler pro Blatt eingeplant werden. Absprachen als Gemeinschaftsarbeit sind besonders wichtig. Für Tagesbilder wählt man ›heiße‹ Farben: Gelb, Orange, Rot, Braun, für Nachtbilder Blau, Grün, Lila.

Dann werden einzelne Szenen mit Scherenschnitten gestaltet: weiße Schnitte für dunkle Nachtbilder, schwarze Schnitte für helle Tagesbilder. Scherenschnitte übt man zuvor durch Erfahrungen mit Licht und Schatten, mit Schattentheater und Fingerspielen als Schatten, mit gegenseitigem Nachzeichnen von Gesichtsprofilen in Schattenprojektion. Dann entwerfen die Schüler eigene Schattenrissfiguren, die etwas Typisches, Wesensmäßiges zeigen: als Hexe, Zauberer, Katze, Vogel, König, Palme, Kaktus, Glockenblume, Zwiebel. Jeder wird rasch erkennen, dass es gilt, die markantesten Merkmale im Profil oder als typische Kontur zu erfassen.

Die Partner stimmen ihre Figurengrößen aufeinander ab. Damit die Gestalten überzeugend gelingen, darf man Vorlagen genau betrachten und auch abzeichnen (aber nicht abpausen!). Dies gilt z.B. für den Schakal oder Schafe. Der Entwurf wird auf das Scherenschnittpapier umgepaust und ausgeschnitten. Vor dem Aufkleben legt man die Scherenschnitte zur Probe auf die Schmelzfläche: Wie stehen die Figuren zueinander? Wo bildet der Untergrund Kontraste und wo lässt man ihn wegen besonders schöner Krustenbildungen frei? Was wird als Vorder- und was als Hintergrund behandelt?

Man stellt kleinere Bilder samt Betextung z.B. zu einem Buch zusammen oder hängt die großformatigen Szenen als Wandschmuck und Erzählbilder auf.

Hexennatur, Aberglaube, Hexenkräuter und Medizin (für Ältere)

Die folgenden Anregungen zu Gesprächen, Informationen und Versuchen weisen eine große Nähe zur Biologie auf. Sie sollen anregen, sich – auch anhand weiterer Märchen – mit der jeweiligen Dämonenfigur genauer zu befassen und sie im größeren kulturgeschichtlichen Hintergrund zu analysieren und/oder diese Motive zum Anlass zu nehmen, sich mit Themen wie Aberglaube, ambivalent besetzte Tiere, Kräuter oder Medizin zu befassen.

Gespräche über Aberglauben

Wölfe, Katzen und Ziegen, Eulen, Raben und Krähen, Kröten und Frösche, Schlangen, Ratten und Mäuse sind im Volksglauben als Angst- oder Ekeltiere ambivalent besetzt und stehen häufig im Dunstkreis eines Dämonischen, Unheimlichen oder des Todes. Vögel vermitteln sich beispielsweise als Sinnbild für Weisheit, Wissen oder Weissagung, aber auch für Unglück und Tod; Kröten und Frösche für Fruchtbarkeit, aber auch für Sünde und Teufelsnatur; Schlangen für Wissen und Erneuerung, aber auch für Sünde, Verderben und Tod; Ziegen für Nützlichkeit und Genügsamkeit, aber auch für Bosheit und Teuflisches; Katzen für Eleganz, Zärtlichkeit, Eigenwillen, aber auch als Begleittiere der Hexen und als Unglücksbringer; Wölfe für Klugheit und unbezähmte Kraft, aber auch als Bösewichte, Wiedergänger und Zerstörer. Und konkret: Schakale sind nützliche Aasfresser, werden aber von Menschen als Schädlinge (des Viehs) gehasst und gejagt.

Welche Darstellung finden diese Tiere in Märchen? Welche Funktion schreibt man ihnen zu? Welchen Wert nehmen sie in naturkundlicher Sicht und im Ökosystem ein?

Welche Tiere bzw. Körperteile wurden in der Volksmedizin verwendet (z.B. Gedärm, Herz, Leber, Galle, Hirn, Föten, Gebärmutter oft für Analogiezauber)? Untersuchungen zu diesen Themen können helfen, das Thema »Tiere im Aberglauben« und als Begleiter oder Boten des Bösen zu versachlichen.

Kräutermedizin

Eine Erschließung der positiven Seite ambivalenter Hexenfiguren geht z.B. von der Beschäftigung mit Heilpflanzen aus. Die Kenntnis und Anwendung würzender und heilender Kräuter und Blumen, Zwiebeln und anderer Pflanzen bzw. Pflanzenteile hatten in der Medizingeschichte ihre Blüte im 10. bis 13. Jahrhundert. Man könnte (daheim, im Schul- oder Hochschulgarten) einen Kräutergarten anlegen, mit heilkräftigen Pflanzen wie Basilikum, Rosmarin, Minze, Thymian, Kürbis, Kümmel, Salbei, Knoblauch, Zwiebeln u.a.m. Dazu stellt man eine Kräuterfibel mit exakten Zeichnungen und Rezepturen für Kräutertee, Gewürze, Säfte und Medizin zusammen.

Kluge Frauen und Männer wussten früh schon über die kosmetische Wirkung vieler Pflanzen Bescheid, und auch in Märchen gibt es Blumen und Kräuter von belebender, verschönernder oder verunstaltender bzw. tödlicher Wirkung. Zu solchen Pflanzen zählen Fingerhut, Sonnenhut, Aloe vera, Kamille, Beinwell, Gelber Enzian, Echte Schlüsselblume, Bergarnika, Bergfrauenmantel, Hibiscus, dazu Pollen, Harz und Produkte wie Honig und ätherische Öle samt Alkohol (als Trägerstoffe). Mit dieser Sammlung legt man ein Naturkosmetikbuch mit Sachzeichnungen, Anwendung und Dosierung an.

Nonnen und Mönche erkannten die Macht von Heilpflanzen, ohne dämonisiert worden zu sein, und so außergewöhnliche Persönlichkeiten wie Hildegard von Bingen und Albertus Magnus empfahlen ihr Wissen anderen weiter.

Und der Urwald als Apotheke der Natur: Nur einen kleinen Prozentsatz der Pflanzen mit Heil- und Giftwirkungen kennt man bis heute, dabei wird der Primärurwald täglich weiter zerstört, sodass Heilwissen unwiederbringlich verloren geht. Nicht minder interessant sind Pflanzen mit ihren ungewöhnlichen Überlebensstrategien in Wüsten- und Trockenzonen, im Wasser und Gebirge.

Hexen- und Heilkräuter

Die Anwendung heilender Pflanzen wurde vielerorts ursprünglich von heilkundigen Frauen eingesetzt, die als Schamaninnen, Hebammen, Heilerinnen wirkten. Im Mittelalter verloren sie in Europa bei einer veränderten Geschlechterwahrnehmung nach und nach ihre Wirkmöglichkeiten und Männer übernahmen als Ärzte ihre Heiltätigkeiten. Was ursprünglich und eigentlich hohe medizinische Kompetenz war, wurde bei Frauen zunehmend dämonisiert – ihre Tätigkeiten galten auf einmal oft als unheilbringende Hexentätigkeit. Solche »Hexen« waren zugleich gefürchtet, da sie als

Hebammen und Heilkundige ihr Wissen in der Kräuterheilkunde weitertradierten. Man unterstellte ihnen nun beispielsweise, Neugeborene zu töten und im Teufelskult zu opfern, Hexen- und Flugsalben herzustellen, Schadenszauber zu betreiben und dergleichen Unsinn mehr. Das Leid der sog. Hexen, die während der jahrhundertelangen Hexenverfolgungen unter Folter meist alles gestanden, was die Folterer hören wollten, zeigt die große Kluft, die zwischen der weisen Alten, wie sie in Märchen vorkommt, und der historischen, verfolgten Hexe besteht. Dass weise Alte im Volksgut ihr Wissen aus Eigennutz und zum Nachteil ihrer Kontrahenten durchaus auch ausnutzten, bleibt als Tatsache bestehen. Aber so lassen sich zugleich die ambivalenten Züge als helfende und schädigende Figur erkennen. Die wissende Frau kann man auch als diejenige betrachten, die für die Heldinnen eine ›Größere‹ und damit zeitweise eine Leitfigur ist (vgl. Kap. 1.4.3).

Von medizinisch bewanderten Frauen verwendete (Hexen-)Kräuter waren u.a. Alraune, Wurmfarn, Petersilie, Mutterkorn, Beifuß, Eisenhut, Eisenkraut, Raute, Bilsenkraut, Stechpalme, Tollkirsche. Sie enthalten Nährwerte und dienen der Heilung; manche sind zugleich gefährlich und ermöglichen u.a. eine Bewusstseinserweiterung als Halluzinogene; in falscher Dosierung wirken sie tödlich. Heutige Medizin greift teilweise wieder auf solche Pflanzen zurück.

Die halluzinogene Wirkung könnte man in Verbindung mit den sog. Flugsalben und sinneserweiternden Erlebnissen bringen, mit denen Märchenhexen fortfliegen. Auch Helden fliegen mit magischen Gegenständen (vgl. z.B. den Wunschsattel im Märchen »Der Trommler« [KHM 193], den Wünschhut in »Die Kristallkugel« [KHM 197] oder den Wunschmantel in »Der Krautesel« [KHM 122]).

Bei der Erörterung dieser Thematik kann und darf man zwar nicht experimentieren, sollte aber auf das Thema Drogensucht kommen und damit auf die Gefahren von Drogen für Körper, Geist, Seele und Sozialverhalten.

Kleine Literaturauswahl zum Einarbeiten

Abraham, H./Thinnes, I. (1996): Hexenkräuter und Zaubertrank. Unsere Heilpflanzen in Sagen, Aberglauben und Legenden. Greifenberg: Urs Freund.
Bernus, A. v. (Hrsg.) (1980): Alt-Kräuterbüchlein. nach den »New-Kreuterbüchlein« des Leonhart Fuchs (1543). Frankfurt/M.: Insel.
Ehrenreich, B./English, D. (1992): Hexen, Hebammen und Krankenschwestern. München: Frauenoffensive.
Heinemann, E. (1998): Hexen und Hexenangst. Eine psychoanalytische Studie des Hexenwahns der frühen Neuzeit. Göttingen: Vandenhoek & Ruprecht.
Malizia, E. (2002): Liebestrank und Zaubersalbe. Gesammelte Rezepturen aus alten Hexenbüchern. München: Orbis.
Peters, H. (1976): Der Arzt und die Heilkunst in alten Zeiten. München: Eugen Diederichs.
Senger, G. (1987): Zigeunermedizin. Komm, ich mach dich gesund! Genf: Ariston.

Edelsteine erzählen

Man sammelt schöne Minerale, die auch in Namibia vorkommen: Sandrosen, Rosenquarz, Turmalin, Granat, Kristalle, Kupferkies, attraktive Steine wie Granit mit weißen Quarzbändern, schwarzes Gestein mit Mangan, rotes eisenhaltiges Gestein, glatte und poröse Steine und Steine mit Fossilien. Man träumt sich in sie hinein, stellt sich vor, wie sie in der Tiefe der Erde von Feuer und Wasser, Druck und Hitze geschaffen wurden und irgendwann an die Oberfläche gelangten. Sie thronen nun nadelscharf auf Bergspitzen, hängen an glatten Wänden von Schluchten, glitzern in Höhlen und bilden Schächte in Abgründe hinein, füllen schimmernde Grotten aus, liegen als Splitter verstreut im Geröll oder warten in einem unterirdischen Wasserlauf auf ihre Entdeckung. Sie haben viel zu erzählen: vom Steinmann und Felsenriesen, vom »Heiseb«, von Hexen und Dämonen, von unheilvollen oder helfenden Zwergenwesen. Jeder kann sich, am besten nach der klassischen Handlungsstruktur von Märchen, Geschichten ausdenken, die in der Schreibwerkstatt weiterbearbeitet werden.

2.9 Die wundersame Schildkröte

Zielgruppe: Schüler der Klassen 3–4 und der Sekundarstufe I und II
Schwerpunkte: Gespräche und einzelne Beschäftigungen · Spiel im Raum oder an großen Leporellokulissen · Fotocollage · Texte schreiben und vorlesen · Märchen sammeln und Lesung · Fensterwappen · Seidenkleisterbilder · Pantomime, Figuren einfrieren und Museumsführung · Haiku verfassen.

2.9.1 Märchentext und Anmerkungen

Dieses Märchen stammt aus Japan und ist ein »Fundstück«.

Die wundersame Schildkröte

»Ein guter Sohn erinnert sich seiner alten Eltern – auch, wenn er in Herrlichkeit und Freuden lebt.«

Es war einmal ein frommes Ehepaar. Das wohnte an der Küste und nährte sich vom Fischfang. Das einzige Glück in ihrem harten Leben war ein Sohn; und da dieser wohlgeraten war, klagten sie nie über ihr hartes Tagewerk, sondern verbrachten ihre Lebenstage in Zufriedenheit.
Der Sohn hieß Uraschimataro. Das bedeutet so viel wie »Sohn der Meeresinsel«. Er wuchs zu einem schönen Jüngling heran und half dem Vater beim Fischfang. Täglich sah man ihn bei Wind und Wetter auf die See hinausfahren. Niemand im Dorfe, das wegen seiner Fische in der ganzen Gegend berühmt war, wagte sich so weit hinaus, und manchmal sagten die Nachbarn zu seinen Eltern: »Wenn euer Junge so tollkühn bleibt, erlebt ihr noch einmal ein Unglück!« Doch Uraschimataro kümmerte sich nicht um solche Reden, und da er seinen Kahn kraftvoll zu lenken verstand, waren auch seine Eltern ohne Sorge.
Als er nun eines Morgens seine Netze aus dem Wasser zog und in sein Boot entleerte, fand er unter den wimmelnden Fischen eine kleine, allerliebste Schildkröte. Er freute sich darüber und warf das Tier in einen Holzbottich. Plötzlich begann aber die Schildkröte zu sprechen. »Schone mich!«, sagte sie. »Was kann ich dir schon nützen? Ich bin noch so jung und klein und möchte gerne noch länger leben. Wenn du mich freigibst, soll es später dein Schade nicht sein. Das verspreche ich dir.« Uraschimataro rührten diese Worte. Er hätte in seiner Gutmütigkeit ohnedies niemandem einen Wunsch abschlagen können und deshalb setzte er auch die Schildkröte sofort ins Meer zurück.
Seitdem waren mehrere Jahre verflossen. Der Sohn der Meeresinsel fuhr nach wie vor täglich mit seinem Boot hinaus. Da überraschte ihn eines Tages draußen ein gewaltiger Wirbelwind, ein Orkan, der die Wogen haushoch aufwühlte und seinen Kahn zertrümmerte. Trotzdem verzagte Uraschimataro nicht. Er konnte gut schwimmen und hoffte, das Ufer zu gewinnen. Plötzlich näherte sich ihm eine große Schildkröte. Sie redete ihn an und er verstand trotz des Sturmgeheuls ihre Worte. Sie sprach: »Ich bin die Schildkröte, der du einst das Leben geschenkt hast. Jetzt ist für mich der Tag gekommen, dass ich meine Schuld abtrage. Soviel du dich auch abmühen magst, das rettende Ufer würdest du nie erreichen. Darum steige auf meinen Rücken. Ich bringe dich, wohin du willst!« Doch kaum saß der junge Mann auf ihrem Rücken, da machte sie ihm den Vorschlag, für heute nicht an den

Strand zurückzukehren. »Lass dich dahin tragen, wohin ich will!«, sagte sie. »Es wird dich nicht gereuen.«

Uraschimataro war zwar erstaunt über ihre Worte. Aber dann willigte er ein, und im nächsten Augenblick tauchte die Schildkröte in die Tiefe des Meeres hinunter. Sie schwamm wohl drei Tage lang, bis sie endlich bei einem riesigen Palast haltmachte. Er war ganz aus Korallen und Kristall erbaut und schimmerte von Gold und Perlen. Der Jüngling erstaunte. Er verwunderte sich aber noch mehr, als ihn die Schildkröte in den Palast hineinführte. Die Wände ringsum strahlten von Edelsteinen. Manche waren aus Perlmutt und Fischschuppen, und die Schuppen glänzten und erleuchteten alles mit einem wundersamen Licht. »Wohin hast du mich gebracht?«, fragte Uraschimataro. »Du bist im Palast Riugu«, entgegnete die Schildkröte. »In dem Haus des Meeresgottes, dem wir alle untertan sind. Ich meinerseits bin die Dienerin seiner Tochter, der schönen Prinzessin Otohime, die du gleich sehen wirst.«

Damit empfahl sich die Schildkröte für einen Augenblick, um ihrer Herrin die Ankunft des Jünglings zu melden. Die Prinzessin hatte von ihrer Dienerin schon viel über ihn gehört. Neugierig trat sie ihm entgegen. Sie fand ihn noch schöner, als die Schildkröte ihn beschrieben hatte, und entbrannte auf den ersten Blick in Liebe zu Uraschimataro. »Bleib bei mir«, sagte sie schmeichelnd. »Du wirst nie und nimmer altern und dich hier unten ewiger Schönheit und Jugend erfreuen.« Da Otohime selber so schön wie die Sonnenkönigin war und so reizend bat, konnte ihr der Jüngling den Wunsch nicht abschlagen. Er blieb bei ihr und führte mit der Prinzessin das glücklichste Leben. Die Zeit verging in eitel Freude und Wonne. Wie lange das war? Uraschimataro wusste es nicht und fragte auch nicht danach.

Aber plötzlich überkam ihn inmitten seines Glückes eine große Sehnsucht nach seinen Eltern. Er kämpfte vergebens dagegen an. Aber eines Morgens saß er so traurig da, dass es auch der Prinzessin auffiel. Sie fragte nach seinem Kummer, und Uraschimataro sagte ihr die Wahrheit. Da erschrak Otohime. »Wir werden uns niemals wiedersehen«, klagte sie unter Tränen. Uraschimataro gelobte ihr mit heißen Schwüren, zurückzukehren. Otohime blieb traurig. Ihr machte eine böse Ahnung das Herz schwer. Weinend überreichte sie dem Freund eine kleine goldene Büchse. »Nimm sie an dich!«, sagte sie. »Und versprich mir, sie auf Erden gut zu bewahren und unter keinen Umständen zu öffnen! Wenn du diese Bedingung erfüllst, dann brauchst du nur meine Dienerin, die Schildkröte, zu rufen. Sie wird dich wieder herbringen, und es kann vielleicht doch noch alles gut werden.« Uraschimataro versprach, sich streng an ihr Geheiß zu halten. Dann nahm er Abschied und setzte sich auf den Rücken der Schildkröte, die ihn nach drei Tagen und drei Nächten glücklich an der heimatlichen Küste absetzte. Ledig ihrer Last, verschwand sie rasch wieder in den Wellen.

Der junge Mann näherte sich raschen Schrittes seinem Dorfe. Er sah Schilfdächer aus den grünen Büschen hervorlugen. Er sah den Rauch aufsteigen, hörte den fröhlichen Lärm der Kinder und vernahm auch wohl die Klänge der Koto, eines Saiteninstrumentes, aus mehreren Hütten. Aber sonderbar, wie alles dennoch verändert erschien! Die Menschen, die ihm begegneten, waren ihm unbekannt, und als er voller Hast seinem Elternhaus entgegenlief, stand das wohl noch auf seinem Fleck; aber es war bis zur Unkenntlichkeit umgebaut. Der *Sohn der Meeresinsel* klopfte an die Tür. Fremde Menschen öffneten ihm. Verdutzt fragte er nach seinen Eltern. Sie schüttelten nur die Köpfe und kannten nicht einmal deren Namen.

Aufgeregt lief Uraschimataro nun zum Friedhof, und er hatte sich nicht getäuscht: Hier fand er ihre Gräber, und die Steine zeigten eine Jahreszahl, die ihm wohlbekannt war: Man schrieb sie, als er in den Orkan geraten und dann in den Palast der Meeresprinzessin gezogen war. Nachdem er an den Ruhestätten der Eltern gebetet hatte, sah er sich auf dem Friedhof um. Da entdeckte er plötzlich auf anderen Gräbern jüngere Daten. Er lief zwischen den Gräbern herum, las die Jahreszahlen und begriff schließlich voller Entsetzen, dass dreihundert Jahre verflossen sein mussten, seitdem er damals vor Ausbruch des Orkans aufs Meer hinausgefahren war!

Er verließ den Friedhof und ging auf die Dorfstraße zurück. Nun verstand er, warum ihn niemand mehr erkannte. Wilde Verzweiflung packte ihn. Ohne lange zu überlegen, holte er die Büchse der Prinzessin hervor. Vielleicht enthielt die einen Zauber, der ihm helfen könnte? Langsam drehte er am Deckel, da sprang dieser auf und ein purpurner Rauch stieg aus der Büchse heraus. Sonst war sie leer.

Während er die Büchse noch nachdenklich betrachtete, bemerkte er plötzlich, wie seine Hand zusammenschrumpfte, bis sie faltig und knochig wie die eines steinalten Mannes war. Entsetzt blickte er in den klaren Wasserspiegel eines Teiches: Ein mumienhaftes Greisenantlitz sah ihm daraus entgegen! Da schleppte er sich müde aus dem Dorf fort, und niemand erkannte in dem erschöpften alten Mann den Jüngling, der erst vor wenigen Stunden in dem Dorf aufgetaucht war. Am Strand des Meeres ließ sich Uraschimataro nieder. Mit dünner, zittriger Stimme rief er nach der Schildkröte, damit sie ihn in den Palast Riugu, in das Schloss des Meeresgottes, zurückbringe. Aber seine Stimme verhallte ungehört im Wind. Am Abend fanden ihn einige Fischer. Das Haupt war ihm auf die Knie gesunken. Er war tot.

Es ist lange her, seitdem sich diese Geschichte zugetragen hat. Aber noch heute erzählen die Fischer von dem guten Sohn, der die Wunder des Meereskönigs und die Liebe der Prinzessin verlassen hatte, um seine Eltern aufzusuchen – wenn er auch zu spät kam, wie das so oft in unserer Welt der Fall ist.

(aus: Horst Hamm (Hrsg.), Japanische Volksmärchen. Eugen Diederichs Düsseldorf/Köln in der Reihe Märchen der Weltliteratur, Heinrich Hugendubel Verlag Kreuzlingen/München)

Im Gegensatz zu europäischen Märchen spielt das vorliegende japanische seine eigenen Motive aus. Wesentlich und mehr der Sage verwandt wirkt hierbei das Zeitmotiv, das sich nicht wie in Zaubermärchen schwerelos in Zeitlosigkeit bewegt, sondern von einer vorübergehenden Zeitlosigkeit erzählt, in die nach 300 Menschenjahren plötzlich als etwas Ungeheuerliches ein Bewusstsein über die gelebte Zeit einbricht. Während Dornröschen und Schneewittchen z.B. nach hundert verschlafenen Jahren oder nach langem Todesschlaf so jung und schön wie zuvor aufleben, wird im vorliegenden Märchen der körperliche Zerfall bis ins Mumienhafte drastisch geschildert.

Das Motiv der Relativität von Zeit wird unter AaTh/ATU 470 B »Land der Unsterblichkeit« (vgl. Röth 1998, S. 85f.) eingeordnet. Hier gerät ein junger Mann in ein Land, in dem man ewig jung bleibt und nicht stirbt. Er lebt mit einer schönen, ewig jungen Prinzessin, der Tochter des Meereskönigs, zusammen. Gegen ihren Rat kehrt er, von Sehnsucht getrieben, irgendwann heim und findet die Heimat völlig verändert vor. Während ihn nun im AaTh/ATU 470 B der Tod in Person einholt, verliert der Mann im japanischen Märchen die Zeit durch die unachtsame Behandlung der magischen Büchse, in die die Zeit eingeschlossen ist. Die Relativität der Zeit und das unterschiedliche Zeiterleben je nach Einstellung und Gesinnung kommen weltweit vor, besonders auch in Sagen und Legenden Europas, des Orients, Japans und Kanadas (vgl. auch AaTh/ATU 471 A »Mönch und Vogel«). Die Schildkröte zählt zur Kategorie der »dankbaren Tiere« (AaTh/ATU 554), allerdings ist ihre Art, den Jüngling ins Meeresschloss zu entführen, von zweischneidiger Art: Sie rettet ihn aus Dankbarkeit und führt ihn doch von seiner Menschenwelt fort.

In europäischen Märchen kommt die Schildkröte kaum vor. Die japanische aber führt den »Sohn der Meeresinsel« (ein hinweisender Name!) als magische Helferin in ein traumhaft schönes Reich voller Glückseligkeit und vermittelt auch wieder in die Menschenwelt zurück. Schildkröten spielen besonders in der Mythologie Indiens, Chinas und Japans eine große Rolle. Die Zeichnungen auf ihrem Rückenpanzer werden u.a. als Muster kosmischer Strukturen gedeutet, die Wölbung des Rückenpanzers als Abbild des Himmels und ihre Füße bzw. ihr ganzer Körper als Stütze des Universums, der Urgewässer oder des himmlischen Throns. In Japan gilt sie auch als Symbol der Unsterblichkeit. Hohes Alter und die als geheimnisvolle Schriftzeichen gedeuteten Rückenmuster ließen sie zudem zum Symbol für Weisheit werden (vgl. Bellinger 2000, S. 382f.; Heinz-Mohr 1981; S. 254; Der Große Herder 1956, S. 141f.). Man beachte hierbei den Kontrast zwischen der fernöstlichen Deutung und der des Orients und des von dort beeinflussten Abendlandes: Neben dem Symbol der Fruchtbarkeit (wegen der vielen Eier), dem Sinnbild für sittsames Leben (wegen des Eingezogenseins) und einer unbeugsamen Vitalität (wegen ihres langen Lebens) wurde die Schildkröte auch negativ besetzt, u.a. als Sinnbild eines dämonischen Tieres, das mit dunklen Mächten im Bunde steht. Die Kirche sah in der im Schlamm lebenden Schildkröte ein Symbol für die Niedrigkeit bloßer Sinneslust, die sich jedoch positiv wende, da man aus dem Rückenpanzer als Resonanzboden Musikinstrumente (Leiern) herstellen kann, die mit ihrer Musik das Herz erfreuen (vgl. Der Große Herder 1956; Heinz-Mohr 1981). Doch wenden wir uns wieder dem fernöstlichen Raum zu.

2.9.2 Interpretation

Wenn eine Schildkröte als Mittlerin zwischen Himmel und Erde – mancherorts sogar als Sinnbild des Universums überhaupt – Uraschimataro in die reichen Tiefen eines magischen Reiches als eines Teils des Kosmischen entführt, dann wird dem jungen Mann wohl eine außergewöhnliche Gunst zuteil – eine Gunst, der er jedoch aufgrund seiner Menschengefühle letztendlich nicht gewachsen ist: Jenseitiges und Menschenwelt, Dort und Hier bleiben geschieden und Jenseitsgaben wie Herrschaft über die Zeit bleiben für Menschen kein innerer Besitz. Gerade dieses dissonante Zeit- und Raumerleben verleiht nun aber dem Jüngling unter den Menschen etwas Besonderes, denn Fürsorge und Sehnsucht nach seinen Eltern treiben ihn ja ins Menschenland zurück. Bezeichnend heißt es im Untertitel dieses Sagenmärchens: »*Ein guter Sohn erinnert sich seiner alten Eltern – auch, wenn er in Herrlichkeit und Freuden lebt.*«

Gehen wir von unseren abendländischen Ordnungsprinzipien aus, dann ist »Die wundersame Schildkröte« noch ein ungeschiedenes Ganzes aus Märchen (vgl. z.B. Struktur, Wunder, Eindimensionalität), Sage (vgl. z.B. Zeiterleben und Einbruch eines Übernatürlichen, eines Numinosen), Mythos und Legende (vgl. z.B. die Deutung aus einem festen religiösen System heraus, in dem das von Gott Bewirkte angenommen wird. Dazu können auch Grundwerte wie Elternliebe, Achtung und soziale Fürsorge zählen).

So gilt es denn, neben den Träumen von Liebe, Schönheit und Unsterblichkeit gleichermaßen dem Fürsorgegedanken des »Sohnes der Meeresinsel« Raum zu geben: Eltern müssen von der nachkommenden Generation geehrt und versorgt werden; ohne dieses ethisch-moralische Gebot würden mangels sozialer Absicherung die Gesellschaftsordnung und Existenz eines armen Fischervolkes verletzt.

Trotz des traurigen Endes krönt Sieg und nicht Tod das Märchenende, denn die Fischer – so liest und hört man – erzählen noch heute von dem guten Sohn, der ein wundervolles Leben aufgegeben hat, um seine Eltern aufzusuchen und sich um sie zu kümmern. Versöhnlich wirkt, dass sein guter Wille als beispielgebend zählt, denn Uraschimataro kam ja eigentlich viel zu spät.

Literaturhinweise zur weiterführenden Vertiefung

Saeki, R. (Hrsg.) (2005): Märchen aus Japan. Königs Furt.
Hammitzsch, H. (Hrsg.) (1998): Japanische Volksmärchen. Augsburg: Weltbild.
Schultz, B. (Hrsg.) (1979): Sagen aus Japan. Frankfurt/M.: Fischer Taschenbuch.

2.9.3 Spiel- und Gestaltungsvorschläge

Einstimmung: Eine Glasschale mit Schwimmkerzen steht in der Erzählkreismitte – alle beobachten leise die feinen Bewegungen der Kerzen, tauchen gedanklich ins Wasser ein, dann beginnt das leise Vorlesen.

Erschließung der Symbolik des Märchens durch Gespräche und Zeichnungen

Das Märchen »Die wundersame Schildkröte« bietet viele Möglichkeiten, um miteinander ins Gespräch zu kommen und sich auf verschiedenen Ebenen über Fragen des Lebens auszutauschen. Neben dem Gespräch über erste Eindrücke nach dem Vorlesen sind für einen vertieften Gedankenaustausch folgende Inhalte gut geeignet:
- Alltagsleben im Dorf
- Soziale Verpflichtungen
- Relativität der Zeit und des Zeiterlebens
- Leben und Traditionen in Japan
- Symbolik der Schildkröte (weiterführend unter dem Aspekt des unterschiedlichen Symbolverständnisses in Europa und in Asien).

Das symbolische Verständnis lässt sich mithilfe von Zeichnungen vertiefen:
- Zeichnen von Schildkröten in urweltlicher Gestalt
- Ausgestaltung verschiedener Rückenpanzer

- Zeichnerische Darstellung von Vergänglichkeit und Tod, z.B. welkende Pflanzen, tote Tiere, Friedhof mit Kreuzen und Grabsteinen, alternde Körperteile, »verrauchende« Zeit.

Spiel im Raum oder an großen Leporellokulissen

Die eine Raumhäfte wird, z.B. anlässlich eines mehrtägigen Märchenprojektes, mit dekorierten Möbeln (Papierbahnen mit aufgemalten Muscheln, Fischen, Quallen und anderen Meerestieren und -pflanzen), dazu mit hellen und dunklen, blauen und grünen Tüchern und mit Lichtquellen ausstaffiert, die einzelne Szenen anstrahlen und Glitzerwerk und Fluoreszierendes zum Leuchten bringen. Die andere Raumhälfte wird zum Fischerdorf mit Netzen umgestaltet. In dieser Kulisse findet das Spiel statt.

Ein großes Leporello lässt sich aus DIN-A1-Kartons herstellen (vgl. Teil II Kap. 2.2). Eine Seite gehört zum Land mit Dorf (Schilfdächer, Blumen), Küste (mit Netzwerk, stilisierten Fischerbooten) und Friedhof, die andere zum Meer und dem Schloss des Meereskönigs. Dieses Schloss wird als Glitzerschloss ausgestaltet, die aufgemalten Wellen bewegen sich wie im Sog zu ihm hin. Auf einem der mittleren Leporellokartons besteht ein Durchbruch von einem Reich zum anderen. Die Spieler, die die Erzählung als Rollenbuch in eine Dramatisierung mit direkten Reden und Geräuschkulissen überführen müssen, bewegen sich wie Marionettenspieler zwischen diesen Leporellowänden und führen ihre Figuren als Marionetten (aus Ton, Stoff, Holz) an durchsichtigen Perlonschnüren oder als Schafwollfiguren (bzw. selbststehende »Eglipuppen«) mit den Händen. Die leisen, behutsamen Bewegungen der – am besten schwarz gekleideten – Spieler müssen hierbei so eingeübt werden, dass sie sich harmonisch in den Spielverlauf integrieren. Geräuschkulissen wie Land- und Wassergeräusche oder Stimmen beleben die Szenen.

Fotocollage

Mit zurechtgeschnittenen Fotomotiven (aus eigenen Fotos und aus Zeitschriften, Kalendern entnommen) wird eine märchengerechte Landschaft zusammengestellt. Dazwischen kann man Zeichnungen (Protagonisten des Märchens) eingliedern, die sich durch die ausgeschnittenen Bäume und verfremdeten Landschaften schieben. Solche Collagen eignen sich für alle Märchen und können zur Buchgestaltung, als Wandschmuck oder als Kulissen dienen.

Abb. 38 Papiercollage

Texten und Vorlesen

Von Schülern verfasste Texte können als eigenständige Texte stehen oder zur szenischen Ausschmückung von Rollenbüchern verwendet werden. Themen können z.B. sein:

- Die Menschen warten lange auf Uraschimataros Heimkehr aus dem Sturm.
- Seine Eltern geben die Hoffnung (nicht) auf.
- Die Schildkröte beobachtet, wie Uraschimataro in Not gerät.
- Im Meeresschloss beobachtet man einen Schiffsuntergang.
- Ein wunderbarer Tag im Leben mit Otohime im Meeresschloss.
- Uraschimataro erkundet das Schloss, den Wasserzoo und die Tiefseegärten.
- Otohime liebt das Meer, ist aber auch neugierig auf die Menschen.
- Otohime und Schildkröte entdecken, dass Uraschimataro alt wird und stirbt.
- Der Meereskönig spricht ein Machtwort.

Maßgabe zum Texten ist, sich bewusst um eine gepflegte Wortwahl, einen durchgegliederten Satzbau und auch Wendungen mit Konjunktiven, Partizipien und Genitiven zu bemühen, die den Text poetisch klingen lassen. In einer ritualisierten Form, z.B. mit einem einleitenden Gongklang und dem Umlegen eines meeresköniglichen Umhangs, trägt jeder seinen Text den anderen vor. Er muss ihn aber vorher eingeübt haben: flüssig, mit angemessenem Tonfall und wie ein Erzähler, der seinen Text wieder in eine Sprechstruktur umgewandelt hat. Auch sollte er immer wieder dabei seine Zuhörer ansehen. Eine Videoaufzeichnung zur Eigenkontrolle wirkt leistungssteigernd!

Märchen sammeln und Lesung

Man sammelt asiatische Geschichten: Märchen, Sagen, Ätiologien und Tiergeschichten von Schildkröten, Kröten und Fröschen. Wofür stehen diese Figuren symbolisch? Man dehnt das Thema auf Drachen aus, die vor allem im chinesischen Raum eine Glück verheißende, besondere Rolle spielen. Eine begründete Auswahl unter diesen Geschichten wird zu einem illustrierten Buch zusammengestellt. Damit veranstaltet man in anderen Zuhörkreisen eine Lesung.

Fensterwappen und neue Geschichten

Eine durchsichtige Folie wird in Wappenform geschnitten: rund, quadratisch, rechteckig, oval oder mit gerader Oberkante und Rundung an der unteren Kante. Mit farbigem Transparentpapier belegt man Teilflächen, umkantet die Form schwarz und setzt dann farbig oder schwarz Wappenmotive ein: Otohime wird eine Schildkröte im Wappen haben, vielleicht dazu Schlingpflanzen und einen Fisch in Erinnerung an Uraschimataro. Der Dummling (im Märchen »Die Bienenkönigin«) als König würde sich z.B. ein Wappen mit Ameisen, einer Ente und Bienen wählen. Blanche in »Die sprechenden Eier« könnte sich für eine Anordnung von Eiern und für Glückssymbole entscheiden, Lenchen und Fundevogel für eine Rose, eine Krone und eine Ente. Dazu kann man in ein Textband einen Wahlspruch setzen, der Bezug zum Sinnkern des Märchens hat.

Schüler entwerfen nun Wappen für das japanische Märchen. Beim Meereskönig z.B. hängen viele unterschiedliche Wappen in einem Kristallsaal. Und zu jedem Wappen gibt es eine Geschichte: »Es war einmal …«

Abb. 39 Fensterwappen

Seidenkleisterarbeiten für das Fenster

Klare Folien (z.B. für OHP) werden mit Tapetenkleister eingestrichen. Dann reißt man farbiges Seidenpapier in verschiedenen Konturen aus und belegt die Folie damit. Reizvoll wirken hier farbliche Überschneidungen und die gekrauste Oberfläche, die sich beim Trocknen durch den Kleister zusammenzieht und feine Verwerfungen bildet. Es genügt, ganz allgemeine Konturen (Landschaft, Gebäude, Dinge, Pflanzen) zu reißen. Man kantet das Bild mit Klebeband ab, damit sich die gekleisterte Seidenpapierfläche nicht beim Trocknen von der Folie abhebt. Dann entwirft man Schattenrissfiguren aus Tonpapier, die einem Märchen zugehören, z.B. einen Fischer im Boot, eine Schildkröte, eine Prinzessin, Meeresgetier, den Meereskönig, die Dorfkulisse. Man kann diese Teile einkleben oder an Stäbchen befestigen und an die Farbfläche halten, während man die entsprechende Märchenszene erzählt.

Variante: Man reißt das Seidenpapier in die gewünschten Formen und klebt sie mit Klebstoff vorsichtig auf die Folie. Hier bleibt das Seidenpapier glatt. Seinen Reiz bekommt das Bild durch farbliche Überschneidungen und durch vorsichtiges Einzeichnen (Stämme, Geäst) mit einem schwarzen Stift. Auch hier wird mit Schattenfiguren ergänzt, um Szenen zu verdeutlichen.

Man befestigt nun die Bilder in Szenenabfolge in gleichmäßigen Abständen an der Fensterscheibe. Wenn das Tageslicht durchscheint, wirkt das im Raum sehr dekorativ, ja feierlich. Neben der Schmuckwirkung kann man daran mit den Schattenfiguren das Märchen erzählen.

Haiku verfassen

Ein Haiku (»Posse«, »humoristischer Vers«) ist eine lyrische Kleinform, die im 16. Jahrhundert in Japan entstand. Der Aufbau ist kurz und streng: Der erste Vers besteht aus fünf Silben, der zweite Vers aus sieben Silben und der dritte Vers wieder aus fünf Silben. Einen Märcheninhalt als Haiku zu verfassen bedeutet, seinen Sinnkern zu formulieren und dabei um die richtigen Worte zu ringen. Beispiel:

Fischerjunge, bleib!
Ewige Jugend wartet
und Liebe und Glanz.

Verschwimme selig
Vergiss deine Menschenwelt
im Abgrund des Meers.

Was nützt dein Heimweh
an Elternliebe glaubst du
und wärst doch bald tot.

Ein anderer Haiku-Versuch zu »Die weiße Schlange« (KHM 17):

Rückblick

Schlangenfleisch aß ich,
verließ den harten König
und ritt in die Welt.

Rettete Fische,
umging die Ameisenburg
auf dem Weg zur Stadt.

Ich gab mein Pferd her,
hilflosen Raben zum Fraß.
Doch dann drohte Tod!

Schwere Aufgaben
der stolzen Königstochter
machten mich einsam.

Aber die Freunde:
Fische, Ameisen, Raben,
sie kamen zu Hilf.

Und Glück erfüllt mich:
Ich ess' mit IHR den Apfel
vom Baum des Lebens.

Pantomime, Figuren einfrieren und Museumsführung

Dieser Gestaltungsvorschlag ist für alle Märchen geeignet. Die Teilnehmer führen Märchenfiguren pantomimisch so vor, dass man erkennt, wen die Figur darstellt, was sie gerade tut und empfindet. Die Zuschauer korrigieren die Figur, bis sie stimmig wirkt, und frieren sie als Standbild ein. So werden viele Protagonisten des Märchens eingefroren und in Reihe wie in einer Galerie aufgestellt. An ihnen erläutert nun der Galerist bzw. Museumsführer einer Zuschauergruppe, was diese Standbilder bedeuten: Er erzählt dabei das Märchen.

Für das Märchen »Die wundersame Schildkröte« eignen sich z.B. die folgenden Standbilder.

- Uraschimataro: rudernd; ein Netz auswerfend; die Büchse öffnend; zusammengesunken und die Arme flehend zum Meer gereckt.
- Eltern: leicht gebeugt, bittende Geste.
- Otohime: strahlend, mit ausgebreiteten Armen.
- Otohime und Dienerin (Schildkröte): traurig, Abschied nehmend.
- Fremde Menschen: Köpfe oder Körper abgewandt, leichte Abwehrhaltung.

Man kann mit Fantasie sehr differenzierte Szenen aufbauen.

3.   Weitere Ideen

Die folgenden Ideen lassen sich besonders gut realisieren, wenn die Kinder und Jugendlichen mehrere Märchen kennen. Es wird rasch ersichtlich, wo Gemeinschaftsarbeit und wo Einzelarbeit möglich ist.

Gedichtband

Zu einzelnen Märchen werden nach unterschiedlichen Themen und Akzentuierungen Gedichte verfasst und zu einem Gedichtband zusammengestellt. Geeignet sind z.B. ›Elfchen‹ und ›Haiku‹ oder rhythmisch strukturierte, aber (fast) reimlose Gedichte.

Comics

Märchen werden in Bilderfolgen gezeichnet und mit Denk- und Sprechblasen bzw. Verbindungstexten versehen. Sie unterstützen die Schüler dabei, den Erzählkern zu profilieren.

Bildbetrachtung

Man wählt Bilder aus einem Märchenbuch oder von einem Künstler aus (eventuell eignen sich auch Karikaturen) und untersucht sie auf ihre Aussagekraft hin, auf die dargestellte Situation und setzt diese in Beziehung zur Vor- und Nachgeschichte. Die Analysehinweise aus Kap. 3.6.1 und 3.6.2 geben Hilfe.

Kleines Bilderbuch mit Wachs-Laviertechnik

Man wählt ein Format in Postkartengröße, bemalt themengemäß mit Wachsfarben eine Fläche, laviert dann die Flächen mit dem Pinsel mittels Terpentinersatz (Pinselreiniger), klebt dazu eine symbolische Figur aus Papier oder Stoff ein, die mit dieser Szene zu tun hat (Gnom, Kröte, Zwiebel, kleine Burg), dekoriert eventuell sparsam mit etwas Glitzerzeug oder Schmuckband und textet dazu. Man richtet die angemessene Zahl der Buchseiten (anderes Papier, z.B. Elefantenhaut, hellgrüner oder beiger Karton) in etwas größerem Format, damit um die lavierten Bilder ein Rand bleibt, wenn sie aufgeklebt werden. Die Bilder werden so auf den Buchseiten angeordnet, dass jeweils auf der linken Seite das Bild und rechts der Text oder umgekehrt (Text: Kurzfassung mit eigenen Worten) zu stehen kommen. Man bindet das Büchlein (Titel auf dem Umschlag nicht vergessen) mit Klebeband.

Märchenquartett

Auf Tonkartonkarten in Spielkartengröße (oder etwas größer) werden vier Motive aus einem Märchen gezeichnet oder durch typische Textteile oder Redewendungen beschrieben. Jeweils vier Karten bilden also ein Märchenquartett. Ziel des Spiels ist es, möglichst viele Märchenquartette zu sammeln, die Spielregeln entsprechen denen bekannter Quartettspiele.

Backen und Kochen

Für ein Märchenfest werden Rezepte entworfen. Man gibt den Gerichten märchenhafte Namen, z.B. *Rapunzelzopf mit Orangenmarmelade nach Feenart*. Oder: *Geistermann* (aufgeblähte Blätterteigfigur) *mit Rotkäppchengemüse und Zwergenoliven*. Oder: *Löwenschnitzel mit Drachensauce und Kartoffeln an Lebenskraut*. Der Fantasie sind hier keine Grenzen gesetzt.

Dekorationsstücke

Während eines Projektes kann man typische Motive des gewählten Märchens ausarbeiten: Laternen erhalten Scherenschnittfiguren auf Pergament, Tischdecken und Servietten werden mit im Märchen vorkommenden Tieren, Pflanzen und Figuren bedruckt (z.B. Zwiebeln, Lebenskraut, Schildkröten, Frösche, Zwerge, Hexen), Ton- oder Styroporfiguren schmücken als Säulen, Buchstützen o.Ä. den Raum.

Interkulturelles Märchenfest

Man erzählt Märchen aus jenen Ländern, aus denen die Schüler bzw. Teilnehmer der Gruppe (Gemeinschaft, Klasse) stammen. Man schmückt das Zimmer so aus, dass eine märchenhafte Wirkung mit Zeltbahnen, dekorativen Bögen, Tüchern, Blumen, Bildern und Polstern als Sitzgelegenheiten entsteht. Die jeweiligen Sprachgruppen bereiten ihr Erzählgut vor. Dazu werden landestypische Gerichte hergestellt, die man den Zuhörern anbietet, und Musik aus diesen Ländern (vielleicht mit Tänzen) erzeugt eine besondere Atmosphäre. Das alles geschieht um seiner selbst willen, oder man hat Gäste eingeladen: Eltern, Auswärtige, andere Klassen.

Märchen als Fingerspiele oder gereimte Märchenrätsel

Im Tannenwald bei dunkler Nacht,
da hört man, wie ein Kobold lacht.
Das Männlein tanzt, das Feuer brennt,
wisst ihr, wie sich das Männlein nennt?

Kennst du einen König,
einen grünen, kleinen?
Bestimmt wiegt er nur wenig
und hüpft auf vier Beinen.

Wer saß einmal am Meeresstrand
mit einer Angel in der Hand
und gab das Fischlein wieder frei,
nachdem's gesagt hat, wer es sei?
Wer wollt' gern König und Kaiserin sein?
Wer war so gierig? Rat mal fein!

Weitere Anregungen hierzu bietet z.B. Zitzlsperger 2002a, S. 246–248; S. 275–279.

Pantomimische Märchenrätsel

Für pantomimische Märchenrätsel müssen mehrere Märchen bekannt sein. Ein Repertoire von 5–10 Märchen wird vereinbart. Einer führt eine Figur mit typischen Bewegungen vor, z.B.:
- Rotkäppchen pflückt Blumen.
- Der Schakal gräbt Zwiebeln aus.
- Hänsel bricht etwas vom Hexenhaus ab.
- Xandi triumphiert hinter dem Ungeheuer her.
- Blanche staunt über ihre Schätze aus den Eiern.

Wer zuerst erraten hat, wer das sein soll, führt seinerseits etwas vor oder erhält einen Preis (eine Nuss, Beere, Dörrobst).

Hörspiel

Um ein Hörspiel zu entwerfen, bedarf es vieler klärender Hörproben, um die Stimmen und Geräusche glaubwürdig zu machen. Die Dramatisierung kann erleichtert werden, wenn Passagen mit Erzähler eingefügt werden.

Tonbandrätsel

Verschiedene Märchenpassagen werden mit markanten Schlüsselsätzen aufgenommen. Wer erkennt zuerst das Märchen?

Erzählkino

Auf einer langen Tapetenrolle werden die Märchenszenen (Orte, Figuren) in Abfolge gemalt. An Anfang und Ende befestigt man einen Stab und rollt das Kino auf. Zwei Schüler halten nun die Rolle am Stab senkrecht und entrollen nach und nach die Szenen, zu denen andere erzählen – evtl. mit Klangillustrationen. Während der eine Schüler das Erzählte wieder zurollt, rollt der andere im gleichen Maße das neue Bild auf.

Märchenspaziergang in die Natur

Passend zum Märchen geht man in die Natur, um sie genauer zu erkunden, aufmerksam zu sehen, zu horchen, zu riechen, zu schmecken und zu fühlen. Auf einem Waldspaziergang oder einem Weg in den Garten, Park, an den Bach, an einen See, über das Moor entdeckt man sinnlich anregend z.B. Spuren von Tieren, aber auch von Fahrzeugen und Menschen, erlebt Vögel und andere Tiere, schaut sich Büsche, Bäume und das Unterholz genau an, entdeckt Baumstümpfe, Pilze und Beeren, spürt Sand und Steine, beobachtet Ameisenhaufen, lauscht auf fremde Geräusche, entdeckt die Welt intensiv, wenn man barfuß läuft und Rinden mit geschlossenen Augen abtastet. Am Ende setzt man sich ins Gras und erzählt Märchen.

Gerichtsspiel

Die Schüler setzen sich wie bei Gericht mit verteilten Rollen zusammen und begründen, weshalb sie sich – in ihrer Rolle – so und so verhalten haben. Sie versetzen sich dabei in die Denk- und Handlungsweise der von ihnen verkörperten Märchenfigur hinein. Da hat ein König plötzlich ganz eigene Argumente für sein ungerechtes Verhalten, eine Stiefmutter spricht von ihren Enttäuschungen, bestrafte Unhelden fordern mehr Geduld und neue Chancen, Hexen sehen die Dinge aus ihrer Welt und Warte. Bei dieser Spielform (mit klaren Regeln und begrenzter Spielzeit) lernen die Schüler, sich in andere Sichtweisen einzudenken und Perspektivenwechsel vorzunehmen. So lösen sich Grenzen eines polaren Richtig und Falsch auf.

Märchen-Lyrik

Der Lyriker, Maler und Komponist Heinz-Albert Heindrichs verfasste unter dem Titel »Zauber Märchen« Gedichte, die zu intensiver Einlassung auffordern. Hier zwei Beispiele:

Hans

Glück
was ist das
war es nicht einmal
dieses Gefühl des Aufwinds
alles verlassen
zu können?

Auf blauer Wiese

Im Brunnenhimmel
am Grunde des Wissens
sah ich mich
eins
mit Apfelbaum
Broten und Schnee

Was liege ich
wach
unterm Hahnschrei
weiß alles und nichts

Märchenfragmente

Im Anhang der KHM gibt es zwei Fragmente, die die Schüler ausbauen und weiterentwickeln können. Die Fantasie findet dabei viel freien Raum.

Schneeblume (Anhang Nr. 17a)

Eine junge Königstochter hieß Schneeblume, weil sie weiß wie der Schnee war und im Winter geboren. Eines Tages war ihre Mutter krank geworden, und sie ging in den Wald und wollte heilsame Kräuter brechen; wie sie nun an einem großen Baum vorüberging, flog ein Schwarm Bienen heraus und bedeckte ihren ganzen Leib vom Kopf bis zu den Füßen. Aber sie stachen sie nicht und taten ihr nicht weh, sondern trugen Honig auf ihre Lippen, und ihr ganzer Leib strahlte ordentlich vor Schönheit.

Vom Prinz Johannes (Anhang Nr. 17b)

Von seinem Wandeln in Sehnen und Wehmut, von seinem Flug mit der Erscheinung, von der roten Burg, von den vielen herzbewegenden Prüfungen, bis ihm der einzigste Anblick der schönen Sonnenprinzessin gewährt wurde.

Literatur

Aarne, A./Thompson, S. (1961): The Types of the Folktale. A Classification and Bibliography. Helsinki (FFC 184).

Abraham, H./Thinnes, I. (1996): Hexenkräuter und Zaubertrank. Unsere Heilpflanzen in Sagen, Aberglauben und Legenden. Greifenberg: Urs Freund.

Ayres, J. (1989): Bausteine der kindlichen Entwicklung. Berlin, Heidelberg, New York: Springer.

Bâ, A.H. (1987/2005): Das Wort überbrückt Jahrhunderte. In: Oberfeld, C./Becker, J./Röth, D. (Hrsg.): Märchen in der Dritten Welt. Krummwisch: Königs Furt, S. 29–39.

Bächtold-Stäubli, H. (Hrsg.) (1927/1986–1987): Handwörterbuch des deutschen Aberglaubens. Berlin, New York: de Gruyter.

Bartonicek, N. (2000): Märchenzeit – Handlungsorientiertes Arbeiten mit Märchen. Seelze, Velber: Kallmeyer.

Beit, H. v. (1960/1997): Symbolik des Märchens. Bd. I. Versuch einer Deutung. Bern: Narr/Francke, Attempto.

Bellinger, G. (2000): Knaurs Lexikon Mythologie. Augsburg: Weltbild.

Bergmann, I. (2000): Das Sinnbild der Verantwortlichkeit im Märchen und seine Bedingung für die Entwicklung ethischer Werte beim Kinde. Dargestellt am Beispiel »Die Bienenkönigin« KHM 62. In: Franz, K./Kahn, W. (Hrsg.): Märchen – Kinder – Medien. Beiträge zur medialen Adaption von Märchen und zum didaktischen Umgang. Baltmannsweiler: Schneider. S. 31–49.

Bergmann, I. (1997): Welche Märchen für welches Alter? In: Märchenspiegel. Zeitschrift für internationale Märchenforschung und Märchenpflege, H. 4, S. 103–105.

Bergmann, I. (1994): Erziehung zur Verantwortlichkeit durch die Zaubermärchen der Brüder Grimm unter besonderer Berücksichtigung der Sinnkategorie V.E. Frankls. Der »Andere« in den Grimmschen Erlösungsmärchen – Bilder sinn-vollen Seins im Schulanfang. Frankfurt/M.: Peter Lang 1994.

Bernus, A. v. (Hrsg.) (1980): Alt-Kräuterbüchlein. Nach dem »New-Kreuterbüchlein« des Leonhart Fuchs (1543). Frankfurt/M.: Insel.

Bettelheim, B. (1977): Kinder brauchen Märchen. Stuttgart: Deutsche Verlagsanstalt.

Betz, F. (2001): Märchen als Schlüssel zur Welt. Handreichung für Erzieher. 9. Aufl. Lahr: Ernst Kaufmann.

Betz, O. (1998): Märchen als Weggeleit. Würzburg: Echter.

Biedermann, H. (Hrsg.) (2000): Knaurs Lexikon der Symbole. Augsburg: Weltbild.

Bolte, J./Polivka, G. (1930/1983): Anmerkungen zu den Kinder- und Hausmärchen der Brüder Grimm. Bd. IV. Hildesheim: Olms.

Born, M. (2003): Kommt Böses aus Märchen – auch heute noch? Ideologiekritik der 70er Jahre und ihre Auswirkungen auf die westdeutsche Märchendidaktik. In: Jesch, T. (Hrsg.): Märchen in Geschichte und Gegenwart des Deutschunterrichts. Frankfurt a.M., Berlin, Bern: Peter Lang, S. 53–88.

Born, M. (1997/2005): Kognitiv oder kreativ? Märchendidaktische Konzeptionen mit methodischen Konsequenzen. In: Wardetzky, K./Zitzlsperger, H. (Hrsg.): Märchen in Erziehung und Unterricht heute. Bd. 1. S. 66–86. Krummwisch: Königs Furt.

Braak, I./Neubauer, M. (Hrsg.) (1990): Poetik in Stichworten. Literaturwissenschaftliche Grundbegriffe. 7. Aufl. Unterägeri: Ferdinand Hirt.

Bücksteeg, T./Dickerhoff, H. (Hrsg.) (1999/2005): Märchenkinder, Kindermärchen. Forschungsberichte aus der Welt der Märchen. Krummwisch: Königs Furt.

Bühler, C./Bilz, J. (1977): Das Märchen und die Phantasie des Kindes. 4. Aufl. Berlin, Heidelberg, New York: Springer.

Dehn, M. et al. (1981): Märchen. In: Praxis Deutsch. Zeitschrift für den Deutschunterricht, H. 47, S. 7–60.

Der Große Herder. Nachschlagewerk für Wissen und Leben (1956). Bd. 1. Freiburg: Herder.

Diederichs, U. (1995): Who's who im Märchen. München: dtv.

Diergarten, A./Smeets, F. (1987): Komm, ich erzähl dir was. Märchenwelt und kindliche Entwicklung. München: Kösel.

Diethmar, R. (Hrsg.) (1978): Fabeln, Parabeln und Gleichnisse. 5. erw. Aufl. München: dtv.

Dinges, O./Born, M./Janning, J. (Hrsg.) (1986/2005): Märchen in Erziehung und Unterricht. Krummwisch: Königs Furt.

Doderer, K. (Hrsg.) (1984): Lexikon der Kinder- und Jugendliteratur. 3 Bde., 1 Ergänzungsband. Weinheim, Basel: Beltz.

Doderer, K. (Hrsg.) (1983): Über Märchen für Kinder von heute. Essays zu ihrem Wandel und ihrer Funktion. Weinheim, Basel: Beltz.

Eich, H. (1984): Fabel. In: Doderer, K. (Hrsg.): Lexikon der Kinder- und Jugendliteratur, Bd. 1. Weinheim, Basel: Beltz, S. 365–368.

Eicke, D. (Hrsg.) (1982): Tiefenpsychologie. Bd. I: Sigmund Freud – Leben und Werk. Weinheim, Basel: Beltz.

Ellwanger, W./Grömminger A. (1977): Märchen – Erziehungshilfe oder Gefahr? Freiburg i.Br.: Herder.

Ehrenreich, B./English, D. (1992): Hexen, Hebammen und Krankenschwestern. München: Frauenoffensive.

Esterl, A./Solms, W. (Hrsg.) (1991/2005): Tiere und Tiergestaltige im Märchen. Krummwisch: Königs Furt.

Fischer, H. (1996): Fibel-Märchen. In: Märchenspiegel. Zeitschrift für internationale Märchenforschung und Märchenkunde 3, S. 4–9.

Fischer, H. (1984): Schwank. In: Doderer, K. (Hrsg.): Lexikon der Kinder- und Jugendliteratur, Bd. 3. Weinheim, Basel: Beltz, S. 330–332.

Franz, K. (Hrsg.) (2004): Märchenwelten. Das Volksmärchen aus der Sicht verschiedener Fachdisziplinen. Schriftenreihe Ringvorlesungen der Märchen-Stiftung Walter Kahn, Bd. 1. Baltmannsweiler: Schneider.

Franz, K. (2004): »Sagen lassen sich die Menschen nichts, aber erzählen kann man ihnen alles«. Das Volksmärchen als Erziehungs- und Bildungsmedium vom 19. Jahrhundert bis in die Gegenwart. In: Franz, K. (Hrsg.): Märchenwelten. Das Volksmärchen aus der Sicht verschiedener Fachdisziplinen. – Schriftenreihe Ringvorlesungen der Märchen-Stiftung Walter Kahn, Bd. 1. Baltmannsweiler: Schneider, S. 72–102.

Franz, K./Kahn, W. (Hrsg.) (2000): Märchen – Kinder – Medien. Beiträge zur medialen Adaption von Märchen und zum didaktischen Umgang. Baltmannsweiler: Schneider.

Franz, M.-L. v. (1989): Psychologische Märcheninterpretation – eine Einführung. München: Knaur.

Freitag, C. (1984): Sage. In: Doderer, K. (Hrsg.): Lexikon der Kinder- und Jugendliteratur, Bd. 3. Weinheim, Basel: Beltz, S. 242–245.

Freud, S. (1961): Die Traumdeutung. Frankfurt/M.: S. Fischer.

Fthenakis, W. (2001). BETA Bildungsforum – Ist unser Bildungskonzept noch zeitgemäß? Vortrag im Haus Hügel am 07.06.2001 in Bremen. http://www.fthenakis.de/cms/Vortrag_Bremen_HH1-2001-06-07.pdf

Geldern-Egmond, I. (2000): Märchen und Behinderung. Ein Beitrag zur Resilienzforschung bei Kindern und Jugendlichen mit Lernbehinderungen. Baltmannsweiler: Schneider.

Gerndt, H./Wardetzky, K. (Hrsg.) (2002): Die Kunst des Erzählens. Festschrift für Walter Scherf. Potsdam: Verlag Berlin-Brandenburg.

Giera, J./Schmitt, C. et al. (2000): Medien erzählen Märchen. In: Die Grundschule, H. 10, S. 6–32.

Ginsburg, H./Opper, S. (1982): Piagets Theorie der geistigen Entwicklung. Stuttgart: Klett.

Gobrecht, B. (1990): Märchenfrauen. Von starken und von schwachen Frauen im Märchen. Freiburg i.Br.: Herder.

Göppel, R. (1997): Ursprünge der seelischen Gesundheit. Risiko und Schutzfaktoren in der kindlichen Entwicklung. Würzburg: edition bentheim.

Grätz, M. (1988): Das Märchen in der deutschen Aufklärung. Vom Feenmärchen zum Volksmärchen. Stuttgart: Metzler.

Grummes, U. (1982): Die Bedeutung des Märchens für die Psychoanalyse. In: Eicke, D. (Hrsg.): Kindlers Psychologie des 20. Jahrhunderts. Tiefenpsychologie. Bd. I: Sigmund Freud – Leben und Werk. Weinheim, Basel: Beltz, S. 558–575.

Grün, K. (1996): Volksmärchen, Konfliktlöser auf der Gefühlsebene. Ein Beitrag zur Suchtprävention in der Grundschule. In: Pädagogische Welt, Jg. 50, S. 117–121.

Grünewald, D. (1998): Auch im elektronischen Zeitalter: Kinder brauchen Bilderbücher. Bilderbücher im Unterricht (1.–4. Klasse). In: Gansel, C./Keiner, S. (Hrsg.): Zwischen Märchen und modernen Welten in Kinder- und Jugendliteratur. Frankfurt/M.: Peter Lang, S. 61–95.

Günther, J.-M. (1990): Der Fall Rotkäppchen. Juristische Gutachten über die Umtriebe der sittenlosen Helden der Brüder Grimm zur Warnung für Eltern und Pädagogen. Frankfurt/M.: Eichborn.

Haas, G. et al. (1990): Märchen heute. In: Praxis Deutsch. Zeitschrift für den Deutschunterricht, H. 103, S. 11–67.

Haas, G. (1986): Legenden. Arbeitstexte für den Unterricht (Sekundarstufe). Stuttgart: Reclam.

Hahn, I. (1984): Religiöse Erziehung, Ich-Identitätsfindung und der potentielle Beitrag des Märchens zur Förderung beider. Hamburg: Fotodruck.

Halbfas, H. (2003): Warum Märchen im Religionsunterricht? In: Katechetische Blätter, H. 3, S. 165–170.

Halbfas, H. (1997): Märchen im Unterricht. In: Wardetzky, K./Zitzlsperger, H.: Märchen in Erziehung und Unterricht heute. Bd. II Didaktische Perspektiven. Baltmannsweiler: Schneider, S. 3–29.

Hannaford, C. (2000): Bewegung – das Tor zum Lernen. Freiburg: VAK.

Heger, D. (2002): Überlegungen zum Verstehensprozess in der psychoanalytischen Arbeit. In: Baireuther, P./Gerstberger, H. (Hrsg.): Perspektiven des Verstehens. Eine interdisziplinäre Vortragsreihe zu einem didaktisch-pädagogischen Problemfeld. Baltmannsweiler: Schneider, S. 48–61.

Heidtmann, H. (2000): Märchenadaptionen von Volksmärchen. In: Franz, K./Kahn, W. (Hrsg.): Märchen – Kinder – Medien. Beiträge zur medialen Adaption von Märchen und zum didaktischen Umgang. Baltmannsweiler: Schneider, S. 82–98.

Heidtmann, H. (1997/2005): Von Pinocchio bis Pocahontas. Die Märchenfilme der Walt-Disney-Company. In: Wardetzky, K./Zitzlsperger, H. (Hrsg.): Märchen in Erziehung und Unterricht heute. Bd. I. Krummwisch: Königs Furt, S. 259–268.

Heindrichs, H.-A. (1997): Zauber Märchen. Gedichte. Gelsenkirchen: Druckerei Rehrmann.

Heindrichs, H.-A./Mallet, K.-H. et al. (1997): Märchen. In: Grundschulunterricht, H. 3, S. 2–24; 53.

Heindrichs, U. (1997/2005): Märchen und neuere Literatur – ein Curriculum für die gymnasiale Oberstufe. In: Wardetzky, K./Zitzlsperger, H. (Hrsg.): Märchen in Erziehung und Unterricht heute. Band II: Didaktische Perspektiven. Baltmannsweiler: Schneider, S. 111–123.

Heindrichs, U. (1986/2005): Die Kinder der Aufklärung brauchen Märchen – von der Aktualität der Märchenbetrachtung in der Sekundarstufe II. In: Dinges, O./Born, M./Janning, J. (Hrsg.): Märchen in Erziehung und Unterricht. Krummwisch: Königs Furt, S. 149–157.

Heinemann, E. (1998): Hexen und Hexenangst. Eine psychoanalytische Studie des Hexenwahns der frühen Neuzeit. 2., überarb. Aufl. Göttingen: Vandenhoek & Ruprecht.

Heinz-Mohr, G. (1981): Lexikon der Symbole. Bilder und Zeichen der christlichen Kunst. Düsseldorf, Köln: Eugen Diederichs.

Helmers, H. (1969): Didaktik der deutschen Sprache. 4. Aufl. Stuttgart: Klett.

Helmich, W. (1970): Die erzählende Volks- und Kunstdichtung in der Schule. In: Beinlich, A. (Hrsg.): Handbuch des Deutschunterrichts. Bd. 2. 5., stark erw. u. verb. Aufl. Emsdetten: Lechte, S. 1157–1262.

Hetmann, F. (1982): Traumgesicht und Zauberspur. Märchenforschung, Märchenkunde, Märchendiskussion. Frankfurt/M.: Fischer Taschenbuch.

Hetmann, F. (1982): Nordamerikanische Märchen. Frankfurt/M.: Fischer Taschenbuch.

Holder, A. (1982): Freuds Theorie des psychischen Apparats. In: Eicke, D. (Hrsg.): Kindlers Psychologie des 20. Jahrhunderts. Tiefenpsychologie, Bd 1. Sigmund Freud – Leben und Werk. Weinheim, Basel: Beltz, S. 220–260.

Hopster, N. (1972): Epische Kurzformen. In: Wolfrum, E. (Hrsg.): Taschenbuch des Deutschunterrichts. Esslingen: Burgbücherei Schneider, S. 275–295.

Horn, K. (1996/2005): Märchen und zeitgenössische deutschsprachige Lyrik. In: Heindrichs, U./Heindrichs, H.-A. (Hrsg.): Das Märchen und die Künste. Krummwisch: Königs Furt, S. 259–273.

Immelmann, K. et al. (Hrsg.) (1988): Psychobiologie. Grundlagen des Verhaltens. Stuttgart: Gustav Fischer.

Jacobsen, I./Lox, H./Lutkat, S. (Hrsg.) (2005): Sprachmagie und Wortzauber. Traumhaus und Wolkenschloss. Krummwisch: Königs Furt.

Janning, J. (2005): Volksmärchen – von der Textur zum mündlichen Erzählen. Kommentar zur CD 2: Interpretation und Vermittlung einer oralen Form. In: Janning, J. (Hrsg.): Von der Wirklichkeit der Volksmärchen. Schriftenreihe Ringvorlesungen der Märchen-Stiftung Walter Kahn, Bd. 5 (mit CD). Baltmannsweiler: Schneider, S. 140–154.

Janning, J. (1993): Von den kommunikativen Bedingungen des Märchenerzählens. In: Märchen-Stiftung Walter Kahn (Hrsg.): Die Volksmärchen in unserer Kultur. Berichte über Bedeutung und Weiterleben der Märchen. Frankfurt/M.: Haag und Herchen, S. 11–14.

Janning, J. (1983/2005): Märchen erzählen: Lässt es sich lernen – kann man es lehren? In: Märchenerzähler, Erzählgemeinschaft.– Krummwisch: Königs Furt, S. 126–140.

Janosch (2006): Janosch erzählt Grimms Märchen. 6. Aufl. Weinheim: Beltz & Gelberg.

Jesch, T. (Hrsg.) (2003): Märchen in der Geschichte und Gegenwart des Deutschunterrichts. Didaktische Annäherungen an eine Gattung. Frankfurt/M., Berlin, Bern, Bruxelles: Peter Lang.

Jung, C.G. (1980): Der Mensch und seine Symbole. 12. Aufl. Olten: Walter.

Jung, C.G./Kerényi, K. (1951): Einführung in das Wesen der Mythologie. Zürich: Rhein.

Jung, C.G. (1946): Die Beziehungen zwischen dem Ich und dem Unbewussten. Zürich, Stuttgart: Rascher.

Just, G. (1991): Magische Musik im Märchen. Untersuchungen zur Funktion magischen Singens und Spielens in Volkserzählungen. Frankfurt/M.: Peter Lang.

Karlinger, F. (1988): Geschichte des Märchens im deutschen Sprachraum. Darmstadt: Wissenschaftliche Buchgesellschaft.

Kast, V. (1986): Märchen als Therapie. Olten und Freiburg i.Br.: Walter.

Kast, V. (1984): Familienkonflikte im Märchen (eine psychologische Deutung). Beiträge zur Jungschen Psychologie. Olten: Walter.

Keller, H.L. (1987): Lexikon der Heiligen und der biblischen Gestalten. Legende und Darstellung in der bildenden Kunst. Stuttgart: Philipp Reclam jun.

Kellner, W. (1976): Die Buschhexe. Ein südwestafrikanisches Märchenbuch. Swakopmund.

Klicpera, C./Gasteiger-Klicpera, B. (1995): Psychologie der Lese- und Schreibschwierigkeiten. Weinheim: Psychologie Verlags Union.

Klotz, V. (2002): Das europäische Kunstmärchen. Fünfundzwanzig Kapitel zur Geschichte von der Renaissance bis zur Moderne. München: Wilhelm Fink.

Knoch, L. (2005): Das Erzählen von Volksmärchen in unserer Zeit – Intention und Methode. In: Lange, G. (Hrsg.): Märchen. Märchenforschung, Märchendidaktik. Schriftenreihe der Ringvorlesungen der Märchenstiftung Walter Kahn, Bd. 2. Baltmannsweiler: Schneider, S. 117–135.

Kohler, M. (2001): Theater spielen zu Weihnachten. Die Weihnachtsbotschaft für unsere Zeit. Mülheim an der Ruhr: Verlag an der Ruhr.

Kolf, C. (1997): Weibliche Autorität – Affidamento. In: Schlangenbrut – streitschrift für feministische und religiös interessierte frauen 59, S. 4.

Krenzer, R. (2000): Wir spielen unsere Märchen – Kleine Theaterstücke für Kindergarten und Grundschule. Limburg-Kevelaer: Lahn.

Kühleborn, H. (1982): Rotkäppchen und die Wölfe. Von Märchenfälschern und Landschaftszerstörern. Frankfurt/M.: Fischer Taschenbuch.

Laeverenz, J. (2001): Märchen und Recht. Eine Darstellung verschiedener Ansätze zur Erfassung des rechtlichen Gehalts der Märchen. Frankfurt/M., Berlin, Bern: Peter Lang.

Lange, G. (Hrsg.) (2005): Märchen. Märchenforschung, Märchendidaktik. Schriftenreihe der Ringvorlesungen der Märchenstiftung Walter Kahn, Bd. 2. Baltmannsweiler: Schneider

Lefftz, J./Lemmer, M. (1964): Grimms Märchen in ursprünglicher Gestalt. Nach der Ölenberger Handschrift von 1810. Frankfurt/M.: Insel.

Lexer, M. (1983): Mittelhochdeutsches Taschenwörterbuch. 37. Aufl. Stuttgart: Hirzel.

Libreria delle donne di Milano (2001): Wie weibliche Freiheit entsteht. Eine neue politische Praxis. Berlin: Orlanda.

Lüthi, M. (1992): Das europäische Volksmärchen. Form und Wesen. 9. Aufl. Tübingen: Francke.

Lüthi, M. (1976): Märchen. Stuttgart: Metzlersche Verlagsbuchhandlung.

Lüthi, M. (1975): Volksmärchen und Volkssage. Zwei Grundformen erzählender Dichtung. München: Francke.

Malizia, E. (2002): Liebestrank und Zaubersalbe. Gesammelte Rezepturen aus alten Hexenbüchern. München: Orbis.

Mönckeberg, W. (1972): Das Märchen und unsere Welt. Erfahrungen und Einsichten. Düsseldorf, Köln: Diederichs.

Murayama, I. (2005): Poesie – Natur – Kinder. Die Brüder Grimm und ihre Idee einer »natürlichen Bildung« in den Kinder- und Hausmärchen. Heidelberg: Winter.

Oberfeld, C. (1984): Legende. In: Doderer, K. (Hrsg.): Lexikon der Kinder- und Jugendliteratur. Bd. 2. Weinheim, Basel: Beltz, S. 331–332.

Oehlmann, C. (2001): Einfach erzählen. Paderborn: Junfermann.

Oerter, R./Montada, L. (Hrsg.) (2002): Entwicklungspsychologie. 5., vollst. überarb. Auflage. Weinheim, Basel, Berlin: Beltz.

Oesterreicher-Mollwo, M. (1978): Herder Lexikon Symbole. Freiburg i. Br.: Herder.

Olrik, A. (1909): Epische Gesetze der Volksdichtung. In: Zeitschrift für deutsches Altertum, 51, S. 1–12.

Paetzold, B./Erler, L. (Hrsg.) (1990): Bilderbücher im Blickpunkt verschiedener Wissenschaften und Fächer. Bamberg: W. Nostheide.

Perrar, H.-J. (1979): Mit Märchen dem Leben zuhören. Anleitung zur Arbeit mit Märchen im Religionsunterricht. Düsseldorf: Patmos.

Pertler, C./Pertler, R. (2001): Kinder erleben Märchen – Methoden und Ideen. München: Don Bosco.

Peters, H. (1976): Der Arzt und die Heilkunst in alten Zeiten. München: Eugen Diederichs.

Petzoldt, L. (2005): Zaubertechnik und magisches Denken. Erscheinungsform und Funktion magischer Elemente im Märchen. In: Lange, G. (Hrsg.): Märchen. Märchenforschung, Märchendidaktik. Schriftenreihe der Ringvorlesungen der Märchenstiftung Walter Kahn, Bd. 2. Baltmannsweiler: Schneider, S. 92–105.

Piaget, J. (1969): Das Erwachen der Intelligenz. Stuttgart: Klett.

Piaget, J. (1947): Psychologie der Intelligenz. Zürich: Rascher.

Pointner, A. (2000): Umweltschutz und Märchen. Hohengehren: Schneider.

Propp, V. (1987): Die historischen Wurzeln des Zaubermärchens. München, Wien: Hanser.

Propp, V. (1972): Morphologie des Märchens. München, Wien: Hanser.

Psaar, W./Klein M. (1980): Wer hat Angst vor der bösen Geiß? Zur Märchendidaktik und Märchenrezeption. Braunschweig: Westermann.

Radigk, W. (1998): Kognitive Entwicklung und zerebrale Dysfunktion. Dortmund: Modernes Lernen.

Ranke, K. et al. (Hrsg.) (1977): Enzyklopädie des Märchens. Handwörterbuch zur historischen und vergleichenden Erzählforschung. Berlin: De Gruyter.

Restak, R. (1981): Geist, Gehirn und Psyche. Psychobiologie: Die letzte Herausforderung. Frankfurt/M.: Umschau.

Richter, K. (2000): Veränderte Kindheit und Märchenrezeption unter gewandelten gesellschaftlichen und medialen Bedingungen. In: Franz, K./Kahn, W. (Hrsg.): Märchen – Kinder – Medien. Beiträge zur medialen Adaption von Märchen und zum didaktischen Umgang. Baltmannsweiler: Schneider, S. 134–144.

Riedel, G. (1987): Modernes Kind – Traditionelles Märchengut. Märchen – ein positives Element in der Erziehung? Wien: Facultas.

Ritz, H. (2000): Die Geschichte vom Rotkäppchen. Ursprünge, Analyse, Parodien eines Märchens. 13. Aufl. Kassel: Muriverlag.

Röhrich, L. (2004): Schneewittchen – Ein Beitrag zur volkskundlichen und literaturwissenschaftlichen Erzählforschung. In: Franz, Kurt (Hrsg.): Märchenwelten. Das Volksmärchen aus der Sicht verschiedener Fachdisziplinen. – Schriftenreihe Ringvorlesungen der Märchen-Stiftung Walter Kahn, Bd. 1. Baltmannsweiler: Schneider, S. 5–32.

Röhrich, L. (2002): »Und weil sie nicht gestorben sind…« – Anthologie, Kulturgeschichte und Deutung von Märchen. Köln, Weimar, Wien: Böhlau.

Röhrich, L. (1991/2005): Der Herr der Tiere. In: Esterl, A./Solms, W. (Hrsg.): Tiere und Tiergestaltige in Märchen. Krummwisch: Königs Furt, S. 30–47.

Röhrich, L. (1974/2001): Märchen und Wirklichkeit. Baltmannsweiler: Schneider.

Röhrich, L. (1966): Sage. Stuttgart: Metzler.

Rölleke, H. (1998): Jacob Grimm (1785–1863) und Wilhelm Grimm (1786–1859): Kinder- und Hausmärchen. Berlin 1812/15. In: Brunken, O./Hurrelmann, B./Pech, K.-U. (Hrsg): Handbuch zur Kinder- und Jugendliteratur. Von 1800 bis 1850. Stuttgart, Weimar: Metzler, Sp. 849–875.

Rölleke, H. (1992): Die Märchen der Brüder Grimm. Eine Einführung. Bonn, Berlin: Bouvier.

Rölleke, H. (Hrsg.) (1984): Brüder Grimm: Kinder- und Hausmärchen. Jubiläumsausgabe mit den Originalanmerkungen der Brüder Grimm. 3 Bde. Stuttgart: Philipp Reclam jun.

Röth, D. (1998): Kleines Typenverzeichnis der europäischen Zauber- und Novellenmärchen. Baltmannsweiler: Schneider.

Rötzer, H.-G. (1981): Märchen. Themen, Texte, Interpretationen. Bamberg: C. Buchner.

Rogge, J.-U. (1983): Märchen in den Medien. Über Möglichkeiten medialer Märchenadaptionen. In: Doderer, K. (Hrsg.): Über Märchen für Kinder von heute. Essays zu ihrem Wandel und ihrer Funktion. Weinheim, Basel: Beltz, S. 129–154.

Sahr, M. (2002): Zeit für Märchen. Baltmannsweiler: Schneider.

Sahr, M. (1995): Um der Kinder und der Märchen willen! Analysen und didaktische Vorschläge zu acht Grimmschen Märchen in originaler und veränderter Form. Kallmünz: Laßleben.

Scherf, W. (1995): Das Märchenlexikon. München: Beck.

Schieder, B. (2003): Mit Märchen durchs Jahr. München: Don Bosco.

Schieder, B. (2000): Märchen machen Mut. Ein Werkbuch zur Werteerziehung und Persönlichkeitsentfaltung. München: Don Bosco.

Schieder, B. (1998): Erzähl mir doch ein Märchen. Eine methodische Märchensammlung für Kinder ab 4. München: Don Bosco.

Schmidbauer, W. (1982): Die Verdrängung und andere Abwehrmechanismen. In: Eicke, D. (Hrsg.): Kindlers Psychologie des 20. Jahrhunderts. Tiefenpsychologie, Bd 1. Weinheim: Beltz, S. 284–290.

Schmidt, S. (1992): Gedächtnisforschungen. Positionen, Probleme, Perspektiven. In: Schmidt, Siegfried (Hrsg.): Gedächtnis – Probleme und Perspektiven der interdisziplinären Gedächtnisforschung. Frankfurt/M.: Suhrkamp.

Schmidt, S. (Hrsg.) (1980): Märchen aus Namibia. Volkserzählungen der Nama und Dama. Düsseldorf, Köln: Eugen Diederichs.

Schmitt, C. (2005): Märchen in Film und Fernsehen. Zur ›Tradierung‹ von Volksdichtung im Bewegungsbild. In: Lange, G. (Hrsg.): Märchen. Märchenforschung, Märchendidaktik. Schriftenreihe der Ringvorlesungen der Märchenstiftung Walter Kahn, Bd. 2. Baltmannsweiler: Schneider, S. 185–202.

Schmitt, C. (2004): Mediale Adaptionen von Märchen. Bruch oder Wandel tradierter Erzählformen? Ein Problemaufriss unter besonderer Berücksichtigung des Filmmärchens. In: Franz, K. (Hrsg.): Märchenwelten. Das Volksmärchen aus der Sicht verschiedener Fachdisziplinen. Baltmannsweiler: Schneider, S. 142–167.

Schmitt, C. (2000): Mündliches und mediales Erzählen. In: Franz, K./Kahn, W. (Hrsg.): Märchen – Kinder – Medien. Beiträge zur medialen Adaption von Märchen und zum didaktischen Umgang. Baltmannsweiler: Schneider, S. 67–81.

Schmitt, C./Kriedemann, D./Schmidt, C. (2000): Goldesel und Gütesiegel. Die weltmarkterobernde Zeichentrickserie SimsalaGrimm auf dem Prüfstand. In: Franz, K./Kahn, W. (Hrsg.): Märchen, Kinder, Medien. Baltmannsweiler: Schneider, S. 120–133.

Schrupp, A. (1997): Sich von der Macht verabschieden. In: Schlangenbrut – streitschrift für feministische und religiös interessierte frauen 59, S. 23–26.

Schulz, G. (2005): Märchen in der Grundschule. Berlin: Cornelsen Scriptor.

Schulz, G. (1997): Umgang mit Gedichten. Frankfurt/M.: Cornelsen Scriptor.

Schwarz, H. (2005): Märchen aus 16 Ländern zum Mitmachen. Weinheim, Basel: Beltz.

Senger, G. (1987): Zigeunermedizin. Komm, ich mach dich gesund! Genf: Ariston.

Siegmund, W. (1982): Bericht eines Psychiaters. In: Hetmann, F.: Traumgesicht und Zauberspur. Märchenforschung, Märchenkunde, Märchendiskussion. Frankfurt/M.: Fischer Taschenbuch, S. 119–130.

Solms, W. (1999): Die Moral von Grimms Märchen. Darmstadt: Wissenschaftliche Buchgesellschaft.

Thiele, J. (2005): Was macht das Bild mit dem Märchen? Kritische Blicke auf die Märchenillustrationen. In: Lange, G. (Hrsg.): Märchen. Märchenforschung, Märchendidaktik. Schriftenreihe der Ringvorlesungen der Märchenstiftung Walter Kahn, Bd. 2. Baltmannsweiler: Schneider, S. 163–184.

Thiele, J. (2000): Das Bilderbuch. Ästhetik – Didaktik – Rezeption. Oldenburg: Isensee.

Uther, H.-J. (2004): The types of international folktales. A classification and bibliography. Based on the system of Antti Aarne and Stith Thompson. Bd. 1–3, Helsinki.

Uther, H.-J. (1996): Brüder Grimm, Kinder- und Hausmärchen. Nach der Großen Ausgabe von 1857. München: Diederichs.

Wallrabenstein, W./Wichert, J. et al. (2000): Zeit für Märchen. In: Die Grundschulzeitschrift, H. 5, Nr. 134, S. 6–49.

Wardetzky, K. (1996): Zwischen Traum und Realität. Kindertexte aus Ost- und Westdeutschland im Vergleich. Die Grundschulzeitschrift 91, S. 46–49 und 92, S. 46–51.

Wardetzky, K. (1992): Märchen-Lesarten von Kindern. Eine empirische Studie. Berlin, Bern, Frankfurt/M., New York, Paris: Peter Lang.

Wardetzky, K./Zitzlsperger, H. (Hrsg.) (1997/2005): Märchen in Erziehung und Unterricht heute. Band I: Beiträge zu Bildung und Lehre. Krummwisch: Königs Furt. Band II: Didaktische Perspektiven. Baltmannsweiler: Schneider.

Wehse, R. (Hrsg.) (1983/2005): Märchenerzähler, Erzählgemeinschaft. Krummwisch: Königs Furt.

Wilkes, J. (2004): Märchen und Psychotherapie. Die psychologische Analyse und die therapeutische Wirkung von Märchen. In: Franz, K. (Hrsg.): Märchenwelten. Das Volksmärchen aus der Sicht verschiedener Fachdisziplinen. – Schriftenreihe Ringvorlesungen der Märchen-Stiftung Walter Kahn, Bd. 1. Baltmannsweiler: Schneider, S. 60–71.

Willke, T. (2004): Wer kalt aufwächst, bleibt dumm. In: Bild der Wissenschaft, H. 7/2004, S. 20–31.

Woeller, W./Woeller, M. (1994): Es war einmal … Illustrierte Geschichte des Märchens. Freiburg, Basel, Wien: Herder.

Worm, H.-L. (1990): Märchen im Religionsunterricht der Schule für Lernbehinderte? Sonderschulmagazin 1, S. 8.

Wührl, P. (2003): Das deutsche Kunstmärchen. Geschichte, Botschaft und Erzählstrukturen. Baltmannsweiler: Schneider.

Ziegler, L. (1999): Überlieferung. Sankt Augustin: Academie Verlag.

Ziesenis, W. (1998): Märchen und Sage im Unterricht. In: Lange, G./Neumann, K./Ziesenis, W. (Hrsg.): Taschenbuch des Deutschunterrichts. Literaturdidaktik. Bd 2. Baltmannsweiler: Schneider, S. 532–550.

Zipes, J. (1985): Rotkäppchens Lust und Leid. Biographie eines europäischen Märchens. Frankfurt/M., Berlin, Wien: Ullstein.

Zitzlsperger, H. (2005): Märchenpädagogik, Märchendidaktik: Auf Spurensuche nach sinnvollen Erschließungsmöglichkeiten. In: Janning, J. (Hrsg.): Von der Wirklichkeit der Volksmärchen. Schriftenreihe Ringvorlesungen der Märchen-Stiftung Walter Kahn, Bd. 5 (mit CD). Baltmannsweiler: Schneider, S. 106–130.

Zitzlsperger, H. (2003a): Von den resilienten Heldinnen und Helden im Märchen lernen. In: Katechetische Blätter 3, S. 171–179.

Zitzlsperger, H. (2003b): Volksmärchen aus pädagogisch-psychologischer Sicht: Von Eigenheiten des Märchens und seinen Beziehungen zu Heranwachsenden und Lernenden. In: Märchenspiegel. Zeitschrift für internationale Märchenforschung und Märchenpflege, H. 2, S. 3–6 und H. 3, S. 3–6.

Zitzlsperger, H. (2003c): Märchenpädagogische und -psychologische Perspektiven für morgen mit aktuellen integrativen didaktischen Konzeptionen. In: Jesch, T. (Hrsg.): Märchen in der Geschichte und Gegenwart des Deutschunterrichts. Didaktische Annäherungen an eine Gattung. Frankfurt/M., Berlin, Bern, Bruxelles: Peter Lang, S. 213–248.

Zitzlsperger, H. (2002a): Vom Gehirn zur Schrift. Lernen durch Bewegung – Hand- und Sprachspiele – Schriftspracherwerb – LRS-Prävention. Baltmannsweiler: Schneider.

Zitzlsperger, H. (2002b): Märchen neu denken. In: Gerndt, H./Wardetzky, K. (Hrsg.): Die Kunst des Erzählens. Festschrift für Walter Scherf. Potsdam: Verlag Berlin-Brandenburg, S. 247–267.

Zitzlsperger, H. (1999/2005): Was macht Märchen auch für Kinder geeignet? In: Bücksteeg, T./Dickerhoff, H. (Hrsg.): Märchenkinder, Kindermärchen. Forschungsberichte aus der Welt der Märchen. Krummwisch: Königs Furt, S. 111–145.

Zitzlsperger, H. (1995): Ganzheitliches Lernen. Welterschließung über alle Sinne. Weinheim, Basel: Beltz.

Zitzlsperger, H. (1994): Kinder spielen Märchen. Schöpferisches Ausgestalten und Nacherleben. Weinheim, Basel: Beltz.

Zitzlsperger, H. (1993/2005): Lustige Bilderbuchillustrationen und was Kinder davon halten. In: Kuhlmann, W./ Röhrich, L. (Hrsg.): Witz, Humor und Komik im Volksmärchen. Krummwisch: Königs Furt, S. 193–209.

Zitzlsperger, H./Hochstein, H. et al. (1994): Märchen-haft. In: Grundschulmagazin, H. 12, S. 4–26.

Wild und wütend macht stark und mutig

RATGEBER

Irmi Hochheimer

Mutmachmärchen

Wie sich Mädchen und Jungen
gegen sexuellen Missbrauch
wehren können

BELTZ

Monster, Prinzessinnen, Ritter,
Feuerteufel oder Zwerge führen
Mädchen und Jungen in die Thematik
sexueller Übergriffe ein: eine
praktische Hilfe, sexuellem
Missbrauch bei Mädchen und Jungen
ab fünf Jahren vorzubeugen oder zu
entdecken. Wenn Kinder zusammen
mit ihren Eltern, Lehrer/innen und
Erzieher/innen die Geschichten in
diesem Buch erarbeiten, gewinnen
sie stufenweise Kompetenzen: Sie
lernen, was sexueller Missbrauch ist
und wie sie sich in solchen Situationen verhalten können.

Irmi Hochheimer
Mutmachmärchen
Wie sich Mädchen und Jungen
gegen sexuellen Missbrauch wehren
können – Ein Arbeitshandbuch.
Mit Illustrationen von Tina Westerhoff
Broschiert. 144 Seiten. 2007.
ISBN 978-3-407-22900-7

Verzauberte Kinder, Drachen,

BELTZ

Beltz Verlag · Weinheim und Basel · Weitere Infos und Ladenpreis: www.beltz.de

Schüleraktives Lernen

Eiko Jürgens
**Lebendiges Lernen
in der Grundschule**
Ideen und Praxisbausteine für einen
schüleraktiven Unterricht
Broschiert. 135 Seiten. 2006.
ISBN 978-3-407-25422-1

Alle Formen des schüleraktiven Lehrens und Lernens dienen dem Zweck, schon dem Grundschulkind Einsichten in die Abläufe des eigenen Lernens zu vermitteln. Der Band macht konkrete Materialangebote für einen solchen Unterricht.

In der pädagogischen Diskussion der letzten Jahre findet sich einhellig die Forderung, dass Schule möglichst viele Gelegenheiten und Anstöße für junge Menschen bieten soll, positive Erfahrungen mit Bildungsprozessen zu machen.
Auf der Ebene der Lernorganisation verbindet sich damit der didaktische Ansatz der »optimalen Aktivierung«. Er beinhaltet eine verstärkte Hinwendung zu Fragen der Lernfreude, des persönlich bedeutsamen und des kooperativen Lernens. Dazu bedarf es eines wachsenden Anteils von Selbststeuerung und Selbstplanung der Lernarrangements.
Das erste Lehrbuch zu diesem Thema für pädagogische Fachkräfte in Beruf und Ausbildung.

BELTZ

Beltz Verlag · Weinheim und Basel · Weitere Infos und Ladenpreis: www.beltz.de

Nachdenken über die Welt

Barbara Brüning
Philosophieren in der
Sekundarstufe
Methoden und Medien
Beltz Praxis. Philosophie und Ethik
unterrichten.
Broschiert.160 Seiten. 2003.
ISBN 978-3-407-62486-4

Philosophieren bedeutet Nachdenken über den Sinn und Zweck der Welt. Dabei spielen nicht nur inhaltliche Probleme wie Glück oder Gerechtigkeit eine wichtige Rolle, sondern auch die Methoden des Nachdenkens selbst. Denn Philosophieren ist eine Technik, die sich lernen lässt. Das Buch gibt anhand von Beispielen einen systematischen Überblick über die Problemfelder der Philosophie und die methodische Vielfalt des Philosophierens. Im Mittelpunkt stehen dabei die Begriffsanalyse, Argumentationstechniken, das sokratische Gespräch, Gedankenexperimente und Verfahren der Textinterpretation. Neben den traditionellen Medien des Philosophierens wie Fachtexten und Essays werden auch anschauliche Medien wie Bilder, Cluster, Märchen, Fabeln und Aphorismen vorgestellt. Sie regen Schülerinnen und Schüler an, über den Sinn und Zweck der Welt nachzudenken.

BELTZ

Beltz Verlag · Weinheim und Basel · Weitere Infos und Ladenpreis: www.beltz.de